Mein zweites Kriegsjahr

Frederick Palmer

Writat

Diese Ausgabe erschien im Jahr 2024

ISBN: 9789361469220

Herausgegeben von
Writat
E-Mail: info@writat.com

Inhalt

ICH

ZURÜCK NACH VORNE

Wie Amerika den Krieg nicht begreift – Schwierigkeiten der Erkenntnis – Uncle Sam ist im Herzen gesund – Wieder in London – Ein Stabschef, der aus der Masse aufgestiegen ist – Sir William Robertson nimmt sich Zeit zum Nachdenken – An der Front – Kitcheners Mob, die neue Armee – Ein ruhiges Hauptquartier – Sir Douglas Haig – Sein Büro, eine Clearingstelle für Ideen – Seine Aufgabe, mit Schlägen umzugehen – „Der Geist, der lebendig macht ."

"Ich habe mein Interesse an nichts so lange aufrechterhalten wie an diesem Krieg", sagte eine Frau, die neben mir beim Abendessen saß, als ich im Winter 1915/16 von der Front nach Hause kam. Seitdem frage ich mich, ob meine Antwort "Bewundernswerte geistige Konzentration!" nicht ironisch gemeint war, auf Kosten von Manieren und Philosophie. Angesichts der Tausenden, die jeden Tag im Kampf starben, schien ihre Bemerkung ebenso herzlos wie oberflächlich und im Einklang mit der ausgelassenen Lebensfreude und dem Wohlstand, die jeden heimgekehrten Amerikaner im Gegensatz zur Selbstverleugnung Europas befällt, unterstrichen durch solche Details, die man durch einen Blick in die Schaufenster der Fifth Avenue erfuhr, wie die Ausstellung eines Paars Damenstrümpfe aus Seide mit Spitzenbesatz, Preis 100 Dollar.

In der Zwischenzeit strickte sie Socken oder Schals, ich habe vergessen, was von beidem, für die Alliierten. Ihre Verwirrung über Kriegsnachrichten war im ganzen Land verbreitet, das die Sonderplädoyers beider Seiten hörte, ohne dass ein Anwalt sie befragte. Sie bemerkte, dass in den Bulletins der Alliierten stand, dass die Alliierten siegten, und in den deutschen Bulletins, dass die Deutschen siegten; aber soweit sie es auf der Karte sehen konnte, blieben die Armeen in ziemlich denselben Positionen und das Massenmorden ging weiter. Ihr Interesse, wie ich bei weiteren Fragen erfuhr, war begrenzt und parteiisch. Wenn die Deutschen einen Sieg errungen hatten, weigerte sie sich, darüber zu lesen und warf angewidert ihre Zeitung hin.

Ihre Haltung hatte etwas Menschliches, so menschlich wie der Krieg selbst. Sie erinnerte daran, wie weit die Somme vom Mississippi entfernt ist, wie breit der Atlantik ist, wie unmöglich es ist, sich selbst in den Tagen des Radios in die Ferne zu blicken . Sie bewegte sich in der Umlaufbahn ihrer Angelegenheiten mit ihren Beschränkungen, genau wie die Soldaten in ihren. Vor dem Krieg war Luxus in Paris ebenso verbreitet wie in New York; aber angesichts eines so grausamen Kampfes, der in Europa tobte, schien es unpassend, dass die Lebensfreude irgendwo auf der Welt Bestand haben sollte. Und doch ging Europa ruhig seinen Weg, während die Südstaaten unter Schmerzen und Not litten, die schlimmer waren als alles, was Frankreich und England je erlebt haben. Paris und London speisten und lächelten, während Richmond in Flammen stand.

Der Krieg kann keiner Gemeinschaft bewusst werden, bis ihre eigenen Söhne sterben und den Tod riskieren. In nichts sind wir so sehr Geschöpfe unserer Umgebung wie im Krieg. In den ersten Wochen, als ich zu Hause war, hatte eine Nation, die ihren Weg in eine Ära des Wohlstands ging, einen Aspekt der Vulgarität; selbst der Frieden war vulgär im Gegensatz zu der Atmosphäre heroischer Opfer, in der ich über ein Jahr lang gelebt hatte. Ich fragte mich, ob mein Land jemals den gleichen erhabenen Status wie Frankreich und England erreichen könnte. Obwohl der erste Gedanke, allein nach dem äußeren Anschein zu urteilen, vielleicht „Nein" gesagt hätte, wusste ich, dass wir es könnten, wenn jemals ein Ruf zur Verteidigung unseres Bodens käme – ein Ruf, der in die Täler des Hudson und des Mississippi getragen werden könnte, wie ein Ruf in die Täler der Somme, der Maas und der Marne getragen wurde.

Viele Amerikaner waren aus Europa zurückgekehrt und berichteten von Demütigungen, die sie aufgrund der Haltung ihres Landes erlitten hatten. Ladenbesitzer hätten beleidigende Bemerkungen gemacht und sich in einigen Fällen geweigert, Waren zu verkaufen. Sie hätten die Feindseligkeit unter der Höflichkeit ihrer französischen und englischen Freunde gespürt. Eine oberflächliche Bestätigung ihrer Behauptung könnte das Plakat sein, das mir auf dem Weg von der Paddington Station zu meinem Hotel nach meiner Ankunft in England auffiel. Es warb für einen Artikel in einer billigen Wochenzeitung mit dem Titel „Uncle Sham".

Ich nahm das genauso ernst wie eine Karikatur in einer New Yorker Abendzeitung mit prodeutschen Tendenzen am Tag meiner Abreise aus New York, die John Bull zeigte, wie er untätig daneben stand und Frankreich zu Opfern bei der Verteidigung von Verdun aufforderte. Es war für einen Amerikaner ebenso leicht, sich über das eine zu empören wie für einen Engländer über das andere, aber der Intelligenz beider war es nicht würdig. Ich war zu sehr davon überzeugt, dass Uncle Sam, der meinen Ratschlägen nicht immer folgt, im Herzen gesund und ein respektables Mitglied der Völkerfamilie ist, als dass ich mich in meinem Sinn für internationales Wohlwollen auch nur im Geringsten stören ließ. Wäre ich verärgert gewesen, hätte ich zu den kleinlichen Verleumdungen der boshaften Uninformierten beigetragen, die böses Blut zwischen den Völkern säen.

Ich wusste auch aus Erfahrung, wie ich zu Hause immer wieder wiederholt hatte, dass die Briten, wenn der Zeitpunkt für den Angriff gekommen war, die Schamlosigkeit dieses Tintenkleckses durch Taten beweisen und, wie an der Somme, den Witz eines berühmten Franzosen widerlegen würden, der sich später für seine Aussage entschuldigte, die Briten würden weiterkämpfen, bis der letzte Tropfen französischen Blutes vergossen sei. Außerdem sah ich am selben Tag, an dem ich das Plakat sah, in einer britischen Publikation die Reproduktion eines deutschen Cartoons – der dieselbe Art vulgärer Leichtigkeit veranschaulichte –, der Uncle Sam zeigte, wie John Bull ihn an der Nase herumführte.

Denkende Engländer und Franzosen, die in ihrer Beschäftigung damit, Leben und Vermögen für ihre Sache zu geben, innehalten, um dieses nebensächliche Thema zu betrachten, erkennen die weitverbreitete Sympathie der Vereinigten Staaten für die Sache der Alliierten und wie ein großer Teil unseres Volkes nach dem Untergang der *Lusitania bereit war*, für ein Ziel in den Krieg zu ziehen, das ihnen keine territoriale Belohnung einbringen konnte. Wenn wir nur für Geld und Machtergreifung kämpfen würden, wie die Denker vom Typ „Uncle Sham" meinen, hätten wir Mexiko und Mittelamerika schon längst erobert. Persönlich hat mir noch nie jemand gesagt, ich sei „zu stolz zum Kämpfen", obwohl ich sagen könnte, ich schäme mich für mein Land; denn wenn ich an mein Land denke, denke ich nicht an eine Gruppe von Politikern, Finanziers oder Propagandisten, nicht an eine Bürokratie oder eine bestimmte Meinungsgruppe, sondern an unser Volk als Ganzes. Aber zweifellos waren wir bei den Massen der Europäer unbeliebt. Ein aus seinem Kontext gerissener Satz wurde zu einem geflügelten Wort missverstanden, das die Feigheit einer Nation zum Ausdruck bringt, die sich ihren Fleischtöpfen verschrieben hat und eine moralische Überlegenheit anderen gegenüber vorgibt, deren leidenschaftliche Aufopferung sie überempfindlich machte, wenn sie über den Atlantik auf die Vereinigten Staaten blickte, die ihrer Ansicht nach vom Unglück anderer profitierten.

Durch mein Leben zu Hause hatte ich eine neue Perspektive auf den Krieg gewonnen, und durch mein Leben mit dem Krieg gewann ich eine neue Perspektive auf mein eigenes Land. An der Front war ich Tag für Tag damit beschäftigt, Schützengräben zu erobern und Dörfer zu stürmen, deren Namen im Mittleren Westen ebenso wenig bedeuteten wie ein erbitterter Kampf um eine gute Regierung in einer westlichen Stadt für die Männer an der Front. Nach einigen Monaten des Friedens ärgerte ich mich bei meiner Rückkehr nach England über die Passbestimmungen, die vorher alltäglich gewesen waren; aber bald war ich wieder im alten Trott, dem Trott des Krieges, und der Krieg schien in England so normal wie der Frieden in den Vereinigten Staaten.

In London hingen keine Plakate mehr an den Plakatwänden und Wänden privater Gebäude, auf denen die englische Männlichkeit hektisch aufgefordert wurde, sich freiwillig zu melden. Es gab die Wehrpflicht. Jeder wehrfähige Mann musste nun auf Befehl der Regierung dienen. England schien eine größere Würde zu besitzen. Der Krieg beherrschte ganz Englands stolzen Individualismus, der hartnäckig an seinem Glauben festhielt, dass derjenige, der am besten kämpfte, derjenige war, der sich dafür entschied zu kämpfen, und nicht derjenige, dem es befohlen wurde.

Es gab einen neuen Stabschef im Kriegsministerium, Sir William Robertson, der sieben Jahre als einfacher Soldat gedient hatte, bevor er zum Offizier befördert wurde. Seine Laufbahn brachte den Charakter des britischen Systems auf einzigartige Weise zum Ausdruck, das die Tür am Ende einer langen Treppe, die einen harten Aufstieg erfordert, offen lässt. England glaubt an Männer, und er hatte sich seinen Weg zur Leitung des größten Werks mit dem größten Personal verdient, das das britische Empire je geschaffen hatte.

Für den Anrufer war es ziemlich schwierig, das volle Ausmaß der Macht und Verantwortung dieses Selfmademan an seinem Schreibtisch in einem großen Raum mit Blick auf Whitehall Place zu begreifen, denn er hatte eine Organisation, die in zwei Jahren ins Leben gerufen worden war, so vereinfacht, dass sie scheinbar ohne erkennbare Anstrengung seinerseits zu funktionieren schien. Die Methoden von Männern mit großer Autorität interessieren uns alle. Ich hatte Sir William zum ersten Mal an einem Schreibtisch in einem kleinen Zimmer eines Hauses in einer französischen Stadt gesehen, als er für den Transport und die Versorgung des britischen Expeditionskorps zuständig war. Dann zog er als Stabschef der Armee in Frankreich in ein größeres Zimmer in derselben Stadt. Jetzt hatte er ein noch größeres Zimmer in London.

Ich hatte viel von seiner Einsatzbereitschaft gehört, die es ihm ermöglicht hatte, sich Sprachen anzueignen, während er Schritt für Schritt befördert wurde. Doch ich erfuhr auch, dass der neue Stabschef der britischen Armee, wie einer seiner Untergebenen sagte, „nicht so dumm war wie früher, sich zu viel anzustrengen", und auch kein Sklave stundenlanger Plackerei an seinem Schreibtisch.

"Neben seiner Routine", sagte ein anderer Untergebener über Sir Williams Methode, "muss er viel nachdenken." Diese beiläufige Bemerkung war sehr aufschlussreich. Sir William musste an das Ganze denken. Er hatte andere darin ausgebildet, seine Pläne auszuführen, und als ehemaliger Leiter der Stabsakademie, der in jedem Zweig Erfahrung gesammelt hatte, sollte er wissen, wie jeder Zweig geführt werden sollte.

Als ich an die Front zurückkehrte, offenbarte meine erste Autofahrt entlang der Kommunikationslinien die durch den Winter bewirkten Veränderungen, die durch meine Abwesenheit noch deutlicher zu erkennen waren. Die Neue Armee war zu ihrem Recht gekommen. Und ich hatte die Entstehung dieser

Neuen Armee miterlebt. Ich hatte Kitcheners erste Hunderttausend auf der Salisbury Plain unter alten, pensionierten Drillmastern bei der Arbeit gesehen, die, so eifrig sie auch waren, keine Ahnung von modernen Taktiken hatten. Die Männer unter ihnen hatten den Geist, der die Pläckerei des Trainings ertragen würde. Mit der Zeit mussten sie lernen, Soldaten zu sein. Monat für Monat wanderte mehr Rohmaterial in den Trichter. Der dringende Ruf der Rekrutierungsplakate und der Presse hatte in den frühen Phasen des Krieges alle Freiwilligen geliefert, die eingesetzt werden konnten. Es dauerte viel länger, Ausrüstung und Einrichtungen vorzubereiten, als Männer zur Anwerbung zu bewegen. Die Bataillone der Neuen Armee, die im August 1915 die Front erreichten, hatten ihre Gewehre erst seit einem Monat. Bevor Gewehre hergestellt werden konnten, mussten Gewehrfabriken gebaut werden. Noch im Dezember 1915 lieferten die Vereinigten Staaten den Briten nur 5.000 Gewehre pro Woche. Soldaten, die vollständig in der Waffenkunde ausgebildet waren, warteten auf die Waffen, mit denen sie kämpfen konnten. Doch als die Munitionslieferungen aus den neuen Fabriken begannen, wurden sie bald zu einer Flut.

Den ganzen Winter über waren die Bataillone der Neuen Armee in Frankreich eingetroffen. Mit ihnen kam die komplizierte Maschinerie, die für die moderne Kriegsführung erforderlich ist. Die schwindelerregende Menge dieser Maschinen war ein besserer Beweis für die enorme Tonnage, die unter britischer Flagge in See sticht, als die Zahlen auf der Schiffsliste. Das alte Leben an der Front, wie wir es kannten, gab es nicht mehr. Als ich die britische Armee zum ersten Mal in Frankreich sah, hielt sie 21 Kilometer Front. Nur 21, aber 21 im Sumpf Flanderns, einschließlich der Ausbuchtung des Ypernbogens.

Bis zum 1. Januar 1915 war ein großer Teil der Offiziere und Soldaten des ursprünglichen Expeditionskorps umgekommen. Reservisten waren gekommen, um die frei gewordenen Plätze einzunehmen. Die überlebenden Offiziere und Unteroffiziere mussten eine kämpfende Armee im Feld befehligen und zu Hause eine neue Armee ausbilden. Eine Offensive kam nicht in Frage. Die Truppen in den Schützengräben konnten nur standhalten. Während sich die Welt fragte, warum sie nicht mehr tun konnten, fragten sich diejenigen, die die wahre Lage kannten, wie sie so viel tun konnten. Mit einer Infanterie aus Fleisch und Blut, die sich gegen die doppelte Zahl ihrer eigenen Truppen behaupten konnte, unterstützt von Geschützen, die fünfmal so viele Granaten abfeuerten wie die Briten. Die Briten konnten ihre Lage nicht eingestehen, ohne die Deutschen zu ermutigen, härtere Angriffe wie in der ersten und zweiten Flandernschlacht durchzuführen, die einem Erfolg gefährlich nahe kamen.

Diese kleine Armee wollte die Wahrheit nicht einmal in ihren eigenen Gedanken zugeben. Mit jener Lässigkeit, mit der der Engländer seine

Gefühle verbirgt, sprachen die überlebenden Offiziere der Bataillone, die monatelang in den Schützengräben geschlagen worden waren, davon, dass sie jetzt „der Platzhirsch" seien. Während die Welt dachte, dass die Neue Armee ihnen bald zu Hilfe kommen würde, wussten sie wie nur ausgebildete Soldaten, wie lange es dauert, aus Rohmaterial eine Armee aufzubauen. Ihre Siegespose war so hartnäckig, dass sie davon hypnotisiert und überzeugt waren. Da es ihnen nie in den Sinn gekommen war, dass sie besiegt werden könnten, wurden sie es auch nicht.

Wenn manchmal die Logik der Tatsachen die Oberhand über die Simulation gewann, sprachen sie vom Handicap, gegen einen Feind zu kämpfen, der mit der Reichweite seiner Geschütze Schläge austeilen konnte, auf die sie nicht reagieren konnten. Aber das kam nicht oft vor. Es war Teil des Spiels, dass die Deutschen mehr Geschütze aufboten als sie, wenn sie dazu in der Lage waren. Sie akzeptierten die Situation und kämpften weiter. Auch sie sahen „dem Tag" entgegen, wie die Deutschen es vor dem Krieg getan hatten; und ihr Tag war der, an dem die Neue Armee bereit sein sollte, ihren ersten Schlag zu führen.

Auch in Frankreich gab es einen neuen Führer, den König der britischen Welt. Sir William schickte ihm die neuen Bataillone und die Waffen und die Verpflegung für Männer und Waffen, und seine Aufgabe war es, sie zu einer Armee zu formen. Als sie ankamen, dachten sie, sie seien bereits eine Armee, wie sie es gegen jeden gewöhnlichen Feind waren, obwohl sie noch keine homogene Organisation gegen einen Feind hatten, der sich vierzig Jahre lang auf den Krieg vorbereitet hatte und darüber hinaus über zwei Jahre Erfahrung in tatsächlichen Kämpfen verfügte.

An einer ruhigen Nebenstraße in der Nähe des Hauptquartiers, wo alle Stabsgeschäfte des Hauptquartiers abgewickelt wurden, hing am Eingang zum Gelände eines kleinen modernen Schlosses ein Fetzen einer Flagge. Es schien in ganz Frankreich keinen abgeschiedeneren und ruhigeren Ort zu geben, da seine Größe viele Gäste nicht zuließ. Es war ein Haus, wie es ein ruhiger, gelehrter Mann während seiner Sommerferien gewählt haben könnte. Der Lärm der Gewehre drang nicht bis dorthin; das Rumpeln der Armeetransporter war nicht zu hören.

Wenn Sie dort zum Mittagessen hingingen, wurden Sie von einem jungen Adjutanten empfangen, der im Armeejargon als „Crock" bekannt war; das heißt, er war infolge von Verwundungen oder Erschöpfung in den Schützengräben invalide und konnte, obwohl er für den aktiven Dienst untauglich war, immer noch als Adjutant des Oberbefehlshabers dienen. Zur festgesetzten Minute kam, gemäß der militärischen Pünktlichkeit, ob nun von Generälen oder von Feuervorhängen, ein Mann mit eisengrauem Haar, klaren, freundlichen Augen und einem unverkennbar starken Kinn aus seinem Büro und begrüßte die Gäste mit einfacher Ungezwungenheit. Er schien das Geschäftliche völlig hinter sich gelassen zu haben, als er seinen Schreibtisch verließ. Sie erkannten ihn sofort als den Typus eines gut erhaltenen britischen Offiziers, der nie vernachlässigt, sich körperlich fit zu halten. Es ist ein Talent britischer Offiziere, Feldzüge in Indien und Südafrika mitgemacht zu haben und dennoch immer so frisch zu wirken, als hätten sie nie etwas Anstrengenderes gekannt als das gemächliche Leben eines englischen Landedelmanns.

Ich hatte immer gehört, wie hart Sir Douglas Haig arbeitete, genauso wie ich gehört hatte, wie hart Sir William Robertson arbeitete. Auch Sir Douglas zeigte keine Anzeichen von Druck, und natürlich gehört die meisterhafte Kontrolle der Umgebung ohne sichtbare Anstrengung zur Ausrüstung militärischer Führer. Die Macht des modernen Generals ist in keinem der alten Symbole erkennbar.

Es war eigentlich die Armee, die Sir Douglas zum Oberbefehlshaber ernannte. Wann immer die Möglichkeit des Rücktritts von Sir John French erwähnt wurde und man einen Offizier fragte, wer seinen Platz einnehmen sollte, war die Antwort immer entweder Robertson oder Haig. In jedem Beruf sollten die Mitglieder die besten Richter über die Vortrefflichkeit in diesem Beruf sein, und durch achtzehn Monate des Organisierens und Kämpfens hatten sich diese beiden Männer das allgemeine Lob ihrer Waffenbrüder verdient. Robertson ging nach London und Haig blieb in Frankreich. England hoffte auf ihren Sieg.

Die Geburt war für Sir Douglas günstig. Er entstammte einer alten schottischen Familie mit schönen Traditionen. Oxford folgte für ihn fast wie selbstverständlich und danach ging er zur Armee. Von diesem Tag an gab es etwas Gemeinsames zwischen seiner Karriere und der von Sir William: schlichter Berufseifer und Fleiß. Sie machten sich daran, ihren gewählten Beruf zu meistern. Lange bevor die Öffentlichkeit jemals von einem der beiden gehört hatte, waren ihre Fähigkeiten ihren Kameraden bekannt. Keine zwei Offiziere waren jeglicher Form öffentlicher Werbung abgeneigter, was ihren Instinkten ebenso widersprach wie der Ethik des Soldatentums. In Südafrika, der praktischen Schule, in der die Kommandeure der heutigen britischen Armee zuerst das Kommando lernten, zeichnete ihre effiziente Stabsarbeit sie als vielversprechende Männer aus. Beide hatten Weitblick. Sie studierten die kontinentalen Kriegssysteme und als der große Krieg ausbrach, verfügten sie über die Aufzeichnungen, die die unleugbare Empfehlung darstellten, die sie von ihren Kameraden auszeichnete. Sir John French und Sir Ian Hamilton gehörten der Generation vor ihnen an; der Unterschied bestand in den 50er und 60er Jahren.

Es war die Bewährungsprobe für die Führung eines Korps und später einer Armee in Flandern und Nordfrankreich, die Sir Douglas zum Oberbefehlshaber machte. Dabei ging es um mehr als nur die akademischen Fähigkeiten, mit denen Schachfiguren auf dem Brett dirigiert werden: Es ging um die körperliche Fähigkeit, die Belastungen monatelanger Feldzüge durchzuhalten, einen kühlen Kopf zu bewahren, die Kontrolle über die einem unterstellte Truppe nie außer Kontrolle geraten zu lassen und sich nie mit anderen als den unbedingt notwendigen Details zu belasten.

Der Untergebene, der in unsicherer Stimmung zu Sir Douglas oder Sir William ging, verließ sie mit einem Gefühl unerschütterlicher Überzeugung. Beide hatten die Gabe, jede noch so komplizierte Situation zu vereinfachen. Als ein gewisser General während des Rückzugs von Mons die Nerven verlor, schien Sir Douglas es als seine erste Pflicht anzusehen, diesem Mann zu helfen, seine Fassung wiederzuerlangen, und er hakte sich bei dem General unter und ging mit ihm auf und ab, bis er wieder gefasst war. Beim Rückzug von Mons sagte Sir Douglas erneut: „Wir müssen vorerst hier bleiben, und wenn wir alle dafür sterben", und erklärte diese militärische Notwendigkeit so kühl, als bedeute sie lediglich, noch eine Viertelstunde auf die Ankunft eines Gastes zum Abendessen zu warten.

Nicht weniger als General Joffre lebte Sir Douglas nach Regeln. Auch er legte Wert darauf, nachts gut zu schlafen und frisch aufzustehen, um an die Arbeit zu gehen. Während der Vorbereitungszeit für die Offensive begann sein Tagesablauf mit einem Spaziergang im Garten vor dem Frühstück. Dann kamen die Chefs der verschiedenen Zweige seines Stabes in die Hauptquartierstadt, um ihre Berichte abzugeben und Anweisungen entgegenzunehmen. Beim Mittagessen würde er höchstwahrscheinlich nicht vom Krieg sprechen. Einem Mann seiner Bildung und Erfahrung mangelt es nicht an Themen, um sich von seinen Pflichten abzulenken. Jeden Tag um halb drei ritt er aus, mit einer Eskorte seines eigenen Ulanenregiments. Den Rest des Nachmittags verbrachte er mit Besprechungen mit Untergebenen, die er einberufen hatte. Am Sonntagmorgen ging er immer in die Hauptquartierstadt und hörte sich in einer kleinen, provisorischen Holzkapelle eine Predigt eines schottischen Pfarrers an, der aus Ehrfurcht vor dem bedeutenden Mitglied seiner Gemeinde nicht lange aushielt. Ansonsten verließ er das Schloss nur, wenn er sich mit eigenen Augen einen Abschnitt der Front oder der sich entwickelnden Organisation ansehen wollte.

Natürlich war der Raum im Schloss, der sein Büro war, mit Landkarten behangen, wie es Berichten zufolge in den Büros aller großen Führer der Fall ist. Es scheint die auffälligste Dekoration zu sein. Ob es das neueste Foto aus einem Flugzeug oder die neuste Skizze von Angriffsplänen war, er bekam es, wenn seine Untergebenen es für lohnenswert hielten . Alle Ströme von

Informationen strömten in das kleine Schloss. Man konnte sagen, dass nur er und der Stabschef über alles Bescheid wussten, was vor sich ging. Wenn man sich mit ihm in seinem Büro unterhielt, das das Arbeitszimmer eines französischen Landedelmanns gewesen war, bekam man eine Vorstellung von den Dingen, die ihn interessierten; von den Prozessen, mit denen er seine Organisation aufbaute. Er war die Clearingstelle aller Ideen und legte durch sie den Maßstab für Effizienz fest. Er sprach von der Sache, für die er kämpfte, als wäre dies für ihn und jeden Mann unter ihm das Wichtigste, ohne jedoch zuzulassen, dass seine Gefühle seine Beurteilung des Feindes beeinflussten. Sein Gegner wurde ohne Illusionen gesehen, wie ein Soldat einen anderen Soldaten sieht. Für ihn war sein Problem nicht eines der Gefühle, sondern der militärischen Macht. Er teilte Schläge aus; und nur Schläge könnten den Krieg gewinnen.

Einfachheit und Direktheit des Denkens, Entschlossenheit und Bereitschaft, Verantwortung zu übernehmen, schienen dem Mann, der in diesem kleinen Schloss abgeschieden und frei von jeglicher Verwirrung der Einzelheiten lebte, eine zweite Natur zu sein. Er hatte die Aufgabe - die größte, die je einem britischen Befehlshaber zugefallen war -, aus einer rohen Armee eine Streitmacht zu machen, die eine Offensive gegen Frontstellungen unternehmen konnte, die von vielen Experten als uneinnehmbar angesehen wurden und von der geschickten deutschen Armee besetzt waren. Er hatte, wie Sir William Robertson, "eine Menge zu überlegen"; und welchen besseren Ort hätte er wählen können als diesen Rückzugsort außerhalb des Kanonenlärms, wo er durch seine Untergebenen Tag für Tag den Puls der gesamten Armee spürte?

Sein Lieblingsausdruck war „der Geist, der belebt "; der Geist der Anstrengung, der Disziplin, der Kameradschaft und des Zusammenhalts der Organisation – der sich von der Person am Schreibtisch in diesem Raum über alle Einheiten bis hin zu den Männern selbst ausbreitete. Obwohl Offiziere und Soldaten ihn selten sahen, hatten sie die Impulse seines Geistes gespürt, kurz nachdem er das Kommando übernommen hatte. In Frankreich war eine neue Ära angebrochen. Diese alte Organisation namens Britisches Empire, locker und dezentralisiert – und deshalb zusammenhaltend – hatte einen weiteren Schritt nach vorne gemacht, um ihre Stärke zu einer kompakten Streitmacht zu bündeln.

II

VERDUN UND SEINE FORTSETZUNG

Die deutsche Großstrategie und Verdun – Warum die Briten nicht nach Verdun gingen – Wie sie halfen – Rassenmerkmale in Armeen – Pater Joffre, ein Geizhals mit Divisionen – Die Somme-Region – Uralte Taktiken – Kann die Front durchbrochen werden, wenn die Flanke nicht umgangen werden kann? – Theorie der Somme-Offensive.

Um die Bühne für die Schlacht an der Somme, die die Folge der Schlacht von Verdun war, richtig zu bereiten, müssen wir uns – auch auf die Gefahr hin, altes Stroh zu dreschen – den deutschen Feldzugsplan von 1916 ansehen, als der deutsche Stab seinen Blick von Ost nach West gerichtet hatte. Im Sommer 1915 hatte man keine Offensive an der Westfront versucht, sondern sich damit begnügt, seine soliden Schützengräben zu halten, in der Gewissheit, dass weder die Briten noch die Franzosen auf eine Offensive großen Ausmaßes vorbereitet waren.

Es waren für uns trübe Tage mit der britischen Armee in Frankreich im Juli und Anfang August, während die offiziellen Bulletins auf der Karte zeigten, wie die Legionen von Hindenburg und von Mackensen durch Polen marschierten. Noch kritischer war die darauffolgende Zeit, als Insiderinformationen darauf hindeuteten, dass deutsche Intrigen in Petrograd, hinter den russischen Linien, die von den deutschen Kanonen beschossen wurden, zu einem Separatfrieden führen könnten. Deutschland nutzte die inneren Linien für schnelle Truppenbewegungen, war von einem Stahlring umgeben und kämpfte gegen Nationen, die unterschiedliche Sprachen sprechen, deren Hauptstädte weit voneinander entfernt sind und deren Armeen keinen Kontakt haben, und jedes Land seine eigenen emotionalen und territorialen Ziele im Krieg verfolgte. Das offensichtliche Ziel der deutschen Politik bestand von Anfang an darin, diesen Ring zu durchbrechen und einen der Alliierten zur Kapitulation vor den deutschen Schlägen zu zwingen.

Im August 1914 hatte sie gehofft, eine entscheidende Schlacht gegen Frankreich zu gewinnen, bevor sie ihre Legionen gegen Russland zur Entscheidung schickte. Nun wollte sie in Verdun erreichen, was ihr an der Marne nicht gelungen war, im Vertrauen auf ihre Informationen, dass Frankreich erschöpft war. Von Hindenburg war an der Reihe, die dünne Linie zu halten, während die Deutschen an der Westfront 2.600.000 Mann konzentrierten, mit allen Waffen, die sie entbehren konnten, und allen Munitionen, die sie nach dem Ende des russischen Vorstoßes angesammelt hatten. Der Fall von Paris war für ihr Ziel unnötig. Hauptstädte, ob Paris, Brüssel oder Bukarest, sind nur die Trophäen eines militärischen Sieges. Das

Hauptziel der Deutschen, zu dem natürlich auch die Einnahme von Verdun gehörte, bestand darin, auf das Herz der französischen Verteidigung einzuhämmern, bis Frankreich, das unter den Schlägen taumelte, dessen *Moral* durch den Verlust der Festung gebrochen war und dessen angeblich sprunghafte Natur in den Tiefen der Depression lag, seinem Impuls nachgab und um Bedingungen bat.

Nachdem die deutschen Angriffe bei Verdun begonnen hatten, fragte sich die ganze Welt, warum die Briten, die zu diesem Zeitpunkt nur etwa 90 Kilometer der Front hielten und über große Reserven verfügen mussten, den Franzosen nicht zur Hilfe eilten. Die Franzosen selbst waren angesichts der angeblichen Untätigkeit der Briten etwas unruhig. Die Armeeführer konnten ihre Pläne nicht offenlegen, indem sie Gründe für ihr Handeln oder Nichthandeln angaben – die Gründe, die heute offensichtlich sind. Für einige Laien schien die Situation so einfach, als ob Jones auf der Straße von Smith und Robinson angegriffen worden wäre, während Miller, Jones' Freund, der einen Häuserblock entfernt wohnte, ihm nicht zu Hilfe eilen würde. Für andere, die vielleicht ein wenig mehr wussten, schien es nur eine Frage des Marschierens einiger britischer Divisionen durch das Land oder deren Verladung in einen Zug zu sein.

Natürlich waren die Briten nur allzu bereit, den Franzosen zu helfen. Jede andere Haltung wäre unklug gewesen; denn da die französische Armee gebrochen war, musste die britische Armee die Last der deutschen Schläge im Westen ohne Hilfe ertragen. Die britische Armee hatte drei Möglichkeiten.

Erstens: Man könnte Truppen nach Verdun schicken. Aber die Mischung von Einheiten, die verschiedene Sprachen sprechen, in dem komplizierten Kommunikationsnetz, das für die Leitung moderner Operationen erforderlich ist, und die Mischung von Transportmitteln im Zuge schwerer Konzentrationen inmitten einer kritischen Aktion, bei der die absolute Geschlossenheit aller Einheiten erforderlich ist, müssen zu Verwirrung führen, die jeden solchen Plan undurchführbar machen würde. Nur die verzweifelte Lage der Franzosen ohne Reserven hätte eine zweite Überlegung erzwingen können, da sie den Extremfall jener militärischen Ineffizienz darstellte, die Menschenleben und Material verschwendet.

Zweitens: Die Briten konnten entlang ihrer Front angreifen, um den Druck auf Verdun zu verringern. Darauf waren die Deutschen bestens vorbereitet. Es passte genau in ihren Plan. Da sie wussten, dass die britische New Army als Instrument für die Offensive noch nicht ausgereift war und es ihr noch an Geschützen und Granaten mangelte, hatten die Deutschen bei dem rauen Wetter im Februar in Verdun zugeschlagen. Sie dachten – und meiner Meinung nach irrtümlich –, dass die Beeinträchtigung der Vitalität ihrer

Männer durch Schneeregen, Frost und kalte, durchdringende Regenfälle durch die gewonnene Zeit ausgeglichen würde. Die Deutschen hatten nicht nur genügend Männer, um die Offensive gegen Verdun fortzusetzen, sondern ihre Zahl gegenüber den Briten war auch Meile für Meile so groß wie seit der ersten Schlacht bei Ypern nicht mehr. Die Deutschen waren mit der Tapferkeit der Briten vertraut, die das Ergebnis tatsächlicher Kampfhandlungen von Mons bis zur Marne und wieder zurück nach Ypern und besonders der Loos-Offensive war (die dem deutschen Stab der Neuen Armee die ersten „Augen öffnete"). Sie schlussfolgerten, dass die Briten – von der öffentlichen Forderung getrieben, den Franzosen zu helfen – mit dem, was ein Deutscher „den Mut ihrer Dummheit oder die Dummheit ihres Mutes" nannte, ihre frische Infanterie mit unzureichender Artillerieunterstützung gegen die deutschen Maschinengewehre und Feuerwände schicken und ihre Toten so lange anhäufen würden, bis ihre Verluste die gesamte Armee für den Rest des Jahres handlungsunfähig machen würden.

Natürlich basierte die deutsche Hypothese – die von Falkenhayn seinen Posten als Stabschef kostete – auf einem derartigen Erschöpfungszustand der Franzosen, dass ein britischer Angriff unumgänglich war. Die Anfangsphase des deutschen Angriffs entsprach den Erwartungen, was den Bodengewinn anging, aber nicht was die Zahl der Gefangenen oder die Eroberung von Material anging. Die Franzosen zogen sich vor dem deutschen Ansturm geschickt in Stellungen zurück, die die Verteidiger in Erwartung des Angriffs nur leicht gehalten hatten, und richteten ihr Feuer auf den Feind, der die eroberten Schützengräben innehatte. Dann überraschte Frankreich die Außenwelt erneut. Sein in der Offensive stets brillanter Geist wurde in einer hartnäckigen und sparsamen Defensive zu kaltem Stahl. Es war nicht „groggy", wie die Deutschen annahmen. Für jeden Meter gewonnenen Boden mussten sie einen grauenhaften Preis zahlen; und ihre eigene Bewunderung für die französischen Granaten und die Tapferkeit ist für Pétain , Nivelle oder Mangin oder den einfachen Soldaten Ruhm genug.

Drittens: Die Briten konnten weitere Schützengräben übernehmen und so französische Truppen für Verdun freisetzen. Dies war der Plan, der auf der Konferenz des französischen und britischen Kommandos angenommen wurde. Eines Morgens war die französische Armee im Artois durch eine britische Armee besetzt. Die runden Helme der Briten ersetzten die länglichen Helme der Franzosen entlang der Brustwehr. Britische Soldaten waren in den Dörfern im Hinterland anstelle der Franzosen einquartiert, und britische Geschütze rückten mit der geordneten Präzision, die nur durch die Ausbildung der Armee und ihre Disziplin gewährleistet wird, in die französischen Geschützstellungen ein. Die französische Armee hingegen fuhr in Eisenbahnzügen, die in bestimmten Abständen über Schienen fuhren, die nur für ihre Fahrt nach Verdun benutzt werden durften. Dort bildeten sie unter dem einfachen französischen Stabssystem, das das Ergebnis von Erbe, früherer Ausbildung und den Erfahrungen dieses Krieges ist, einen Teil der Mauer aus Männern und Kanonen.

Kritik von außen, die aus dieser Regelung den Schluss zog, dass die Briten sich auf die systematische Besetzung ruhiger Schützengräben verlassen mussten, während ihre Verbündeten Opfer bringen mussten, hatte eine Zeit lang ihre Wirkung auf die Öffentlichkeit und sogar auf die Franzosen, störte aber nicht die Gelassenheit des britischen Stabs während seiner Vorbereitungen oder des französischen Stabs, der genau wusste, dass die britische Armee nicht wählerisch sein würde, wenn es soweit war, den roten Preis für den Sieg zu zahlen. Vier Monate später, als britische Bataillone sich mit einer Hingabe gegen die Frontstellungen stürzten, die ihr Stab nur schwer zügeln konnte, beklagten sich dieselben Quellen von außen, darunter oberflächliche Gerüchte in Paris, dass die Briten zu tapfer waren, wenn es darum ging, Menschenleben zu verschwenden. Es war bei manchen Leuten Mode, die Briten zu kritisieren, offensichtlich in dem Glauben, dass die britische New Army besser sein würde als eine Kontinentalarmee, sobald ihre Bataillone in Frankreich gelandet wären.

Die Methoden jeder Armee, die Denkweise jedes Stabes sind auf lange Sicht charakteristisch für die Menschen, die sie mit Soldaten versorgen. Die deutsche Armee ist nicht das, was sie ist, weil sie akademische Theorien über militärische Perfektion anwendet, sondern weil sie Organisation auf den deutschen Charakter anwendet. Die Deutschen vor der Ära des modernen Deutschlands waren von Natur aus phlegmatisch und von Natur aus nicht zu Initiative geneigt und hatten weit weniger kriegerischen Instinkt als die Franzosen. Die deutschen Armeebauer, darunter der Meister von allen, von Moltke , machten sich daran, deutsche Fügsamkeit und Gehorsam zu nutzen, um eine Maschine von einzigartiger Fleißigkeit, Strenge und unbarmherziger Disziplin zu schaffen. Ähnliche Methoden hätten im demokratischen Frankreich und im individualistischen England, wo jeder Mann die Magna Charta, den Talisman seiner eigenen „Rechte", in seiner Westentasche trägt, zu Aufständen geführt.

Der französische Bauer, der seine Felder in Reichweite der Kanonen bestellt, der Gemüsegärtner, der seine Produkte morgens die Somme hinunter nach Amiens bringt, oder der Pariser Angestellte, Geschäftsmann und Arbeiter — sie alle sind Frankreich und die französische Armee. Aber die Herzens- und Charakterstärke Frankreichs, denke ich, ist sein sturer, konservativer, lächelnder Bauer. Es ist eine Binsenweisheit, wenn man sagt, dass er immer ein paar Goldstücke in seinem Strumpf hat. Er gibt eines nur bei kritischen

Gelegenheiten her und dann ein wenig murrend, mit der Sparsamkeit des Feilschers, der meint, dass es gut angelegt sein soll.

Der Angelsachse, dessen Erbe in dieser Hinsicht besonders deutlich bei den Amerikanern zu erkennen ist, wird in einer Krise verschwenderisch, sei es mit Geld oder Leben, wie England es in diesem Krieg getan hat. Das Meer gehört ihm und neue Länder gehören ihm, so wie sie uns gehören. Dass Australier mit ihren anderthalb Dollar pro Tag die Läden eines Dorfes leer kauften, wenn sie nicht gerade in den Schützengräben waren, erstaunte die Einheimischen, wenn auch nicht im Geringsten für sich selbst. Sie verhielten sich wie normale Angelsachsen, die auf einem reichen Inselkontinent aufgewachsen sind. Angelsachsen haben Geld zum Ausgeben und geben es in der Zuversicht aus, dass sie mehr verdienen werden.

General Joffre, der in Frankreich, dem Volk und der Erde, verwurzelt war, war ein sparsamer General. Tatsächlich hätten die Deutschen aus den Lippen hochrangiger Franzosen erfahren können, dass der französischen Armee die Männer ausgingen. Joffre schien nie mehr Divisionen übrig zu haben; dennoch kam es nie zu einer Krise, in der er nicht eine weitere Division in der Spitze seines Strumpfes fand, die er ebenso murrend hergab, wie der Bauer sein Goldstück hergab.

Ein Geizhals mit Divisionen, Pater Joffre. Wie wir wissen, hatte er genug für Verdun – und mehr. Während er dort in der Defensive blieb, konnte er sich anderswo auf eine Offensive vorbereiten. Er sparte Material und Waffen, um mit den Briten an der Somme zusammenzuarbeiten , und später schickte er General Foch, dem Kommandeur der nördlichen Gruppe der französischen Armeen, das unübertroffene Eiserne Korps aus Nancy und das berühmte Kolonialkorps.

Im März 1916, als die Spannung wegen Verdun ihren Höhepunkt erreichte, besichtigten Sir Douglas Haig, Oberbefehlshaber der britischen Armeen, und Sir Henry Rawlinson, der während der Offensive als Befehlshaber der Vierten Armee seine rechte Hand sein sollte, das Gelände gegenüber der britischen Front an der Somme und legten die Pläne für ihren Angriff vor. Sir Henry erhielt die Anweisung, mit den aufwendigen Vorbereitungen für die größte Schlacht aller Zeiten zu beginnen. Dazu gehörte als erster Schritt der Bau von vielen Kilometern Eisenbahn- und Autobahnstrecken für den Transport der enormen Mengen an Waffen und Material.

Die Somme schlängelt sich an dieser Stelle durch fruchtbares Schwemmland und umrundet in ihrem gemächlichen Lauf eine Reihe grüner Inseln. Nach Süden, entlang der alten Frontlinie, ist das Land ebener, wo der Fluss vor Péronne eine Biegung macht . Nach Norden steigt er im Allgemeinen in eine hügelige Region an, mit einer unregelmäßig markierten Bergkette, die von den Deutschen gehalten wurde.

Nirgendwo an der britischen Front war es im Sommer 1915 so ruhig gewesen wie in der Picardie. Von dem Hügel, von dem ich später den Angriff vom 1. Juli beobachtete, hatte ich an einem Tag im August des Vorjahres eine so weite Sicht, dass ich jede Granate, die irgendwo entlang der acht Kilometer langen Front explodiert wäre, hätte sehen können, und ich sah keine einzige Rauchwolke von Sprengstoff oder Granatsplittern. Offenbar hatten die Deutschen nicht damit gerechnet, hier eine Offensive zu starten. Sie widmeten ihre ganze Energie den Verteidigungsvorbereitungen, ohne auch nur einen gelegentlichen Angriff über ein paar hundert Meter in der Hand zu haben. Die Folge war Ruhe , die einer Vortäuschung eines Waffenstillstands gleichkam. An verschiedenen Stellen konnte man Deutsche im Freien umherlaufen sehen, und der Beobachter konnte ungeschützt in Reichweite der Geschütze stehen, ohne von der Artillerie beschossen zu werden, wie es im Frontbogen von Ypern der Fall gewesen wäre.

Als die Briten diesen Abschnitt der Linie einnahmen, waren sie so arm an Geschützen, dass sie sich teilweise auf französische Artillerie verlassen mussten. Ihre Truppen bestanden aus unerfahrenen Bataillonen oder regulären Truppen der New Army, verstärkt durch einen kleinen Prozentsatz Veteranen aus Mons und Ypern. Der Mangel an Geschützen und Granaten erforderte entsprechend mehr Truppen pro Meile, sodass sie sich zur Verteidigung immer noch auf Fleisch und Blut und nicht auf Maschinen verlassen mussten. Die britische Armee befand sich in der Zwischenphase zwischen einigen gut ausgebildeten Truppen und der Ankunft der ersten gewaltigen Streitkräfte, die noch kommen sollten. Die Deutschen an der Ostfront waren dagegen nicht gewillt, die Sache mit Nachdruck anzugehen. Es gibt eine Geschichte darüber, wie eines Tages eine deutsche Batterie, um die Monotonie zu verändern, begann, einen britischen Schützengraben ziemlich heftig zu beschießen. Die Briten stellten als Antwort ein Schild auf: „Wenn Sie nicht aufhören, werden wir unsere einzige Gewehrgranate auf Sie abfeuern!", worauf die Deutschen im gleichen Ton antworteten: „Tut mir leid! Wir werden aufhören" – was sie dann auch taten.

Der Untergrund der Hügel besteht aus Kreide, die der Spitzhacke relativ leicht nachgibt und feste Wände für Schützengräben bildet. Nachdem sie ihre Position gewählt hatten, was ihnen in den Operationen nach der Marne gelang, als die beiden Armeen , die im Kampf um die Stellungen im Norden hin und her schwankten, zur Ruhe kamen, hatten sich die Deutschen aufgrund ihrer Erfahrung vorgenommen, uneinnehmbare Werke zu bauen, als Festungen weniger wichtig geworden waren und der Schützengraben die Oberhand gewonnen hatte. Da das Halten der Linie wenig Kampf erforderte, hatten die fleißigen Deutschen unter den strengen Fesseln der Disziplin reichlich Zeit, tiefe Unterstände und Verbindungsstollen unter ihrer ersten Linie auszuheben und ihre Verbindungsgräben und ihre zweite Linie auszuarbeiten, bis das einst friedliche Ackerland nun aus unregelmäßigen Streifen aus weißem Kreide bestand, die die Felder ohne Hecken oder Zäune durchzogen, deren Verlauf nur durch eine gelegentliche Gruppe von Bauernhäusern eines Großgrundbesitzers, ein Waldstück oder die Dorfgemeinschaften, in denen die Bauern lebten und zu ihren Höfen gingen und die für das Auge nur durch die Feldgrenzen abgegrenzt waren, unterbrochen wurde.

Man darf nie den Fehler machen, die komplizierten Details moderner Taktiken zu sehr zu vereinfachen, wo die Schwierigkeit immer darin besteht, den Wald vor lauter Bäumen zu sehen. Die Strategie hat sich seit prähistorischen Tagen nicht geändert. Sie muss immer dieselbe bleiben: Finte und Überraschung. Der erste primitive Mensch, der seinem Gegner auf die Brust sah und ihm plötzlich ins Gesicht schlug, war ein Stratege; ebenso der Menschenaffe im Zoo, der einen anderen dazu bringt, auf ein Trapez zu springen und es ihm unter dem Hintern wegzieht; ebenso der Gangster, der darauf wartet, sein Opfer zu erwischen, wenn es unversehens aus einer Gasse kommt. Jeder, der mehr als einem Gegner gegenübersteht, wird versuchen, sich mit einer Mauer den Rücken zu decken, was ebenfalls Strategie ist – Strategie ist der wahre Selbsterhaltungstrieb, der auf einen Vorteil bei der Aufstellung der Kräfte abzielt.

Stellen Sie zwei Reihen von je fünfzig Mann einander gegenüber im offenen Feld ohne Offiziere auf, und ein Kerl mit Initiative am rechten oder linken Ende wird instinktiv das Kommando geben und einen Angriff auf Deckung irgendwo auf der Flanke anführen, der eine Enfilade der feindlichen Reihen ermöglicht. Praktisch alle großen Schlachten der Welt wurden gewonnen, indem man die Flanke des Feindes umging, was ihn zum Rückzug zwang, wenn es nicht zu einer Niederlage oder Gefangennahme führte.

Der schnelle Marsch einer Division oder Brigade aus der Reserve an die Flanke im entscheidenden Moment hat oft das Schicksal eines Tages gewendet. Alle Manöver haben dieses Ziel im Auge. Überlegene Zahlen erleichtern die Operation, und ein Sieg resultierte meistens darin, dass Überlegenheit eine Flanke bedrängte und nichts weiter; obwohl seine bewundernden Landsleute den Sieger später als Erfinder eines strategischen Plans feierten, der schon alt war, bevor Alexander ins Feld zog, als die Genialität des Siegers darin bestand, Gelegenheiten zu nutzen, die es ihm ermöglichten, am entscheidenden Punkt mit mehr Männern als sein Gegner zuzuschlagen. An der Flanke der Südstaaten-Konföderation schwenkte Sherman durch den Süden; an der Flanke versuchten die Konföderierten, die Bundeslinie bei Kulp's Hill und Little Round Top zurückzudrängen. An der Flanke drängte Grant Lee zurück nach Appomattox. Yalu, Liao Yang und Mukden wurden im Russisch-Japanischen Krieg durch Flankenbewegungen gewonnen, die Kuropatkin zum Rückzug zwangen, wenn auch nie mit Katastrophen.

Picketts Angriff bei Gettysburg bleibt für den Amerikaner das vergeblichste und glorreichste Beispiel eines Angriffs auf eine Frontstellung mit dem Versuch, die Mitte zu durchbrechen. Die Mitte mag schwanken, aber die Flanken sind es, die nachgeben; obwohl natürlich bei allen konsequenten Operationen großer Armeen ein notwendiger Nebeneffekt jedes Versuchs, die Flügel zurückzudrängen, ausreichender Druck auf die Front ist, der gleichzeitig ausgeübt wird, um alle Truppen dort in Position zu halten und das feindliche Kommando in Angst vor der Katastrophe zu halten, die eintreten würde, wenn die Mitte zur gleichen Zeit durchbrechen würde, während die Flanken zurückgedrängt würden. Das Vorstehende ist nur die Wiederholung von Grundsätzen, die durch die Länge der Linie und die Truppenmassen und das unglaubliche Ausmaß des Artilleriefeuers nicht geändert werden können; was den europäischen Krieg für den Durchschnittsleser umso verwirrender macht, da er seine Informationen in technischen Begriffen erhält.

Dasselbe Ziel, das eine Linie dazu bringt, eine andere zu flankieren, führte die deutsche Armee durch Belgien, um die französische Armee in die Flanke zu schlagen. Dies gelang ihr, aber sie konnte die französische Flanke nicht umgehen; obwohl sie durch diese Operation, die das Territorium einer neutralen Nation verletzte, feindliches Territorium zum Schauplatz zukünftiger Aktionen machte. Man kann sich bis zum Umfallen darüber streiten, was passiert wäre, wenn die Deutschen ihre Legionen direkt an die alte französische Grenze geworfen hätten. Persönlich glaube ich, dass sie, in Übereinstimmung mit der Idee, die ich in „Der letzte Schuss" zum Ausdruck brachte, niemals durch die Trouée de Miracourt oder über Verdun hinausgekommen wären.

Mit einer durchgezogenen Schützengrabenlinie von der Schweiz bis zur Nordsee muss jede Offensive sozusagen „die Mitte durchbrechen", um Platz für eine Flankenoperation zu haben. Sie muss gegen Frontstellungen vorgehen und in ihre Strategie alle in achtzehn Monaten Stellungskrieg gelernten Verteidigungslektionen und Verteidigungstaktiken und -waffen einbeziehen. Wenn, wie allgemein angenommen wurde, die Präzision moderner Waffen mit Gewehren und Maschinengewehren, die ihre Kugeln 3000 Meter weit schießen, und Feuerwänden aus versteckten Geschützen in einer Entfernung von 3 bis 24 Kilometern die Verteidigung begünstigt, wie sollte dann 1916 ein Angriff erfolgreich sein, wenn in den Tagen der Vorderladergewehre und Glattlaufgewehre Frontalangriffe gescheitert waren?

Immer wieder wurde in unserem Kasino und in allen Kasinos an der Front und überall, wo sich Menschen auf der ganzen Welt versammelten, die Frage diskutiert: „Kann die Linie durchbrochen werden?". Wie diskutiert, handelt es sich um eine akademische Frage. Die praktische Antwort hängt von der Stärke der angreifenden Streitkräfte im Vergleich zu der der verteidigenden Streitkräfte ab. Wenn die Deutschen nur fünfhunderttausend Mann an der Westfront halten könnten, müssten sie sich von einem Teil der Linie zurückziehen, sich auf ausgewählte Positionen konzentrieren und sich auf Taktiken verlassen, um ihre ungeschützten Flanken in offenen Schlachten zu verteidigen. Drei Millionen Männer mit zehntausend Kanonen könnten die Linie gegen eine ebenso geschickte Armee von drei Millionen mit zehntausend Kanonen nicht durchbrechen; aber fünf Millionen mit fünfzehntausend Kanonen könnten die Linie durchbrechen, die von einer ebenso geschickten Armee von einer Million mit fünftausend Kanonen gehalten wird. Damit sind wir bei einer Frage der Anzahl, des Könnens und des Materials. Wenn das Ziel die Zermürbung ist, dann muss die Offensive gewinnen, wenn sie ihre Angriffe mit weniger Verlusten an Menschen als die Defensive durchführen kann. Bei etwa gleichen Verlusten muss die Offensive schließlich auch gewinnen, wenn sie über genügend Reserven verfügt.

Die Öffentlichkeit ließ sich nicht davon abhalten, zu glauben, dass der Angriff vom 1. Juli an der Somme ein Versuch war, eine sofortige Entscheidung herbeizuführen, obwohl der verantwortliche Stabsoffizier sehr darauf achtete, zu erklären, dass kein Durchbruch der Front zu erwarten war und dass das Ziel darin bestand, einen Sieg in der *Moral zu erringen* , die Armee unter realen Bedingungen für zukünftige Offensiven zu trainieren und, wenn die Bilanz ausgeglichen war, zu beweisen, dass die Offensive mit überlegenem Feuer unter modernen Bedingungen mit weniger Verlusten durchgeführt werden konnte als die Defensive. Dies kann man meiner Meinung nach am besten jetzt darlegen. Die Ergebnisse werden wir später betrachten.

Eines war sicher: Angesichts der wachsenden Stärke der britischen und französischen Armeen konnten sie nicht untätig bleiben. Sie mussten angreifen. Sie mussten den Deutschen die Initiative entreißen. Je größer die Massen der Deutschen waren, die an der Westfront unter dem alliierten Beschuss standen, desto besser war die Situation für die Russen und Italiener. Und dementsprechend ermöglichte der Plan für den Sommer 1916 allen Alliierten dank erhöhter , wenn auch nicht ausreichender Munition – so etwas kann es nie geben – erstmals, so etwas wie eine gemeinsame Offensive durchzuführen. Die Offensive der Russen, die früher als die anderen begann, machte als erste eine Pause, was bedeutete, dass die anglo-französische und die italienische Offensive auf Hochtouren liefen, während die Russen vorerst neue Positionen bezogen hatten.

Die Vorbereitungen für diesen Angriff an der Somme, eine Operation ohne Beispiel in Art und Ausmaß, es sei denn, es handelte sich um die gescheiterte deutsche Offensive bei Verdun, konnten nicht allzu umfassend sein. Es musste ein kontinuierlicher Nachschub an Munition gewährleistet sein, der es ermöglichte, die Schlacht Schlag auf Schlag fortzusetzen, sobald sie einmal begonnen hatte. Die angemessene Erfüllung seiner Aufgabe würde einen General nicht dazu veranlassen, sie zu übernehmen, bevor er völlig bereit war, und militärische Erwägungen hätten die Offensive, wenn andere Erwägungen es erlaubt hätten, bis zum Frühjahr 1917 verschoben.

II Ich

EINE KANADISCHE INNOVATION

Versammlung der Clans aus Australien, Neuseeland und Kanada – England schickt Sir Douglas Haig Männer, aber keine Armee – Methoden, aus Männern eine Armee zu machen – Der Grabenüberfall, eine kanadische Erfindung – Entwicklung des Grabenüberfalls – Die Korrespondentenquartiere – Vorbereitungen für den „großen Vorstoß" – Ein gut gehütetes Geheimnis.

"Ein harter Brocken!", bemerkte ein Kanadier, als er die Australier zum ersten Mal auf einer französischen Straße marschieren sah. Sie und die Neuseeländer fielen in Frankreich auf, dank ihrer Filzhüte mit seitlich hochgebogener Krempe, ihrer kräftigen Statur und ihrer glattrasierten, sauberen Gesichter. Diejenigen, die in Gallipoli gewesen waren, bildeten für diejenigen, die frisch von zu Hause oder aus Lagern in Ägypten kamen, die Versteifung der Veteranenerfahrung und Kameradschaft.

Kanadische Bataillone, die in Kanada und dann in England trainiert hatten, verstärkten die kanadischen Truppen, bis sie eine Armee hatten, die der von Meade oder Lee in Gettysburg entsprach. Engländer, Schotten, Waliser, Iren, Südafrikaner und Neufundländer, die sich in der Picardie, im Artois und in Flandern versammelten, ließen einen darüber nachdenken, wie Englisch gesprochen wird. An der britischen Front habe ich jede Variante gehört, auch die aus verschiedenen Teilen der Vereinigten Staaten. Eines Tages erhielt ich einen Brief von einem Landsmann, der wie folgt lautete:

"Ich bin hier draußen in der RFA, während mir die ' Krumps ' auf die Kokosnuss platzen, und werde das durchziehen. Wenn Sie amerikanische Zeitungen oder Zeitschriften herumliegen haben, schicken Sie sie mir bitte, da ich weit weg von Kalifornien bin."

Die Clans trafen immer weiter ein. Jeden Tag gingen neue Bataillone und neue Geschütze an Land. England schickte Sir Douglas Haig Männer und Material, aber keine Armee im modernen Sinne. Er musste die Lieferungen dort auf dem Schlachtfeld vor dem Feind zu einem Ganzen zusammenfügen. Munition war eine Frage der Ressourcen und der Herstellung, aber die wichtigste Fabrik war die Fabrik der Menschen. Es genügte nicht, dass die Kanonenschützen in England, Kanada oder Australien einigermaßen genau schießen konnten. Sie mussten lernen, mit Dutzenden von Batterien unterschiedlichen Kalibers in Feuerwänden zusammenzuarbeiten und wiederum mit der Infanterie, deren Angriffe sie mit der Finesse wissenschaftlicher Berechnung und der instinktiven *Verbindung unterstützen mussten* , die nur durch Erfahrung unter ausgebildeten Offizieren entsteht, gegen die deutsche Armee, die in ihren Wehrpflichtigenreihen keinen Mangel an Material hatte, um freie Offiziersstellen zu besetzen.

Von 27 auf 40 Kilometer Frontlänge, dann auf 60 und schließlich auf fast 30 Kilometer, hatten die Briten ihre Verantwortung ausgeweitet, was nur Übung in der Defensive bedeutete, während die Deutschen zwei Jahre Übung in der Offensive hatten. Die beiden britischen Offensiven bei Neuve Chapelle hatte einen kleinen Teil der Bataillone eingeschlossen, die an der Somme kämpfen sollten; und das dritte, ungleich ehrgeizigere Bataillon war mit einer stärkeren Truppen- und Geschützkonzentration konfrontiert als seine Vorgänger.

Was in der Kampfpraxis nicht erreicht wurde, muss im Drill annähernd erreicht werden. Jeder Bataillonskommandeur, jeder Stabsoffizier und jeder General mit Erfahrung muss sowohl Ausbilder als auch Leiter sein. Sie müssen ihre Maschine zusammenbauen und einstellen, bevor sie sie auf eine härtere Straße schicken, als sie zuvor ausprobiert wurde.

Die britische Armeezone in Frankreich wurde zum Übungsplatz für die Großoffensive, und während die Leute zu Hause dachten: „Wir haben euch die Männer und die Waffen geschickt – jetzt geht es ans Eingreifen!", war die Vorbereitungszeit für die fleißigen Lernenden viel zu kurz. Es war jede erdenkliche Art von Lehrplan entwickelt worden, der die tatsächlichen Bedingungen eines Angriffs simulierte. Beim Bewegen im Hinterland zeugte das Rattern eines Maschinengewehrs zehn Meilen hinter der Front von der Maschinengewehrschule; eine Reihe von Explosionen lenkte die Aufmerksamkeit auf Bomber, die sich ihren Weg durch Übungsgräben auf einem Feld bahnten; eine schwerere Explosion kam von der Akademie für Grabenmörser; eine gewaltige Wolke aus Rauch und Erde, die zwei- bis dreihundert Fuß hochstieg, war ein neues Experiment im Bergbau. Sir Douglas vertrat die Theorie, dass kein Soldat seine Arbeit zu gut kennen kann. Er wollte nicht zulassen, dass ein Mann in seinem Kommando durch Müßiggang langweilig wurde.

Der Stellungskrieg war systematisiert worden, und das monatelange Halten derselben Linie war zwangsläufig nicht förderlich für die Entwicklung von Initiative. Ein Mann, der an ein sesshaftes Leben gewöhnt ist, ist nicht zu körperlicher Aktivität geneigt. Jemand, der ständig Unterstände gräbt, verlässt nur ungern seine Behausung, die ihn so viel Arbeit gekostet hat, um im Freien zu leben.

Die Bataillone blieben eine bestimmte Anzahl von Tagen in Stellung, die je nach Art der Stellung variierte, und wurden dann abgelöst, um sich in Quartieren auszuruhen. Während der Besetzung erduldeten sie ein Ausmaß an Artilleriefeuer, das in den verschiedenen Sektoren sehr unterschiedlich war. Einige Männer hielten mit Gewehren und Maschinengewehren Ausschau nach Demonstrationen des Feindes, während der Rest untätig war, wenn er nicht gerade grub. Sie schickten nachts Patrouillen ins Niemandsland, um Informationen zu erhalten, und tauschten Gewehrgranaten, Mörser und Bomben mit dem Feind aus. Jede Woche forderte ihren Tribut an Opfern, gering in den ruhigen Gegenden, hoch in den übel heißen Ecken des Ypern-Bogens, wo Angriffe und Gegenangriffe nie aufhörten und die Angst, dass die Brustwehr durch eine Artillerie-„Vorbereitung", die der Vorbote eines Angriffs sein könnte, eingeschlagen werden könnte, unablässig an den Nerven zehrte.

Es war allgemein bekannt, dass man jederzeit eine Front von 1000 oder 2 Yards einnehmen konnte, indem man einfach sein Feuer konzentrierte, den Stacheldraht des Feindes durchschnitt und die Sandsäcke seiner Brustwehr in Fetzen riss, was ihm furchtbare Verluste einbrachte; und dann konnte man mit einem schnellen Angriff im Schutz des Artilleriefeuers die Trümmer , die Verwundeten des Feindes und die noch Lebenden in seinen Unterständen einnehmen . Bei Operationen dieser Art waren die Verluste bei der Einnahme der feindlichen Stellung normalerweise viel geringer als bei dem Versuch, sie zu halten, da der Feind als Antwort auf Ihre Offensive die volle Kraft seiner Geschütze auf seinen ehemaligen Schützengraben richtete, den Ihre Männer zu einem eigenen umzubauen versuchten. Später barg sein Schützling unter dem Schutz seiner eigenen Waffen die Ruinen und zwang die Truppe des ersten Teils, die die „Show" begonnen hatte, zurück in ihren eigenen ehemaligen Schützengraben an vorderster Front. Damit war die Situation wieder dieselbe wie zuvor: Beide Seiten verloren Menschenleben, ohne Boden gutzumachen, und hatten nun die Aussicht auf die mühselige Arbeit, ihre Gänge und Höhlen neu zu bauen und neue Sandsäcke zu füllen.

Es war die Wiederholung dieser Art von „Vorfällen", wie sie in den täglichen *Mitteilungen berichtet wurde* , die die Außenwelt über die Albernheit und Satire der Sache staunen ließ, ohne zu verstehen, dass es dabei einzig und allein um die Stärkung der *Moral ging*. Ein Angriff wurde durchgeführt, um die Männer bei der Stange zu halten; ein Gegenangriff, um dem Feind nie ein Gefühl der Überlegenheit zu ermöglichen. Jeder Soldat, der an einem Angriff teilnahm, lernte etwas in der Methode und erlangte etwas in der Qualität, die seine Kommandeure für erforderlich hielten. Er war in tödlichem Nahkampf in den Schützengräben dem Feind von Angesicht zu Angesicht gegenübergestanden, der eine unsichtbare Macht hinter einer grauen Brustwehrlinie gewesen war und jedes Mal, wenn er seinen Kopf zeigte, auf ihn geschossen hatte.

Angriff und Gegenangriff, ohne das eigene Territorium auch nur um einen Quadratmeter zu vergrößern – das hatte an der Westfront Hunderttausende Opfer gekostet. Der nächste Schritt bestand darin, die Angriffsmoral zu erreichen, *ohne* beim Versuch, neues Terrain zu verteidigen, Menschenleben zu verschwenden.

Die Verantwortung für den Grabenangriff, der im Winter 1915 geplant wurde, gebührt dem Kanadier. Sein Plan war so einfach wie der des amerikanischen Indianers, der eine weiße Siedlung stürmt und nach dem Skalpieren flüchtet; oder der Cowboys, die eine Stadt niederschießen; oder der mexikanischen Aufständischen, die für einen kurzen Besuch in ein Dorf einfallen, um zu töten und zu plündern. Der Kanadier hatte vor, überraschend in die deutschen Schützengräben einzudringen, lange genug zu bleiben, um das entstehende Durcheinander optimal auszunutzen, und dann in seine eigenen Schützengräben zurückzukehren, ohne zu versuchen, die Stellung des Feindes zu halten und zu organisieren, und so, während er mit der Schaufel beschäftigt war, eine mörderische Menge an Granatfeuer auf sich zu ziehen.

Die ersten Angriffe wurden in kleinen Gruppen über eine schmale Front durchgeführt und die Taktik war die der Grenzbewohner, denen es nie an Eigeninitiative und Bodenfertigkeit mangelt . Hinter ihren Linien probten die Kanadier immer wieder in allen Einzelheiten, bis jeder Mann seine Rolle bei der „kleinen Überraschung, die in Kanada für Bruder Boche geplant wurde " perfekt beherrschte. Der für das Abenteuer gewählte Zeitpunkt war eine dunkle, stürmische Nacht, in der das Trommeln des Regens und der in ihre Richtung wehende Wind die Bewegungen der Männer dämpfen würden, wenn sie sich für ihren pantherartigen Ansturm einen Weg durch den Stacheldraht bahnten . Es war die Art von Experiment, dessen Erfolg davon abhängt, dass jeder einzelne Teilnehmer Stillschweigen bewahrt und die ihm zugewiesene Aufgabe mit akribischer Genauigkeit erfüllt.

Die Deutschen waren von der Unversehrtheit ihres Stacheldrahts überzeugt, und alle außer den Wachposten, deren Ohren und Augen die Gefahr nicht wahrnahmen, schliefen in ihren Unterständen. Dann stellten sie fest, dass die Männer der Maple Leaf über die Brustwehr gesprungen waren und vor der Tür standen und die Kapitulation forderten. Es war eine Angelegenheit, die Israel Putnam oder Colonel Mosby erfreut hätte, und ihr Erfolg war ein neuer Beitrag zur Taktik des Pattkriegs, der jede mögliche Erfindung und Neuheit erschöpft zu haben schien. Grabenüberfälle wurden an immer breiteren Fronten durchgeführt, bis sie zu beträchtlichen Operationen wurden, bei denen der Stacheldraht durch Artillerie zerschnitten wurde, was den Männern dieselbe Art von Unterstützung bot, die sie später in der großen Offensive bieten sollte.

Das Halten und Wohnen in Schützengräben brachte einen neuen Schrecken mit sich. Jetzt war der Mann, der sich für die Nacht in einen Unterstand legte, nicht nur der Gefahr ausgesetzt, von einer Mine in den Himmel geschleudert oder von der Explosion einer schweren Granate verschüttet zu werden oder gezwungen zu sein, als Antwort auf den Gongschlag, der einen Gasangriff ankündigte, aufzuspringen, sondern er konnte auch um zwei Uhr morgens (eine beliebte Zeit für Angriffe) durch das Geschrei von Wachposten geweckt werden, die von dem heimlichen Vorrücken schattenhafter Gestalten in der Nacht überwältigt worden waren, und während er aufstand, konnte er durch die Explosion einer Bombe getötet werden, die von Männern geworfen wurde, von denen er annahm, dass sie ebenfalls zwei- oder dreihundert Meter entfernt in ihren eigenen Quartieren fest schliefen.

Die Rivalität zwischen den Bataillonen bei Grabenüberfällen, die die Kommandeure gerne schürten , entwickelte sich unweigerlich. Die Bataillone waren auf ihre Grabenüberfälle ebenso stolz wie die Schlachtschiffe auf ihre Zielübungen. Ein Bataillon, das keinen erfolgreichen Grabenüberfall hinter sich hatte, hatte etwas zu erklären. Wie stolz waren die Bantams – die kleinen Kerle unter der vorgeschriebenen Größe, die sich auf Lord Kitcheners Vorschlag hin einer eigenen Division angeschlossen hatten –, als sie bei einem ihrer Grabenüberfälle ein paar massige, große Deutsche und ein deutsches Maschinengewehr in Mannsgröße über das Niemandsland zurückbrachten!

Die Angreifer versuchten nie, lange in den Schützengräben des Feindes zu bleiben. Sie töteten die hartnäckigen Deutschen, nahmen andere Gefangene und kehrten, abgesehen von dem Schaden, den sie anrichteten, immer mit Identifikationsnummern der Bataillone zurück, die die Stellung besetzt hatten, während die Gefangenen wertvolle Informationen lieferten.

Die Deutschen, die eher anpassungsfähig als kreativ, eher organisierend als bahnbrechend waren, scheuten sich nicht, von den Briten zu lernen, und bald unternahmen auch sie Überraschungsangriffe in der Nacht. Obwohl sie die Disziplin in der Defensive beider Seiten verschärften, waren Grabenangriffe für die Briten weitaus nützlicher als für die Deutschen; denn das britische Personal sah in ihnen eine unschätzbar wertvolle Methode zur Vorbereitung auf die Offensive. Die Artillerie hatte nicht nur Übung darin, tatsächliche statt theoretische Angriffe zu unterstützen, sondern wenn die Männer über die Brustwehr gingen, standen sie dem Feind gegenüber, der seine Maschinengewehre einschalten könnte, wenn er nicht durch präzises Feuer zum Schweigen gebracht würde. Sie lernten, ihre Bemühungen zu koordinieren , ob einzeln oder als Einheiten, sowohl beim Angriff als auch beim Säubern der deutschen Unterstände. Ihr Beobachtungssinn, ihre Anpassungsfähigkeit und ihr Teamplay wurden im lebensbedrohlichen Kontakt mit dem Feind geschärft.

Während der Frühlingsmonate wurden die Schützengräben weiter angegriffen, um die neue Armee für den „großen Vorstoß" zu „bluten". In der Zwischenzeit verbrachten die Korrespondenten, die dort waren, um über die Operationen der Armee zu berichten, eine so ruhige Zeit wie ein

Landedelmann auf seinem Anwesen, ohne sich um die Sorgen seines Vorgesetzten kümmern zu müssen.

Unser Ausgangspunkt von unseren Streifzügen durch die Armee war nicht zu weit vom Hauptquartier entfernt, um mit ihm in Kontakt zu sein, aber auch nicht zu nah, um die Ehrfurcht der Nähe zur Führungsautorität von Hunderttausenden von Männern zu spüren. Grabenüberfälle hatten für die Öffentlichkeit, die die Korrespondenten bedienten, ihren Reiz verloren. Eine Beschreibung eines Besuchs in einem Graben war für die Leser ebenso alltäglich wie die Erfahrung selbst für einen unserer erfahrenen sechsköpfigen Gruppe. Wir hatten alle Kriegsschulen und auch das Bataillon der Kriegsdienstverweigerer gesehen – jene extremen Pazifisten, die sich weigern, ihre Mitmenschen zu töten. Da ihre Meinung von der englischen Freiheit und Individualität respektiert wurde, wurden sie mit der Reparatur von Straßen und ähnlichen Aufgaben beauftragt.

Der Krieg war völlig statisch geworden. Sofern nicht gerade eine neue Art des Tötens entwickelt wurde, war selbst die englische Öffentlichkeit nicht daran interessiert, etwas über ihre eigene Armee zu lesen. Als meine englischen Kameraden sahen, dass ein kleiner Skandal in den Londoner Zeitungen mehr Platz einnahm als ihre Berichte über einen tapferen Luftangriff, erlebten sie Momente zynischer Depression.

Zwischen den Fahrten machten wir lange Spaziergänge, gingen Vogelnester beobachten und plauderten mit den Bauern. Was hatten wir mit dem Krieg zu tun? Doch wir gingen nie ins Feld, in Schützengräben oder Hauptquartiere, ins Krankenhaus oder zu Geschützstellungen, ohne in diesem riesigen Bienenstock der Militärindustrie etwas Neues und Wunderbares für uns, wenn nicht für die Öffentlichkeit, zu entdecken.

"Aber wenn wir jemals mit dem Vorstoß beginnen, werden sie jedes Detail lesen", sagte unser weisester Mann. "Es ist der Vorstoß, der in aller Munde ist. Der Mann auf der Straße hat es satt, von den Proben zu hören. Er will, dass der Vorhang aufgeht."

Jeder von uns wusste, dass die Offensive kommen würde und wo, ohne dass wir in unserer Messe jemals darüber gesprochen hätten oder es wissen sollten. Niemand sollte es wissen, außer ein paar „Messinghüten" in der Stadt des Hauptquartiers. Eine der wichtigsten Voraussetzungen für die goldene Litze, die einen General kennzeichnet, oder das rote Band um die Mütze und die rote Lasche am Mantelaufschlag, die den Stab kennzeichnen, ist die Fähigkeit, ein Geheimnis zu bewahren; aber eine lange Zugehörigkeit zu einer Armee macht sie zu einer Art zweiter Natur, sogar bei einer Gruppe von Zivilisten. Wenn man einen Messinghut traf, tat man so, als ob man glaubte, dass die Monotonie dieser offiziellen Armeeberichte über den Beschuss einer neuen deutschen Schanze oder ein heftiges Artillerieduell oder vier abgeschossene feindliche Flugzeuge, die am Freitag genauso lauteten wie am Donnerstag, für immer anhalten würde. Die Messinghüte gaben vor, untereinander dasselbe zu glauben. Für alle Zeiten sollten die britische und die französische Armee weiterhin von denselben Stellungen aus Sprengstoff auf die deutsche Armee werfen.

Gelegentlich deutete ein Brass Hat an, dass die Offensive wahrscheinlich im Frühjahr 1917 oder später erfolgen würde, und man betrachtete diese Information als streng vertraulich und unbestimmt, so wie man jede Information, die man von einem Brass Hat erhält, als vertraulich betrachten sollte. Es kam niemandem in den Sinn, zu fragen, ob mit „1917" Juni oder Juli 1916 gemeint war. Das wäre ebenso unhöflich, wie einen Mann, der letztes Jahr grau und dieses Jahr schwarz war, zu fragen, ob er seine Haare gefärbt hat.

Die schweren Haubitzen, frisch aus der Gießerei, gezogen von großen Raupenschleppern, bewegten sich alle in eine Richtung – Richtung Somme. Die Dörfer entlang ihrer Route füllten sich mit Truppen. Je näher man der Front kam, desto größer war die Konzentration von Männern und Material. Granaten, so groß wie Milchkannen an Vorortbahnhöfen, standen in dichter Ordnung auf den Bahnsteigen neben den Abstellgleisen der neuen Feldbahnen; Granaten aller Kaliber waren auf neuen Munitionslagern aufgestapelt; Felder wurden von den Spuren der in Stellung gebrachten Geschütze durchschnitten; Dampfwalzen bauten Straßen inmitten der langen Kolonnen von Lastwagen, die schwer beladen zu den Schützengräben fuhren und leer zurückkamen; Stacheldrahtzäune standen als Sammelstationen für Gefangene bereit; Gruppen von Lazarettzelten an anderen Stellen schienen in keinem Verhältnis zu dem Zustrom von Verwundeten aus dem üblichen Stellungskrieg zu stehen.

All diese Vorbereitungen, die sich über Wochen und Monate hinzogen, emotionslos und methodisch, mit unendlich vielen Details und einem enormen Aufwand, erinnerten an die Arbeit von Ingenieuren, Bauunternehmern und Subunternehmern beim Bau einer großen Brücke oder eines Kanals, wobei die Arbeiter alle die gleiche Uniform trugen, die Manager, Aufseher und Vorarbeiter jeweils ein Rangabzeichen trugen und die Offiziere mit den roten Abzeichen die Inspektoren und Prüfer waren.

Der Offizier, der eine neue Verwundetensammelstelle einrichtete, ein Gewehr aufstellte oder ein neues Munitionslager eröffnete, hatte von keiner Offensive gehört. Er tat nur, was man ihm sagte. Es war nicht seine Aufgabe, einen Red Tab nach dem Warum zu fragen, genauso wenig wie es die Aufgabe eines Red Tabs war, einen Brass Hat nach dem Warum zu fragen, oder zu wissen, dass sich an einer sechzehn Meilen langen Front dasselbe abspielte. Jeder sah nur seinen kleinen Abschnitt des Bienenstocks. Die

Befehle beschränkten die Arbeiter streng auf ihre Abschnitte, während ihnen gleichzeitig der Mund verschlossen wurde. Die Vertragspartner waren nicht von Streiks bedroht; die Angestellten erhielten keinen Zuschlag für Überstunden. Dass die Offensive an der Somme stattfinden sollte, war ebenso offensichtlich wie dass der Zirkus in die Stadt gekommen war, wenn man im Morgengrauen auf einem freien Gelände Zelte aufstellen sieht, während die Elefanten in einer Reihe stehen.

Gegen Ende Juni fragte ich den Red Tab, der am Kopfende unseres Tisches saß, ob ich auf Urlaub nach London gehen könne. Er war überrascht, glaube ich, schien aber nicht überrascht zu sein. Es ist eine der Voraussetzungen für einen Red Tab, dass er es nicht tun sollte. Er sagte, er sei sich nicht sicher, ob derzeit Urlaub gewährt würde. Das war ungewöhnlich, da bei keiner früheren Gelegenheit eine Ablehnung angedeutet worden war. Als ich sagte, es würde nur für zwei oder drei Tage sein, dachte er, das ließe sich schon arrangieren. Was dieser rücksichtsvolle Red Tab meinte, war, dass ich „rechtzeitig" zurückkehren sollte. Doch er hatte nicht erwähnt, dass es eine Offensive geben würde, und ich hatte auch nichts davon gesagt. Wir hatten uns an die militärische Geheimhaltung gehalten. Außerdem wusste ich es wirklich nicht, es sei denn, ich öffnete ein Ablagefach in meinem Gehirn. Es war auch meine Aufgabe, es nicht zu wissen – die einzige Aufgabe, die ich bei dem „großen Vorstoß" hatte, außer zuzusehen.

Drüben in London überraschten mich meine Freunde mit den Ausrufen: „Was machst du hier?" und „Wirst du die Offensive, die gleich beginnen wird, nicht verpassen?" Was würde nun ein Brass Hat in solch einer misslichen Lage sagen? Würde er dabei klug oder unklug wirken? Ich versuchte, unklug zu wirken und antwortete: „Sie haben jetzt die Männer und können zuschlagen, wann immer es ihnen passt. Es ist nicht meine Aufgabe zu wissen, wo oder wann. Ich habe um Erlaubnis gebeten und sie haben sie mir gegeben." Ich war ziemlich erleichtert und hatte das Gefühl, selbst eines geheimnisvollen Brass Hats würdig zu sein, als ein Mann bemerkte: „Sie lassen einen nicht viel wissen, oder?"

Solche gewaltigen Vorbereitungen vor englischsprachigen Menschen völlig geheim zu halten, wäre undenkbar. Nur die Japaner sind mental darauf eingestellt, Informationen zu schützen. Bei anderen Rassen ist das ein mühsames Unterfangen. Können Sie sich vorstellen, dass Washington ein militärisches Geheimnis bewahrt? Vom Kriegsministerium bis zum Kapitol könnte man das vertrauliche Getuschel hören. Bei einer so großen Bewegung wie der an der Somme genügt ein schwaches Glied in einer Kette von Zehntausenden Offizieren, um sie zu zerreißen, ganz zu schweigen von einer Million oder so einfacher Soldaten.

IV

BEREIT FÜR DEN SCHLAG

Französischer Nationalgeist – Unsere Gärtner – Bereiten sich auf den Angriff vor – Überwachung des Himmels – Wurstballons – Nüchterner, systematischer Krieg – Eine Flut von Grabenüberfällen – Vormarschierende Reserven – Organisierter menschlicher Wille – Söhne der alten Heimat bereit zum Angriff – Die größte Schlacht des Krieges steht kurz bevor.

Unser Hauptquartier während meines ersten Sommers an der Front war in der flachen Grenzregion des Pas de Calais, die weder Flandern noch Frankreich zu sein schien. In unserem zweiten Sommer mussten wir uns näher an der Mitte der britischen Linie aufhalten, die sich nach Süden erstreckte, um mit dem Ganzen in Kontakt zu bleiben. Im hügeligen Land des Artois wurde ein weniger komfortables Schloss durch die lächelnde Kameradschaft der Nachbarn auf den Feldern und in den Dörfern des echten Frankreichs ausgeglichen.

Dieser sympathische Appell war geprägt vom reinrassigen Rassen- und Nationalgeist eines großen Volkes, von der Höflichkeit, die einer untersetzten Bäuerin eine gewisse Anmut verlieh, vom Lächeln des Landes und seiner Bewohner, von jenem angeborenen Patriotismus, der im Laufe der Jahrhunderte eine unverwechselbare Zivilisation namens Französisch geschaffen hat, die für ihren Fortbestand dieselben Opfer gebracht hat, die an der Marne und in Verdun erbracht wurden. Flandern ist nicht Frankreich, und Frankreich wird immer französischer, je weiter man von Ypern nach Amiens, der Hauptstadt der Picardie, vordringt. Ich war froh, dass die Picardie als Schauplatz der Offensive gewählt worden war. Dadurch erschien der Angriff noch wahrhaftiger als ein Angriff für Frankreich. Ich sollte die Picardie und ihre Menschen im Kampf lieben lernen.

Damit wir in der Nähe des Schlachtfeldes an der Somme sein konnten, mussten wir erneut unser Quartier wechseln und hatten den Schmerz, uns von einem anderen Garten und einem anderen Gärtner verabschieden zu müssen. Alle Gärtner unserer verschiedenen Schlösser waren Philosophen gewesen. Louis war es, der sagte, er würde alle Politiker, die Kriege verursachten, am liebsten zu einem Salat verarbeiten und seine Drohung mit den entsprechenden Gesten begleitete; Charles war der Meinung, dass die „ Boches “, wenn man sie erst einmal richtig zurechtgestutzt hätte, akzeptable Mitglieder zweiter Klasse der internationalen Gesellschaft sein könnten; und Leon wollte, dass der Kaiser in einem Cordmantel an den Pflug gestellt würde, als bestes Heilmittel für seine Eitelkeit. An diesem Nachmittag, als *Au revoirs* gesprochen wurde und unsere Autos sich über die Nebenstraßen der abgelegenen Landschaft schlängelten, war kein Soldat zu sehen, bis wir zur großen Hauptstraße kamen, wo uns das ferne, unaufhörliche Dröhnen der Kanonen, wie ein gigantischer Trommelschlag, der die Armeen zum Kampf ruft, das Zeichen gab, dass wir die friedliche Umgebung endlich hinter uns gelassen hatten.

Ein Riese mit Nerven wie Telefondrähten, Muskeln aus Stahl und einem menschlichen Herzen schien seine Trotzigkeit herauszuschreien, bevor er in Aktion trat. Wir wussten, was die Donnerschläge des vorbereitenden Bombardements bedeuteten. In dieser Nacht war der Himmel im Osten von einem Polarlicht aus Blitzen erfüllt, und am nächsten Tag suchten wir nach der Quelle der Blitze .

Die Hänge hinter der britischen Linie waren voller Risse, Spuren und Schrammen und dicht bevölkert von geschäftigen Männern in Khaki. Jede einzelne Szene war uns aus eigener Erfahrung vertraut, aber jede hatte eine neue Bedeutung für uns. Das Ganze übte einen majestätischen Zauber aus. Die verschiedenen Kaliber der Geschütze waren wie die britische Gesellschaftsskala abgestuft. Die mit der größten Reichweite waren am weitesten hinten angebracht. Fünfzehn-Zoll-Haubitzen-Dukes oder neun-Zoll-Haubitzen-Earls mit ihren großen, hässlichen Mündern und ihrem gezielten und mächtigen Feuer kämpften allein, jeder in seinem eigenen Versteck, sei es unter einem Baum oder inmitten der Ruinen eines Dorfes. Die langen Marinegeschütze hatten zwar ein kleineres Kaliber, aber eine noch größere Reichweite und schickten ihre Granaten fünf bis zehn Meilen über die deutschen Schützengräben hinaus.

Die 8-Zoll- und 6-Zoll-Haubitzen waren geselliger. Sie arbeiteten in Vierergruppen, und manchmal standen mehrere Batterien in einer Linie. Hinter ihnen befanden sich die wachsamen einfachen Soldaten, die Feldgeschütze, die mit ihren 18-Pfund-Granaten schnell feuerten. Diese schienen gefügiger und geselliger, besser für den menschlichen Umgang geeignet und weniger mechanisch brutal. Sie waren nicht monströs genug, um Motortraktoren zu benötigen, um sie in majestätischem Tempo zu ziehen, aber hinter ihnen konnten ihre Teams in kürzester Zeit auf und davon sein, während ihre Munitionswagen knarrten. Entlang der Verbindungsgräben trugen schwitzende Soldaten „Plumpuddings" oder Grabenmörsergranaten, die von der Frontlinie abgefeuert werden sollten, und Kisten mit eiförmigen Bomben, die gut in die Handfläche passten und zum Werfen geeignet waren.

Es schien, als würden alle Kanonen der Welt feuern, wenn man aus der Ferne zuhörte, obwohl man feststellte, dass viele still waren, wenn man in den Bereich kam, wo die Kanonen in Reihen hinter dem Schutz eines günstigen Abhangs standen. Die Männer einer Batterie schliefen vielleicht, während die Nachbarbatterie mit Bedacht Granaten abfeuerte. Schlaf oder Ruhe, die die

Männer bekamen, mussten inmitten dieses krachenden Durcheinanders aus Stahlrohren sein. Wieder wurden die Mündungen für die Nacht abgedeckt, oder aus einem scheinbar leeren Berghang stieß eine verborgene Batterie, die vorher nicht geschossen hatte, ihre bösartigen Rauchwolken aus, bevor ihre Schüsse das Ohr erreichten. Jede Batterie tat, was ihr von einem Nervenzentrum befohlen wurde; jede hatte ihr registriertes Ziel auf der Karte – einen Schützengraben oder eine Straße oder eine deutsche Batterie oder einen Ort, an dem man dachte, dass eine deutsche Batterie sein sollte.

Der Munitionsfluss für alle war stetig, der Verbrauch wurde auf Karten von Offizieren geregelt, die auf Verschwendung achteten und darauf achteten, dass jede Granate zählte. Jede Stunde wurde ein Vermögen verschossen; eine Summe, die einem Jugendlichen ein Jahr lang das College finanzieren oder ein Kind großziehen würde, ging in eine einzige große Granate, die vielleicht nicht das Glück hatte, einen einzigen Menschen zu töten, um ihre Existenz zu rechtfertigen; die Stiftung für ein Entbindungsheim war in der Zerstörung eines einzigen Hektars zertretenen Weizenlandes ausgedrückt, die ein Tag lang auf sie niederprasselte. Ein Grabenmörser konnte in einer Stunde Plumpuddings für eine Waisenschule vernichten. Denn Sie könnten innehalten und so darüber nachdenken, wenn Sie wollten. Tausende tun das an der Front.

Unten an den Ufern der Somme schwirrten die blauen Uniformen der Franzosen anstelle der britischen Khakiuniformen um die Geschützstellungen herum; die *Soixante-quinze* mit ihrer virtuosen künstlerischen Präzision war Nachbar der britischen Achtzehnpfünder. Kanonen, Kanonen, Kanonen – Franzosen und Engländer! Dieselben Nester gegenüber von Gommecourt und in Estrées donnerten von beiden Ufern der Somme durch den Sommerdunst über die grünen Flächen der Inseln, gesäumt vom Silber ihres ruhigen Flusses im Mondlicht oder ihrem Glanz im Sonnenlicht.

Nicht zuletzt wurde bei dieser Aktion darauf geachtet, jedes Detail vor Beobachtungen aus der Luft zu verbergen. Am Rande ebener Felder waren neue Hangars entstanden, von denen aus die schnellen Kampfmaschinen einer Flugzeugkonzentration, die der Konzentration der Geschütze und allen anderen Materials entsprach, zur Aufklärung aufstiegen oder sich wie Falken auf die Lauer legten, um ein eindringendes deutsches Flugzeug anzugreifen. So wurde der Himmel durch den Flug vor neugierigen Blicken aus der Luft geschützt. Wenn ein deutsches Flugzeug auf eine Höhe von 300 Metern absinken konnte, würden seine Fotos den deutschen Kanonenschützen die Position von 100 Batterien verraten und den Konzentrationsplan klar genug zeigen, um keinen Zweifel an der Angriffslinie zu lassen; aber die Flugabwehrgeschütze, die heute wie anderes britisches Material in Hülle und Fülle vorhanden waren, hätten es, wenn nicht gar kommend, aufgefangen, vorausgesetzt, es entging der Erschießung durch ein halbes Dutzend britischer Flugzeuge mit ratternden Maschinengewehren.

„ Tarnen " wurde zu einem neuen englischen Verb. Britische Flugzeuge testeten die Sichtbarkeit einer Batterie aus der Luft. Landschaftsmaler wurden zur Unterstützung bei der Täuschung hinzugezogen. Einer wurde beauftragt, den Autotransporter für die Tauben zu „ tarnen ", die in Körben auf dem Rücken der Männer in Ladungen transportiert wurden, um ein weiteres Mittel zur Übermittlung von Nachrichten über den Verlauf eines Angriffs zu verwenden, das im Granatenrauch verborgen war. Dieser gewissenhafte Künstler „ tarnte " den Taubentransporter so erfolgreich, dass die Tauben ihren Weg nach Hause nicht finden konnten.

Die Nacht war die Zeit der Bewegung. Nachts sahen die Flugzeuge, wenn sie losflogen, nur eine vage, schattige Erde. Die Wurstballons, deutsche und alliierte, diese Himmelswächter, eine Reihe undurchsichtiger, unheimlicher Fragezeichen vor dem Blau, starrten einander außerhalb der Reichweite der feindlichen Geschütze an und „erspähten" von ihren schwebenden Beobachtungsposten aus den Korbgeflechten vom frühen Morgen an bis sie bei Einbruch der Dunkelheit von ihren Benzinmotoren eingezogen wurden, die Granateneinschläge ihrer eigenen Seite. Sie wirkten unbeholfen und hilflos; aber wie der Rest der Armee hatten sie gelernt, beim ersten Anzeichen von Granatfeuer schnell ihre Unterstände zu erreichen, und stiegen dann mit einer lächerlichen Schnelligkeit ab, die auf den Besitz der animalischen Intelligenz der Selbsterhaltung schließen ließ. Gelegentlich löste sich eine davon und machte sich, vom Wind wie ein Regenschirm die Straße hinuntergewirbelt, auf den Weg zum Rhein. Und am Tag vor dem großen Angriff überraschte das britische Fliegerkorps die deutschen Würste, von denen sechs in Flammenbällen verschwanden.

Ein einarmiger Mann mittleren Alters aus Indien, der anbot, seinen „Beitrag" zu leisten, lehnte einen Posten in der Heimat ab, da er seinen körperlichen Einschränkungen nicht entsprach. Seine Augen seien in Ordnung, sagte er, als er sich als Ballonbeobachter bewarb, und er habe nie an der Seekrankheit gelitten, die Wurstballons so übel verursachen. So mancher Mann, der in einem solchen aufgestiegen ist, konnte nicht nur nichts sehen, sondern wollte auch nichts sehen und betete, während er Spinat über die Korbreling warf, nur, dass der Motor sofort mit dem Einziehen beginnen würde.

Eines Tages war der einarmige Pilot mit einem „Joyrider" unterwegs, also einem Offizier, der nicht regelmäßig als Luftbeobachter arbeitete, sondern sich die Sehenswürdigkeiten ansah. Plötzlich löste sich der Ballon von der Stelle, als der Wind stark in Richtung Berlin wehte, was, wie er bemerkte, etwas merkwürdig war, da er einen unerfahrenen Passagier hatte.

„Wir dürfen nicht zulassen, dass uns die Boches erwischen!", sagte er. „Seid vorsichtig und tut, was ich sage."

Zuerst legte er den Joyrider in den für solche Notfälle vorgesehenen Fallschirmgurt und ließ ihn über Bord, dann sich selbst, und beide landeten sicher auf der rechten Seite der britischen Schützengräben – was, wie die Briten sagen würden, eine ziemlich „geschickte Aktion" war, aber ganz nach dem Geschmack des einarmigen Piloten, der auf der Suche nach Abenteuern war. Ich habe von einem Hügel aus in Sichtweite 33 britische Wurstballons gezählt. Im Jahr zuvor hatten die Briten nicht einmal ein Dutzend davon.

Was fehlt? Haben wir genug von allem? Diese Fragen quälten die Organisatoren in den letzten Tagen der Vorbereitung.

Nach Einbruch der Dunkelheit bot sich einem von einem Hügel aus, wenn man auf den Horizont der Blitze zuritt, ein unglaublich erhabener Anblick. Hinter einem, wenn man auf die deutschen Linien blickte, war die Decke der Nacht, durchbohrt und zerschnitten von den Blitzen der Gewehrschüsse; über einem das markerschütternde, heisere Kreisen ihrer Geschosse; und dahinter war die Dunkelheit durch das springende, hüpfende, sich ausbreitende Feuer der Sprengstoffe, das alle Objekte in der Landschaft als flackernde Silhouetten hervortreten ließ, in einen chaotischen, unheimlichen Tag verwandelt worden. Flammenstöße der großen Granaten stiegen aus den Eingeweiden der Erde auf und milderten mit ihrem Glühen die scharfen, konzentrierten, bösartigen Lichtblitze der Granatsplitter. Kleine Blitze spielten zwischen großen Blitzen und Blitze lagen wie Schindeln über Blitzen in einem Aufruhr greller Konkurrenz, während entlang der Linie der deutschen Schützengräben an einigen Stellen ein Dunst aus schimmernden Flammen aus dem Schnellfeuer der Schützengrabenmörser lag.

Selbst der einfallsreichste aller Beschreibungsschreiber kann mit Recht behaupten, dass die Szene unbeschreiblich war. Die Korrespondenten taten ihr Bestes, und nachdem sie den rhetorischen Schwamm bis zum letzten Tropfen Tinte ausgepresst hatten, der sich mit unzureichender Anstrengung zu einem Rausch von Adjektiven destilliert hatte, legten sie keuchend ihre Kopie auf den Tisch des Zensors, der sich nicht an „Wortbildern" störte, die keine militärischen Geheimnisse enthielten.

Der Blick war durch das Schauspiel gehoben und zugleich betäubt, und der Geist suchte nach dem Sinn und Zweck dieses beispiellosen Bombardements mit seiner Präzision der teuflischen „ Kultur ", die darin bestand, den Stacheldraht der Deutschen zu zerschneiden, ihre Schützengräben zu zertrümmern, ihre Unterstände zu durchbrechen, ihre Verbindungsgräben zu verschließen, mit ihrer zweiten Linie dasselbe zu machen wie mit ihrer ersten, ihre Maschinengewehre in Trümmern zu vergraben , jeden Sammelpunkt in diesem Labyrinth von Bauten zu zermalmen, die Dächer der Dorfunterkünfte über ihren Köpfen zu sprengen, eine Todesbarriere über alle Straßen zu legen und, mitten im Prozess des Tötens und Verwundens, die Männer der Frontlinie so einzusperren, dass sie nicht durch frische Truppen gerettet werden konnten, und sie von Nahrung und Munition abzuschneiden. Theatralisch, grausam und mehr als das – nüchterner, systematischer Krieg! Die Reaktion der deutschen Batterien war relativ gering, ihr Schweigen hatte etwas Unheilvolles an sich. Sie warteten auf den Angriff als Ziel ihrer Rache für die Verluste, die sie erlitten hatten.

Inzwischen wussten sie durch das Bombardement, wenn nicht aus anderen Quellen, dass an einem Punkt der Front ein britischer Angriff bevorstand. Ihre Leuchtraketen flackerten ununterbrochen über dem Niemandsland, um jede Bewegung der Briten oder Franzosen zu verraten. Aus ihren Schützengräben stiegen Signalraketen auf – das einzige echte Feuerwerk, gemächlich und unschuldig, ohne den tödlichen Stich in ihren Funken –, die den Kommandeuren, die auf keine andere Weise durch die Feuervorhänge erreicht werden konnten, und den Artilleristen, die ihre eigenen Feuervorhänge sofort einschalten wollten, sobald der Angriff begann, „Noch keine Bewegung" zu sagen schienen. Dann gab es noch andere kleine Blitze und Pfeile aus Licht und Flammen, die darauf bestanden, ihren Teil zum grellen Ganzen beizutragen. Und unter den deutschen Schützengräben befanden sich an mehreren Stellen riesige Sprengladungen, die geduldig durch mühsam gegrabene Tunnel unter die Erde gebracht worden waren.

So viel zur materiellen Maschinerie. Bisher haben wir nur Gewehre und Explosionen erwähnt, Dinge aus Stahl, die Geschosse aus Stahl und Dinge auf Rädern abfeuerten, und wenig über die Maschinerie der Menschen, die sich jetzt neben dem Band zum Angriff einreihen, die Männer, die „ausgebrannt" worden waren, das „Kanonenfutter". Jede Granate war dazu bestimmt, Menschen zu töten; jede deutsche Batterie und jedes deutsche Maschinengewehr war ein Monster, das in Erwartung des Gemetzels roten Schaum vor den Lippen hatte.

Von der Somme bis nach Ypern brach eine Flut von Grabenangriffen aus, um den Feind noch mehr über die wirkliche Angriffsfront zu verwirren. Die Männer stürmten die Gräben, die sie später einnehmen und halten sollten, und erfuhren bei ihrem kurzen Besuch, ob der Stacheldraht richtig durchtrennt worden war, um dem großen Angriff einen freien Weg zu geben, und ob die deutschen Gräben richtig gestampft waren. Sie brachten Gefangene herein, deren Identifizierung und Befragung für den Nachrichtendienst von unschätzbarem Wert waren, wo die große Karte an der Wand mit den Standorten der deutschen Divisionen ausgefüllt wurde, wodurch die Schlachtordnung erstellt wurde, die für alle Pläne so wichtig war, da sie Aufstellung und Stärke der feindlichen Streitkräfte offenbarte. Es war bekannt, dass die Deutschen schnell neue Batterien nördlich der Ancre verlegten , während die schlechte Sicht den Tag des Angriffs hinauszögerte.

Die Männer, die an den neuen Straßen arbeiteten und sie für die Durchfahrt der schweren Transporte instand hielten, seien es nun Kolonnen von Lastwagen, Artilleriewagen oder die großen Traktoren mit ihren Kanonen, waren ebenso Teil des Plans wie die wagemutigen Angreifer. Jeder Soldat, der beim Angriff über die Brustwehr ging, musste Essen und Trinken, Bomben zum Werfen und Patronen zum Abfeuern haben, nachdem er sein Ziel erreicht hatte.

Am aufschlussreichsten unter all den unzähligen suggestiven Merkmalen waren für mich die Straßen mit den leeren weißen Zelten an den Verwundetensammelstellen, die leeren Lazarettwagen auf den Abstellgleisen und die neuen Gehege für Gefangene – denn sie alle sprachen eine menschliche Note. Sie verrieten, dass der Mensch das Ziel sein würde.

Der Stab plante, Kanonenschützen richteten ihr Feuer durch die Magie ihrer Berechnungen zielgenau auf unsichtbare Ziele, Generäle bereiteten ihre Befehle vor, das komplizierte Netz aus Telefon- und Telegrafenleitungen summte vor Anweisungen, aber die letzte Prüfung lag bei dem, der mit Gewehr und Bombe in der Hand das Niemandsland durchqueren und die deutschen Schützengräben einnehmen wollte. Tausend Bilder trüben die Erinnerung und bilden ein Ganzes, das man im Kopf hat, voller Stolz voller Bewunderung für menschlichen Stoizismus, Disziplin und Geist, aber auch voller Traurigkeit und bewusster Ehrfurcht vor dem Besitz eines ihm anvertrauten Schatzes , den er durch seine unbeholfenen Ausdrucksversuche entwertet.

Schritt für Schritt war der menschliche Teil vorangekommen. Khakifarbene Gestalten wimmelten durch die Straßen des Dorfes, während die Menschen ihnen mit einer Art ehrfürchtiger Bewunderung ihrer kräftigen, trainierten Körper und einer mitfühlenden Einschätzung dessen, was kommen würde, zusahen. Diese Männer mit ihrer hellen Haut und der seltsamen Zunge sollten die Deutschen angreifen. Zwei Dinge hatten die Franzosen über die Engländer gelernt: Sie waren großzügig und gerecht, wenn auch phlegmatisch. Jetzt sollten sie beweisen, dass sie mit ihrer methodischen Überlegtheit tapfer waren. Einige würden bald im Kampf sterben – und für Frankreich.

Tagsüber lungerten sie in den Dörfern herum und warteten auf die Dunkelheit, denn ihre Ausbildung war zu Ende – jetzt konnten sie nichts anderes tun als warten. Wenn sie vorrückten, dann in Zügen oder Kompanien , damit sie für die Flieger keine sichtbare Linie auf dem kalkigen Untergrund der Straße bildeten. Ein Bataillon, das sich auf einem Feld um einen Bataillonskommandeur formierte, der fest auf seinem Pferd saß, während er ihnen letzte Ratschläge gab, brachte die militärische Zuneigung der Loyalität von Offizier zu Mann und von Mann zu Offizier zum Ausdruck. Ein Soldat, der sich in einer Tür von einem französischen Mädchen verabschiedete, in dessen Augen er während eines kurzen Aufenthalts in ihrem Dorf Gunst gefunden hatte, traf einen anderen Nerv. Diese ältere Frau, die sich von einem Jugendlichen verabschiedete, sprach wie zu ihrem eigenen Sohn, der an der Front war, und unbewusst im Namen einer englischen Mutter. Oben in der Nähe der Schützengräben, im letzten Quartier vor der Versammlung zum Angriff, erinnerten sich Kompanieoffiziere in der Abenddämmerung an die wichtigsten Anweisungen für eine Linie, die entspannt auf einer Straßenseite stand, während Munitionswagen mit Granaten Vorfahrt hatten.

Bei Einbruch der Nacht formierten sich Reservebataillone und marschierten los, in Richtung der Blitze am Himmel, die die Männer bei ihrem stetigen Marsch erhellten. Die Wärme ihrer Körper und ihr Atem drückten sich dicht an Ihr Auto, wenn Sie zur Seite abbogen, um sie passieren zu lassen. „East Surreys", „West Ridings" oder „ Manchesters " könnten die Antworten auf Ihre Fragen sein. Alle trugen die Embleme ihrer Einheiten in Stoffquadraten auf ihren Schultern, und auf den Rücken einiger Divisionen befanden sich leuchtend gelbe oder weiße Aufnäher, um sie von den Deutschen bis zu den Kanonenschützen im Granatenrauch zu unterscheiden.

Nichts in ihrem Handeln deutete auf den ersten Blick auf die Anspannung ihrer Gedanken hin. Offiziere und Mannschaften, deren körperliche Bewegungen durch die Form der Disziplin geprägt waren, waren in Gestik, Stimme und Verhalten genauso wie auf einer englischen Straße im Training. Dies war Teil des Drills, Teil der Beherrschung der Gefühle. Keiner machte sich Illusionen wie Soldaten früherer Tage. Nur wenige hegten die alte Vorstellung, der glückliche Mann zu sein, der entkommen würde. Sie wussten, welches Risiko sie eingingen, was Frontalangriffe und die mörderische und umfassende Schnelligkeit der Maschinengewehrmethoden bedeuteten.

Wille, organisierter menschlicher Wille, war in ihren Schritten und strahlte aus ihren Augen. Mir kam der Gedanke, dass sie dem vielleicht entgangen wären, wenn England sich aus dem Krieg herausgehalten hätte, um den Preis von etwas, von dem die Engländer sich nicht trennen wollten. „Der Tag" kam, „der Tag", den sie vorhergesehen hatten, „der Tag", auf den ihr Volk wartete.

Als sie dem Tod nahe waren, blieben die Clans, die das Britische Empire bilden, ihrem Charakter treu, wie alle Menschen es tun. Diese Bataillone sangen die Lieder und pfiffen die Melodien der Übungsplätze zu Hause, allerdings leise, damit der Feind sie nicht hören konnte, und verstummten, als sie sich der Front näherten und durch die Verbindungsgräben marschierten.

Die Engländer, dieser große Teil der Armee, der sich als Saum für die keltische Franse sieht, schleppten sich schwerfällig zurückhaltend mit Erinnerungen an den Schleim ihrer Geschichte, die ihre Emotionen unausgesprochen ließen; die Schotten in ihren Kilts, mit tiefem Brustkorb, rumpfartigen Beinen und breiten Hüften, mit muskulösen Gesichtern unter ihren pilzförmigen Helmen, schienen mittelalterliche Soldaten, die sowohl im Geist als auch im Aussehen für wilde Nahkämpfe bereit waren; die Waliser, emotionaler als die Engländer, hatten Lieder, die dem Ohr angenehm waren, auch wenn die Texte unverständlich waren; und die rotgesichtigen Iren mit ihren sanften Stimmen hatten ein Strahlen in den Augen innerer Vorfreude auf die Art von Dingen, die kommen würden, denen kein Ire jemals in zögernder Stimmung begegnet. Außer dem Bataillon aus Neufundland waren keine Überseetruppen dort; denn am 1. Juli sollten nur Söhne der alten Heimat zuschlagen.

Als ich nachts von einer Tour zurückkam, hatte ich die Szenen in einem Moment unwirklich und im nächsten Moment unnachgiebig und unerbittlich empfunden. Der alte französische Territorialbeamte mit faltigem Gesicht und einem angestrengten militärischen Schnurrbart, der aus seinem Wachhäuschen an einem Kontrollposten kam, im Licht einer Laterne, die er dicht an seine Nase hielt, auf das Stück Papier blinzelte, das dem Träger die Freiheit der Armee gewährte, und höflich nickte, um seine Zustimmung zu geben, war ein Typ, der einen Reisenden zu Ludwigs XIV.s Zeiten hätte aufhalten können. Alle Bauern, die in den Dörfern schliefen und im Morgengrauen aufstanden, um zu arbeiten, alle Menschen in Amiens wussten, dass die Stunde nahe war. Die Tatsache lag in der Luft und in den Köpfen der Menschen. Niemand erwähnte, dass der größte Kampf des Krieges beginnen würde. Wir alle wussten, dass es um Herz, Seele und Geist ging.

Es gab Momente, in denen die Vorstellungskraft dieser Armee in ihrer Gesamtheit nur ein Herz in einem Körper gab. Wieder waren es eine Million Herzen in einer Million Körpern, taub bis auf die Stimme des Kommandos. Am erstaunlichsten war das Fehlen von Aufhebens, weder mit den Franzosen noch mit den Briten. Jeder schien zu tun, was ihm gesagt wurde, und zu wissen, wie es zu tun war. Da nach Beginn des Angriffs vieles der Improvisation überlassen blieb, durfte bei den Vorbereitungen nichts vernachlässigt werden.

An anderen Tagen, an denen Infanterie auf dem Marsch eingesetzt und plötzlich in offenem Kampf gegen den Feind eingesetzt wurde, währte die Spannung nicht lange und war in der kurzen Zeit des Kampfes vergessen.

Hier hatte sich diese Spannung tatsächlich über Monate angesammelt. Sie baute sich nach und nach auf, während das Material und die Vorbereitungen zunahmen, während sich die Bataillone versammelten, bis manchmal trotz des Dröhnens der Artillerie eine große Stille herrschte, während man darauf wartete, dass eine straff gespannte Schnur riss.

In der Nacht des 30. Juni wurde im Hotel hinter verschlossenen Türen die Anweisung weitergegeben, dass es am nächsten Morgen um halb acht losgehe und die Zuschauer um fünf aufgerufen werden sollten – was der Planungssicherheit des Personals das letzte Wort zu geben schien.

V

DER SCHLAG

Pläne im Hauptquartier – Ein Kampf um Zentimeter – Im Beobachtungsposten – Die Trümmer eines zerstörten Dorfes – „Aufweichung" durch Granatfeuer – Ein Schnitt durch die Front – Die Aufgabe des Infanteristen – Die Morgendämmerung vor dem Angriff – Noch fünf Minuten – Eine vierzig Kilometer lange Angriffswelle – Nebel und Granatrauch – Die Pflicht des Kriegsberichterstatters.

Ich war froh, dass ich Einblick in jeden Aspekt der Vorbereitungen hatte, vom Bataillonshauptquartier in den Schützengräben an der Front bis zum Hauptquartier, das inzwischen in eine kleinere Stadt in der Nähe des Schlachtfeldes verlegt worden war, wo der Nachrichtendienst einen Teil eines Schulgebäudes belegte. Anstelle von Geographieübungen und Lithographien naturhistorischer Objekte hingen an den Wänden der Klassenzimmer Karten der deutschen Schlachtordnung, die aus vielen Informationsquellen zusammengestellt worden waren und mit denen sich die Briten auseinandersetzen mussten. Die britische Schlachtordnung war weit und breit nicht zu sehen. Diese, so wie die Deutschen sie kannten, konnte man in einem deutschen Nachrichtendienstbüro finden; aber die Briten wollten den Deutschen bei der Ermittlung dieser Ordnung nicht helfen, indem sie sie in aller Öffentlichkeit bekannt machten.

Anhand einer auf einem Tisch ausgebreiteten Karte erläuterte ein Offizier den Angriffsplan anhand breiter farbiger Linien, die die Ziele bezeichneten. Das Ganze war so deutlich, als hätte Bonaparte gesagt:

„Wir werden auf unserer linken Seite heftig angreifen, die Mitte mit unserer Artillerie beschießen und auf unserer rechten Seite flankieren."

Je höher man im Kommando aufsteigt, desto einfacher erscheinen die Pläne, die durch direkte und umfassende Striche die Details verbergen, die an die einzelnen Einheiten delegiert werden. Bei Gommecourt gab es einen Vorsprung, einen Winkel der deutschen Schützengräbenlinie in Richtung der britischen, der zum „Einklemmen" einlud, und dies sollte der Dreh- und Angelpunkt der britischen Bewegung sein. Die Franzosen, die sich auf beiden Seiten der Somme befanden, sollten von ihrer südlichen Angriffsflanke bei Soyecourt auf die gleiche Weise eingreifen wie die Briten von der nördlichen, wodurch das tiefste Ziel entlang des Flusses in Richtung Péronne gebracht wurde , das schließlich fallen würde, wenn die taktischen Positionen, die es beherrschten, schließlich eingenommen wären.

Nicht mit dem ersten Angriff, denn die Linien des Ziels waren weit davor gezogen, aber mit späteren Angriffen wollten die Briten die unregelmäßige

Höhenformation von Thiepval bis Longueval erreichen , die sie auf den Weg zum Abschluss ihrer Belagerungsschläge bringen würde. Es sollte ein Kampf um Zentimeter werden; der Beginn einer langen Aufgabe. *Die Moral der Deutschen* an der Westfront war noch immer hoch; ihre Zahl war immens. *Die Moral* konnte gebrochen und die Zahl der Truppen zermürbt werden, nur durch Beschuss.

Selbst wenn der Angriff vom 1. Juli auf der ganzen Linie erfolgreich sein sollte, würde er nur wenig Boden gewinnen; aber er würde überall die Befestigungen der ersten Linie auf einer Front von mehr als 40 Kilometern durchbrechen, die Briten etwa 24 Kilometer und die Franzosen etwa 16 Kilometer. Der Informant der Soldaten bei „Intelligence" erinnerte den Zuhörer auch daran, dass Bataillone, die in Bedrängnis geraten oder auf unerwartete Hindernisse stoßen könnten, wie in allen großen Schlachten furchtbar leiden würden, und man müsse aufpassen, dass man sich nicht zu sehr von den Berichten der Überlebenden deprimieren oder von den rosigen Berichten der Bataillone, die alles mit geringen Verlusten vor sich hergefegt hatten, zu sehr begeistern lasse.

Am Tag, bevor ich die Karte des Ganzen sah, hatte ich die Karte eines Teils bei einem Beobachtungsposten in Auchonvillers gesehen . Die beiden waren sich in einem standardisierten System ähnlich, nur das eine befasste sich mit Korps und das andere mit Bataillonen. Eine Reise nach Auchonvillers war im vergangenen Jahr oder bis Ende Juni 1916 zu keiner Zeit mit besonderen Risiken verbunden. Es war die Route der „Spritztouristen", wie man so sagt.

Als ich sagte, dass die deutschen Batterien relativ wenig auf das vorbereitende britische Bombardement reagierten, wollte ich damit nicht andeuten, dass sie irgendwelche Gelegenheiten verpassten. Als die Autos auf der Straße nicht mehr fahren konnten, hatte die Explosion eines Granatsplitters über ihnen eine Aussagekraft, die sie zu anderen Zeiten nicht gehabt hätte. Vielleicht waren die Deutschen dabei, die Straße unter Beschuss zu nehmen. Vielleicht wollten sie ihre Geschütze ernsthaft einsetzen. Glücklicherweise waren sie mir gegenüber immer sehr rücksichtsvoll und warfen im Zuge der Artillerieübung nur ein paar Granaten ab, was auch bei unserer Rückkehr vom Beobachtungsposten geschah. Aber sie achteten ständig mit „ Krumps " auf ein Wäldchen, in dem einige britische Haubitzen den Schutz des Sommerlaubs suchten. Wenn sie Batterien außer Gefecht setzen konnten, während sie auf den Angriff warteten, war das ein gutes Geschäft, denn das bedeutete weniger Geschütze im Einsatz zur Unterstützung des britischen Angriffs.

Ein Artillerist, der schwitzend und von Granateneinschlägen mit Schlamm bespritzt über die Felder kam, sagte: „Sie haben die Ecke unserer Geschützstellung abgerissen und zwei Mann erwischt. Das ist alles." Seine

Augen glänzten; er war in Kampfesstimmung. Verluste waren ein Zwischenfall bei seiner Arbeit und dem Gedanken: „Endlich haben wir die Granaten! Endlich sind wir an der Reihe!"

Auf unserem Weg nach vorn kamen wir an weiteren Batterien vorbei und hielten uns klugerweise im Freien fern von ihnen, da sie bei einem Artilleriegefecht gefährliche Gefährten sind. Dann betraten wir den gewundenen Verbindungsgraben mit seinem an den Wänden befestigten Drahtsystem und gingen weiter, bis wir unter einem hochgezogenen Vorhang in eine vertraute Kammer gelangten, die mit schweren Zementblöcken und Erde überdacht war.

"Sicher vor einem direkten Treffer durch 5,9-mm-Geschütze", sagte der Beobachtungsoffizier, ein beförderter Soldat, der seit Kriegsbeginn Granaten "aufspürte" . "Ein 9-Zoll-Geschoss würde die Blöcke zerschlagen, aber ich glaube nicht, dass es uns das Leben kosten würde. "

Selbst wenn es uns „umgebracht" hätte, nun, wir waren nur zwei oder drei Männer. All dieser Schutz diente weniger der Sicherheit als vielmehr der Beobachtungssicherheit für die Augen der Geschütze. Der Offizier war auf seine OP genauso stolz wie jeder Bataillonskommandeur auf seinen Schützengraben oder ein Batteriekommandeur auf seine Geschützstellung, und das ist dieselbe Art menschlichen Stolzes, den ein Mann auf die Verbesserungen seines neuen Landsitzes empfindet.

, auf der man sitzen konnte , gegenüber dem schmalen Beobachtungsschlitz, der dem Kommandoturm eines Schlachtschiffs ähnelte und einen weiten Blick bot. An normalen Tagen eine ziemlich alltägliche Inszenierung , die *heute* aufgrund der toten Welt der Schützengräben und des Niemandslandes, in dem bald der Tumult des Todes brodeln würde, von Bedeutung ist.

Direkt vor uns lag Beaumont-Hamel. Vor dem Krieg war es wie Hunderte anderer Dörfer gewesen. Seit dem Krieg waren seine Ruinen wie die von Dutzenden anderer an der Front. Teile einiger Mauern standen noch. Es war schwer zu sagen, wo die Trümmer von Beaumont-Hamel begannen und die des deutschen Schützengrabens endeten. Staub war mit den schwarzen Rauchschwaden vermischt, die aus der durch frühere Explosionen zusammengewürfelten Masse von Gebäuden und Straßen aufstiegen. Der Eindruck erinnerte an die regelmäßigen Geysire, die aus einem Wüstenfelsen schießen, der durch Dynamitladungen zertrümmert wurde.

War in Beaumont-Hamel noch irgendjemand am Leben? Drescht dieser Beschuss nicht Stroh, das schon längst sein letztes Korn abgegeben hat? Hämmert er nicht bloß die Gräber einer Garnison? Andere Dörfer, ebenso passiv und verwahrlost, sind demselben systematischen Hämmern ausgesetzt, das wie getaktete Hammerschläge wirkt.

„Wir mildern sie immer weiter“, sagte der Beobachter.

Soldaten haben, wie alle professionellen Experten, die Gabe, ihre Arbeit mit treffenden Worten zu beschreiben. Erweichung! Es personifizierte den Feind als etwas Hartes und Zähes, das unter genügend wohlgezielten Schlägen, die jeden lebenswichtigen Körperteil vom Unterstand bis zum Quartier treffen, zu Brei wird.

Das gesamte Stacheldrahtgeflecht vor den Schützengräben der ersten Linie schien durchgeschnitten, zerfetzt, zu Kugeln gedreht, in die Erde zurückgerammt und wieder ausgegraben worden zu sein. Zurück blieb vor den kalkhaltigen Konturen der Schützengräben der ersten Linie nur ein Streifen kraterübersäten Bodens, der zerstampft und aus seiner Form gequetscht worden war.

„Ja, die erste Linie des Boche sieht ziemlich chaotisch aus“, sagte der Offizier. „Wir haben ihm in den letzten Tagen ganz schön zugesetzt. Jetzt richten wir unsere Aufmerksamkeit hauptsächlich auf die zweite Linie. Das ist unser Los“, fügte er hinzu und deutete auf eine Reihe von Explosionen über einem Nest von Höhlen weiter oben am Hang .

„Gab es irgendwelche Versuche, die Leitung nachts zu reparieren?“, fragte ich.

„Nein. Sie müssen es unter unserem Maschinengewehrfeuer tun. Alle Boches , die überlebt haben, lügen verdammt nochmal.“

Wie viele Unterstände waren noch intakt und boten den wartenden Deutschen sichere Zufluchtsorte? Nur durch Grabenüberfälle ließ sich das feststellen. Ebenso gut könnte ein Beobachter mit Fernglas oder aus einem Flugzeug heraus versuchen, die Zahl der Einwohner eines Präriehunddorfs zu ermitteln, die alle in ihren Löchern lagen.

Der Offizier breitete seine Karte mit der Aufschrift „Geheim und vertraulich“ aus, die die Grenzen eines schmalen Sektors absteckte. Er hatte nichts damit zu tun, was rechts und links von dem Gebiet lag – andere Sektoren, Angelegenheiten anderer Leute –, das von den klaren, dicken Linien quer durch die britischen und deutschen Schützengräben umschlossen war – sozusagen ein Stück aus der Front. Während er über das Telefon mit den blinden Kanonen sprach, war er nur an der Kontrolle des Feuers in diesem Sektor interessiert. Für ihn waren die Linien auf der Karte parallel zu den Schützengräben, die sich zu bestimmten Zeitpunkten an bestimmten Punkten befanden – Linien, die er unterstützen musste, wenn ihre Gegensoldaten durch den Granatenrauch unsichtbar waren, und zwar in der genauen Berechnung von Zeit und Reichweite, die die Granaten in den Feind und niemals in den angreifenden Mann bringen sollte.

Für Infanteriekommandeure mit ähnlichen Karten waren diese Linien atmende menschliche Linien von Männern, die sie ausgebildet hatten, und das Geschützfeuer eine Art Sprühnebel, den die Kanonenschützen zum Schutz der Bataillone anpassen sollten, wenn diese diesen toten Raum überquerten. Sobald die Briten in den deutschen Schützengräben vorn waren, sollten die zu diesem Zweck eingesetzten Kommandos die Unterstände in Besitz nehmen, sie von Gefangenen „durchbrechen" und alle anderen Deutschen entwaffnen, damit sie nicht in die Rücken derer feuerten, die den Angriff bis zum letzten Abschnitt des Ziels fortsetzten. Was sie erwartete, würden sie erst wissen, wenn sie über die Brustwehr kletterten und zu Silhouetten verwundbaren Fleisches im Freien wurden. Ja, es gab das System im Großen und im Kleinen, bei der Armee, dem Korps, der Division, der Brigade, dem Bataillon und dem Mann, dem einzelnen Infanteristen, der das Risiko eingehen musste, im Freien auf die Schützengräben zu marschieren, die nicht von Geschützen, Lastwagen oder Grabenmörsern eingenommen werden konnten, sondern nur er selbst.

Der Vorteil, den Angriff von diesem OP aus im Vergleich zu anderen Punkten zu beobachten, war offensichtlich; denn der Zuschauer musste seinen Platz für das Panorama wählen. Diesmal suchten wir einen Platz, von dem aus wir hofften, etwas von der Schlacht als Ganzes zu sehen.

" *Das ist arrivé !* ", sagte der alte Portier zu mir an der Tür, als ich vor Tagesanbruch das Hotel verließ. Der große Tag war gekommen!

Amiens lag in Dunkelheit, und die Blitze der Kanonen, die die ganze Nacht hindurch ununterbrochen ihre Arbeit verrichtet hatten, blitzten am Himmel auf und riefen magnetisch zum Kampf. Wenn eine Senke in einem Tal ihr Brüllen verstummte, lag eine göttliche Stille über der Welt. Auf beiden Seiten der Hauptstraße herrschte die Ruhe der Stunde vor der Morgendämmerung, die die Bauern aus ihren Betten auf die Felder trieb. In den Dörfern brannte noch kein Licht. Die Einwohner hatten nicht daran gedacht, die Schlacht zu beobachten. Sie wussten, dass sie im Weg sein würden; Wachen oder Kanonenschützen würden sie aufhalten.

Der Verkehr war gering und alle Fahrzeuge, mit Ausnahme des Wagens eines Stabsoffiziers, fuhren planmäßig ihren Weg. Als wir an einer Flugstation vorbeikamen, konnten wir vage sehen, wie Flugzeuge aus ihren Schuppen geschoben wurden; das Summen von Propellern, die ausprobiert wurden, war schwach zu hören. Die Kampfvögel testeten ihre Flügel vor dem Abheben und jeder der Hunderten, die an diesem Tag daran teilnahmen, hatte seine Aufgabe, ebenso wie ein Korps, ein Artillerieregiment oder die Bomber bei einem Angriff.

„Das ist der richtige Ort", sagte der Chauffeur, als wir in der nebligen Dunkelheit eine Steigung hinauffuhren.

Von Baumstamm zu Baumstamm neben der Straße waren Segeltuchschirme gespannt, um das Transportmittel vor feindlicher Beobachtung zu verbergen. Wenn wir zwischen ihnen hindurchgingen, hatte man den Eindruck, als ob wir durch die Vorhänge in eine Parterre-Loge gelangten. Es wurde gerade dunkel, und wir befanden uns in einem Feld mit jungen Rüben auf der Kuppe einer Anhöhe, und bis nach Thiepval , das unser Tagesziel war, und bis nach Pozières , das dahinter lag, gab es keine höheren Gebiete hinter uns. Normalerweise hätten wir an einem klaren Tag von hier aus eine Sicht von fünf oder sechs Meilen der Front haben können, und durch unsere Ferngläser hätte man das Geschehen im Detail verfolgen können.

An diesem Morgen ließ sich die Sonne nicht blicken und der frühe Nebel lag undurchsichtig über allen Stellungen und hielt die gewaltige Rauchwolke der explodierenden Granaten fest. Da es noch nicht sieben Uhr war, konnte die Sonne im Juli noch ihre Pflicht erfüllen und diesen Schleier auflösen, der so dick war, dass er die Blitze der Geschütze und die Granatenexplosionen teilweise verdeckte.

Es war sieben Uhr zehn und sieben Uhr zwanzig, und noch immer war es dunkel. Es war jetzt zu spät, einen anderen Hügel aufzusuchen, und selbst wenn wir einen aufgesucht hätten, hätten wir keine bessere Sicht gehabt. Immerhin sahen wir so viel wie der Kommandeur der Vierten Armee in seinem Unterstand in der Nähe . Das Artilleriefeuer nahm zu. Jedes Geschütz feuerte jetzt, alle streckten ihre Kräfte bis zum Äußersten aus. Der Nebel und Rauch über den Stellungen schienen von den Explosionen zu erzittern. Nahe Granaten, vor allem deutsche, explodierten hell vor einem Hintergrund, der so dicht war, dass er die Blitze weiter entfernter Granaten in seiner grell erleuchteten Dichte verschluckte. Tausende von Offizieren schauten auf ihre Armbanduhren, um auf die Null zu warten, während die Minutenzeiger mit gnadenlosem Fatalismus weitergingen; und Hunderttausende von Männern, die über Nacht in Stellung gekommen waren, standen in den Schützengräben in einer Reihe und warteten auf das Zeichen ihrer Offiziere.

Unsere kleine Gruppe im Rübenfeld war unruhig und schweigsam; und wenn wir sprachen, dann nicht über das, was uns bedrückte und unseren Herzschlag stocken ließ. Unsere Ferngläser halfen uns nicht weiter; sie machten den Nebel nur noch dichter. Wären wir in den britischen Schützengräben der ersten Linie gewesen, hätten wir die Männer, die sie verließen, kaum durch diese Wand aus Rauch und Nebel sehen können, als sie die deutsche erste Linie betraten, und die antwortenden deutschen „ Krumps " hätten uns in die Unterstände getrieben, und deutsche Feuervorhänge hielten uns gefangen.

Einer von uns machte auf eine Lerche aufmerksam, die aufgestiegen war und mit aller Kraft ihrer kleinen Kehle sang. Ein anderer erwähnte ein Geschwader von Flugzeugen vor dem Hintergrund eines weichen, kuppellosen Himmels, die mit der Präzision von Wildgänsen flogen. Wir wussten, dass die deutschen Kanonen jetzt reagierten, denn die letzten Salven der britischen Truppen waren ein ausreichendes Angriffssignal gewesen, wenn nicht ein britischer Gefangener, der bei einem Grabenangriff gefangen genommen worden war, die Stunde verraten hätte.

„Sieben Uhr fünfundzwanzig!", sagte jemand, aber keiner von uns brauchte eine Erinnerung. Noch fünf Minuten und das große Experiment würde beginnen. Hatte Sir Douglas Haig eine Armee aufgestellt, die der Aufgabe gewachsen war? Was war die Antwort auf die Skeptiker, die sagten, dass man aus den Londoner Cockneys und den Fabrikarbeitern von Manchester und all den anderen ohne militärische Ausbildung keine Streitmacht formen könnte, die geschickt genug wäre, um diese Schützengräben einzunehmen? War die Eroberung dieser Befestigungen im Rahmen des menschlichen Mutes, Könnens und Einfallsreichtums?

Nicht was man sah, sondern was man fühlte und wusste, zählte. Eine Menschenmenge ist gebannt, wenn sie einem Turmarbeiter bei der Arbeit zusieht, oder einem Piloten, der einen „Looping" macht, oder einem Akrobaten, der sich über dem Sägemehlring von einer Stange zur anderen schwingt, oder dem „Sprung in den Tod" im Kino; und hier waren wir in der Gegenwart einer Menschenmenge, die bei einem unerprobten Versuch ein weitaus größeres Risiko einging, und ihre Inspiration war nicht ein atemloses Publikum, sondern die Pflicht. Denn niemand wollte sterben. Alle waren dabei Menschen. Niemand hatte irgendeinen Sinn für den glorreichen Sport des Krieges, nur den der grimmigen Routine.

Unsere Gruppe war nicht besonders religiös, aber ich glaube, wir beteten alle für England und Frankreich. Um halb acht schien etwas in unseren Gehirnen zu knacken. Es gab keine sichtbaren Anzeichen dafür, dass eine 40 Kilometer lange Welle von Männern, die von Gommecourt bis Soyecourt reichte , wo auch immer die Schützengräben über Felder, durch Dörfer und an Hängen entlang bis zu den Ufern der Somme und darüber hinaus verliefen, ihre Brustwehren verlassen hatte. Ich kannte die Männer, die diesen Angriff starteten, zu gut, um zu befürchten, dass ein Bataillon schwächeln könnte. Die Sache musste getan werden, und sie mussten es tun. Jetzt waren sie im Niemandsland; jetzt sahen sie sich dem Empfang gegenüber, der für sie vorbereitet war. Tausende waren vielleicht schon gefallen. Wir konnten erkennen, dass die deutschen Kanonen, die lange auf ihre Beute warteten, sie mit gieriger Wildheit suchten, während sie ihre Feuervorhänge auf die festgelegten Orte legten, die sie registriert hatten. Die Hölle der Dichter und Priester musste irgendeine Emotion, irgendeine Temperamentsvariation haben. Das war die reinste mechanische Hölle, der Puls wurde vom Dynamo und dem Motor bestimmt.

Sieben Uhr fünfundvierzig! Hilflos starrten wir auf die Decke. Wenn der Angriff erfolgreich war, befand er sich bereits in den deutschen Schützengräben. Soweit wir wussten, war er vielleicht zurückgeschlagen worden und seine Überreste kämpften sich durch die Artillerie- und Maschinengewehrsalven zurück. Als die Sonne herauskam, ohne den Nebel und den Granatenrauch über dem Feld zu vertreiben, erhaschten wir einen flüchtigen Blick auf einige Reservisten, die wie ein gelber Fleck hinter einem Hügel ausgesehen hatten und sich zum Vormarsch entfalteten, was an Gelbohrkäfer erinnerte, die die organisierten Diener eines höheren Geistes auf einem anderen Planeten waren.

Das war alles, was wir sahen. Und es noch weiter zu betonen, wäre nicht fair gegenüber anderen Gelegenheiten, bei denen man die Angriffe aus nächster Nähe sehen konnte. Doch ich möchte den Eindruck jetzt nicht ändern. Er hat seinen Platz in der Geschichte der Schlacht für den Zuschauer.

VI

ERSTE ERGEBNISSE DER SOMME

Im kleinen Schulhaus – Zwanzig Kilometer deutscher Befestigungen eingenommen – Fragwürdige Lage nördlich von Thiepval – Gefangene und Verwundete – Niederlage und Sieg – Die Topographie von Thiepval – Kugelhagel und Artilleriefeuersalven – „Der Tag" der Neuen Armee – Der Mut des zivilisierten Menschen – Kämpfen mit einer Art göttlicher Sturheit – Tapferer als die „Leichte Brigade" – Im Kampf gestorben als letzter Beweis für den Geist der Neuen Armee – Zurückkriechen durch das Niemandsland – Nicht geschlagen, aber grob behandelt.

In dem Raum am oberen Ende der schmalen Treppe im Schulhaus der ruhigen Hauptquartierstadt sollten wir die Antwort auf die Frage „War der britische Angriff erfolgreich?" erhalten, die uns bis zum Hals klopfte . Anhand derselben Karte auf dem Tisch in der Mitte des Raumes, die den Angriffsplan mit den Linien der Ziele zeigte, sollten wir erfahren, wie viele davon erreicht worden waren. Der Offizier, der den Schlachtplan mit großer Offenheit skizziert hatte, sprach auch über die Ergebnisse, soweit sie bekannt waren. Er vermied es nicht nur, ein Blatt vor den Mund zu nehmen, sondern auch, sie zu verschwenden.

Von Thiepval nach Norden war die Lage unklar. Der deutsche Artilleriefeuer war heftig gewesen und die Gefechte waren fast völlig unauffällig. Einige Abteilungen mussten ihr Ziel erreicht haben, da ihre Signale gesehen worden waren. Von La Boisselle nach Süden hatten die Briten alle Ziele eingenommen. Sie befanden sich in Mametz und Montauban und in der Umgebung von Fricourt . Für die Franzosen war es ein regelrechter Durchmarsch ohne eine einzige Abwehr. Zwanzig Kilometer dieser gewaltigen deutschen Befestigungen waren in der Hand der Alliierten.

Auf dem Fenstersims des Schulzimmers, während mir die schrillen Stimmen der Kinder, die unten im Schulhof in der Pause spielten, ins Ohr drangen, schrieb ich meine Meldung für die Presse zu Hause, und mir war damals das Wunder der Situation weniger bewusst als heute. Unten stand der Pfarrer der Kirche nebenan auf den Stufen, mit einem erwartungsvollen Blick in den Augen. Als ich ihm die Neuigkeiten erzählte, war sein Lächeln und das Funkeln in seinen Augen, denen die Sanftmut fehlte, die man normalerweise mit der Kirche verbindet, angenehm anzusehen.

„Und die Franzosen?", fragte er.

"Alle ihre Ziele!"

„Ah!" Er holte tief Luft und rieb sanft seine Hände aneinander. „Und Gefangene?"

"Sehr viele."

„Ah! Und Waffen?"

"Ja."

So kletterte er die Glücksskala hinauf. Ich ließ ihn mit stolzem, freudigem, geistesabwesendem Blick auf den Stufen der Kirche zurück.

Jenseits der Stadt erstreckten sich friedliche Felder bis zum Schlachtfeld, wo die in den neuen Gefangenenlagern zusammengedrängten Gestalten einen grünen Fleck bildeten. In den Straßen der Verletztensammelstellen, die gestern noch leer gewesen waren, lagen dicke Säcke. Jetzt standen keine Krankenwagen mehr herum. Sie hatten Passagiere in Grün und in Khaki. Die ersten Lazarettzüge fuhren vom Gleis gegenüber einer Sammelstelle ab. So hatte sich der Kampfverlauf wie vorhergesehen schnell eingestellt.

Von „leichten" und „schweren" Fällen, von Offizieren und Soldaten, man hörte die Schilderung der höchsten Erfahrung eines Einzelnen, infinitesimal im Vergleich zum Ganzen, aber insgesamt ein Ganzes ergebend. Die Verwundeten im Sektor Thiepval-Gommecourt sprachen davon, sie seien durch das Niemandsland zurückgekrochen. Südlich von Thiepval waren sie zurück „gelaufen". Auch dies erzählte die Geschichte des Unterschieds zwischen Zurückweisung und Sieg.

So wie der Kampf für jeden Mann im Gefecht verlief, so verlief die Schlacht nach seiner Vorstellung. Der Zuschauer, der hierhin und dorthin ging, konnte in einem Hauptquartier Berichte über Bataillone hören, die sich jenseits der Schützengräben der ersten Linie befanden, und in einem anderen über Bataillone, deren Überlebende in ihren eigenen Schützengräben waren. Er konnte einen verwundeten Mann sagen hören: „Es war zu steif, Sir. Wir konnten nicht durch ihre Feuervorhänge gegen ihre Maschinengewehre kommen, Sir", und einen anderen: „Wir sind ohne Pause in ihre erste Linie eingedrungen und haben unterwegs Boches eingesammelt. "

Der Sieg ist süß. Er schreibt sich von selbst. Vielleicht weil es schwerer ist, eine Niederlage zu schreiben, obwohl sie in diesem Fall genauso glorreich ist, werden wir dies zuerst tun. Um das Bild jenes Tages klarer zu machen, stellen Sie sich eine Bewegung des ganzen Arms vor, mit der Schulter in Gommecourt und der Faust in Montauban , die sich ihren Weg durch diese Befestigungen bahnte. Sie brach über eine Distanz von mehr als dem Ellbogen bis zu den Fingerspitzen dreißig Kilometer südlich von Thiepval durch – ein Name, den man sich merken sollte. Männer, die das offene Feld unter schützenden Wellen von Granatfeuer überquerten, hatten bewiesen, dass Männer in Unterständen mit Maschinengewehren nicht unbesiegbar waren.

Von einem Artilleriebeobachtungsposten in einem Baum hatte man eine gute Sicht auf Thiepval , das bereits ein geschwärzter Fleck war. In seiner Mitte schimmerten die Ruinen des Schlosses weiß hervor und es war von den zahnstocherartigen, entäußerten Baumstämmen durchbohrt, die auf den Schlachtfeldern zu einem vertrauten Anblick werden sollten. Für die Briten ging es bis nach Thiepval bergauf . Ein sogenannter Fluss, der Ancre , fließt am Fuß des Abhangs und biegt hinter Thiepval nach Osten ab , wo sich nordöstlich des Dorfes ein Bergrücken namens Crucifix Ridge befindet, der seinen Namen von einer Christusfigur mit ausgestreckten Armen hat, die viele Meilen weit sichtbar ist. Hinter der Biegung des Ancre setzten sich die britischen und deutschen Stellungen bis zum Frontbogen von Gommecourt fort .

Auf diesen fünf Meilen war das Gelände für die Briten völlig ungünstig. Die Anhöhe, die sie zu erobern suchten, war von höchstem taktischem Wert. Die Natur war beim Bau von Verteidigungsanlagen ein Verbündeter des Soldatenfleißes. Der deutsche Stab erwartete die Hauptlast der Offensive in diesem Abschnitt, und jede Stunde Verzögerung des Angriffs war für seine letzten Vorbereitungen von unschätzbarem Wert. Thiepval , Beaumont-Hamel und Gommecourt würden nicht aufgegeben werden, wenn die Deutschen über genügend Menschen oder Material verfügten, um sie zu halten. Tatsächlich sagten die Deutschen, Thiepval sei uneinnehmbar. Ihre Prahlerei war am 1. Juli berechtigt, aber nicht am Ende, wie wir sehen werden, denn noch vor Ende des Sommers sollte Thiepval mit geringeren Verlusten für die Briten eingenommen werden als für die Verteidiger.

in Beaumont-Hamel und Thiepval sowie in allen Dörfern waren die Keller der Häuser erweitert und durch neue Galerien verbunden worden, wobei die Trümmer der Gebäude ein dickeres Dach gegen das Durchschlagen der Granaten bildeten. Wo in Beaumont-Hamel scheinbar kein Leben herrschte, hatten sich die Bataillone in ihren Unterständen geborgen, während die Erde ringsum von den Explosionen bebte. Die von Granaten zerfetzten Brustwehren der deutschen Schützengräben in vorderster Linie, die eine völlige Zerstörung darzustellen schienen, hatten nicht alle Türen der Unterstände ausgefüllt, die von großen Granaten nicht erreicht worden waren. Die zerschnittenen und verdrehten Stacheldrahtfragmente, die von dem Labyrinth aus Verflechtungen entlang der Brustwehren übrig geblieben waren, schützten sie nicht länger vor einem Angriff; die Garnisonen waren jedoch auf eine andere Art der Verteidigung angewiesen, die ihre tödlichen Stürme gegen die vorrückende Infanterie schickte.

Die britischen Bataillone, die von Thiepval nach Norden über die Brustwehr marschierten, waren von der gleichen Stärke wie jene, die Montauban und Mametz einnahmen ; ihre Ausbildung und Vorbereitung waren die gleichen. Wo Bataillone nach Süden planmäßig vorrückten und die Pionierarbeit der

Geschütze erfolgreich war, begannen die Bataillone an dieser Front in vielen Fällen aus Schützengräben, die bereits durch deutsches Granatfeuer zerstört waren. Ein paar Schritte über diesen toten Raum und die Offiziere wussten, dass die unterstützende Artillerie, die hier bei ihrem vorbereitenden Bombardement nicht weniger gründlich arbeitete als anderswo, die Situation nicht im Griff hatte.

Alle Geschütze, die die Deutschen während der Zeit herangebracht hatten, in der das Wetter den britischen Angriff verzögerte, verstärkten die Artilleriekonzentration. Unten im Tal der Ancre an ihrer Biegung bildeten sie mehr oder weniger eine Flankenlinie. Maschinengewehre hatten in ihren Stellungen in den Trümmern der Schützengräben überlebt oder waren über Nacht aufgestellt worden, und andere tauchten aus den Gullydeckeln vor den Schützengräben auf. Kugelsalven schnitten quer durch die Salven des deutschen Artilleriefeuers. Wie ein Mann die Weite des Niemandslandes durchqueren und überleben konnte, hätte man früher als Wunder bezeichnet; heute wissen wir, dass es dem Gesetz des Zufalls zuzuschreiben ist, das einen Mann ein Dutzend Mal verwundet , aber nie die Haut eines anderen verletzt.

Jeder Soldat hätte die Aufgabe aufgeben können, bevor er den ersten deutschen Schützengraben erreichte. Veteranen hätten sich ohne Kritik zurückziehen können. Dies ist das Vorrecht bewährter Soldaten, die Siege errungen haben und denen ein Ausspruch wie „Wenn die alte Garde sah, dass es nicht ging, warum ging es dann nicht?" zugutehält. Aber dies waren Männer der Neuen Armee in ihrer ersten Offensive. Ihre Siege standen noch bevor. Dies war „der Tag".

Jeder Offizier und jeder Mann hatte sich für seine Sache, seinen Bataillonsstolz und seine Männlichkeit als Geisel in den Tod gegeben, als er über die Brustwehr ging. Die Aufgabe der Offiziere bestand darin, ihre Männer zu bestimmten Zielen zu führen; die der Männer bestand darin, mit den Offizieren zu gehen. Dies alles war eine sehr einfache Schlussfolgerung, aber kaum eine Vernunft: die zweite Natur von Ausbildung und Geist. Wie hatten die Offiziere die Einzelheiten ihrer Ziele auf der Karte studiert, um sie zu erkennen, wenn sie erreicht waren! Wie sehr übungsmäßig war die Art und Weise, wie sich diese menschlichen Wellen vorwärts bewegten! Aber in manchen Fällen waren es nicht lange Wellen, nur Überlebende rückten weiter vor, als wären sie Teile einer Welle, von ihren Kommandeuren im Granatenrauch nicht gesehen, von Explosionen hochexplosiver Sprengsätze hin und her geworfen, wobei jeder Mann einfach weiter auf das Ziel zusteuerte, bis er ankam oder fiel. Tollkühn, sagen Sie. Vielleicht. Es ist ein einfaches Wort, das man nach dem Ereignis über einer Karte ausspricht. Ihnen würden schönere Worte einfallen, wenn Sie an der Front gewesen wären.

Hätte England gewollt, dass seine Neue Armee anders handelte? Die erste große Armee, die es auf dem europäischen Kontinent gegen eine Armee ins Feld schickte, die aufgrund ihrer eigenen Erfahrung das Recht hatte, die Neuankömmlinge als Amateure zu betrachten? Später wurden sie geschickter ; aber im Krieg beruht alles Können auf Mut, wie ihn diese Männer an diesem Tag zeigten. Wer in Friedenszeiten in Ämtern sitzt und anders denkt, sollte besser entlastet werden. Dies ist die Lehre, die die deutsche Armee selbst in Ypern und Verdun lehrte und praktizierte. Am 1. Juli wurde eine Frage für jeden beantwortet, der im Mandschurischen Krieg dabei gewesen war. Er erfuhr, dass diejenigen, die in Sichtweite von Kathedralen in der Zivilisation des epischen Gedichts aufgewachsen sind, ohne jede Inspiration durch orientalischen Fatalismus oder religiösen Fanatismus den Mut des Landes des Shintoismus und Bushido übertreffen können.

An den meisten Stellen erreichte der Angriff die deutschen Schützengräben. Dort stachen und bombardierten die Männer, oft zahlenmäßig unterlegen gegenüber der Garnison, und kämpften darum, die auf sie gerichteten Maschinengewehre zu löschen und so die Flut aufzuhalten, die aus den Eingängen der Unterstände strömte – sie kämpften einfach und kämpften mit einer Art göttlicher Sturheit weiter.

Tennysons „Leichte Brigade" wirkt nach dem 1. Juli wie ein Bombast und ein Galeriestück. In diesem Fall ritten einige Männer auf Pferden, die einen Befehl erhalten hatten, hin und zurück, und die Verse machten diesen wilden Galopp der Erheiterung, bei dem die Pferde die Männer trugen, für immer unvergesslich. Die Bataillone vom 1. Juli gingen auf eigenen Füßen, getrieben von ihrem eigenen Willen, ihren Zielen entgegen, ohne umzukehren. Überlebende Offiziere mit in ihre Gehirne eingebrannten Zielen führten die überlebenden Männer an den Schützengräben der ersten Linie vorbei, wenn die Anweisungen dies erforderten. „ Sie mussten nicht überlegen, warum – sie mussten handeln und sterben – die Kanonen rechts von ihnen feuerten Salven und donnerten" – altmodische Rauchpulverkanonen feuerten für die Leichte Brigade Vollkugeln ab; für diese Bataillone der späteren Tage alle Arten moderner Granaten und Maschinengewehre, Todesschauer und Todesschichten!

Das Ziel – das Ziel! Zehn von hundert Männern erreichten es in einigen Fällen und schickten bei ihrer Ankunft Raketensignale hoch, um zu sagen, dass sie da waren! Da! Da! Zwei oder drei Bataillone verschwanden buchstäblich im Blauen. Ich dachte, die Deutschen hätten eine beträchtliche Zahl Gefangener gemacht, aber das war nicht so. Jene isolierten Gruppen, die ohne Rücksicht auf andere Gedanken zu ihren Zielen marschierten, starben im Kampf gegen die Deutschen, die wütend waren über ihre schweren Verluste durch das vorbereitende britische Bombardement, als letzter Beweis für den Geist der Neuen Armee.

Dort, wo Lücken bestanden und tapfere Männer blindlings vorrückten, im Nebel des Granatenrauchs nicht erkennen konnten, ob die Einheiten rechts oder links an der Reihe waren, wurden diese Opfer des Heldentums gebracht; dort aber, wo das Kommando über die Linie gehalten wurde und der Widerstand nicht von wechselnder Art war, wurde das Unmögliche bedacht und der Rückzug befohlen. Das heißt, die Einheiten kehrten unter Anweisung in ihre eigenen Schützengräben zurück. Beim Zurückkehren mussten sie durch denselben Granatenbeschuss wie beim Angriff, und vor ihnen durch die Explosionen trieben sie ihre Gefangenen.

"Macht nichts. Es kommt von Ihrer Seite!", sagte ein Brite zu einem Deutschen, der von einem deutschen " Krump " umgestoßen wurde, als er wieder aufstand; und der Deutsche antwortete, dass ihm die Sache dadurch nicht besser gefalle.

Überall lagen britische Verwundete, die in neuen und alten Granattrichtern Schutz suchten, und das Niemandsland war der Ort, an dem die Lebenden vorbeikamen. Ein Brite und sein Gefangener gingen gemeinsam in Deckung. Eine Explosion konnte den Gefangenen in Stücke reißen, oder wenn der Gefangenenwächter in Stücke gerissen wurde, übernahm ein anderer Brite die Verantwortung für ihn. Die Gefangenenwächter waren hartnäckig und hielten Gefangene fest, die Trophäen aus diesem Inferno waren, und wenn ein Brite mit seinem Deutschen wieder im vordersten Schützengraben war, freute er sich mehr darüber, seinen Mann lebend zu befreien, als über seine eigene Sicherheit. Draußen im Niemandsland blieben die Verwundeten in ihren Granattrichtern, bis das Feuer nachließ oder die Nacht hereinbrach, und dann krochen sie zurück.

Wo es am frühen Morgen noch so ausgesehen hatte, als ob der Angriff erfolgreich wäre, wurden Reservebataillone zur Unterstützung der vorn stehenden Truppen geschickt, und so ohne Zögern und stetig wie bei einer Übung betraten sie die Decke aus Granatrauch mit seinen grellen Blitzen und dem Zischen von Granatsplittern und Granatsplittern. Ich fand, dass die Kommandeure Ehrfurcht vor dem unerschütterlichen Mut ihrer Truppen hatten. Ob Offiziere oder Männer, diejenigen, die aus der Hölle kamen, blieben ihrem Erbe des englischen Phlegmas treu.

Sie waren vom Kriechen mit Kreidestaub bedeckt, ihre Verbände blutgetränkt und mit dem Blut ihrer Kameraden bespritzt, als sie auf Tragen lagen oder durch einen Verbindungsgraben humpelten. Sie wirkten ausdruckslos, als sie die Szenen erwähnten, die sie miterlebt hatten; aber sie machten keinen Eindruck der Verzweiflung. Es kam ihnen nicht in den Sinn, dass sie geschlagen worden waren; sie waren in einer Runde eines Kampfes, der viele Runden dauerte, grob behandelt worden. Hätte es zu einem deutschen Gegenangriff gekommen, hätten sie sich mit dem Gewehr in der

Hand niedergelassen, um die nächste Runde durchzustehen. Und dieser junge Offizier, kaum zwanzig, lächelte, obwohl er vom Blutverlust aus zwei Wunden geschwächt war, und lehnte Hilfe ab, während er sich zwischen den „Gehverletzten" hindurchschleppte. In seinem Stoizismus zeigte er eine Tapferkeit, die jedem auf dem Schlachtfeld ebenbürtig war, als er sagte: „Diesmal ist es nicht gut gelaufen", und zwar auf eine Art, die andeutete, dass es am Ende natürlich gut gelaufen wäre.

Auf einer dieser großformatigen Reliefkarten, die alle Höhen im Faksimile zeigten, schilderte ein gewisser Korpskommandeur den gesamten Angriff mit einer Einfachheit und Offenheit, die ein Zeichen seines Charakters war, selbst wenn er in der Schlacht keinen Sieg errungen hatte. Er ging die Einzelheiten der Vorbereitungen durch, die in ihrer Sorgfalt denen der erfolgreichen Korps entsprachen; und er sagte nicht, dass das Glück nicht auf seiner Seite gewesen sei – tatsächlich benutzte er dieses Wort kein einziges Mal –, sondern nur, dass die deutschen Befestigungen zu stark und das Feuer zu heftig gewesen seien. Er benahm sich so, wie er es in seinem Haus in England tun würde; aber seine Augen zeugten von Leid, und wenn er von seinen Männern sprach, zitterte seine Stimme.

Während der junge Offizier sagte, dass es dieses Mal nicht gut gelaufen sei, und ein Soldat sagte: „Wir müssen es noch einmal versuchen, Sir!", sagte der General, dass die Abwehr ein Zwischenfall einer langwierigen Operation in der Anfangsphase gewesen sei, was professioneller klang, aber nicht aufschlussreicher war. Alle sprachen von Lehren für die Zukunft. Damit hatten sie die höchste Prüfung bestanden, die nur die Abwehr bieten kann.

Was könnte ein Beobachter sagen oder tun, das in den Augen von Männern, die solche Erfahrungen durchlebt haben, nicht banal wäre? Man muss nur zuhören und mit der Ehrfurcht eines Menschen zuschauen, der sich in der Gegenwart unsterblichen Heldentums fühlt. Und eine Autostunde entfernt standen Truppen im Glanz jenes Erfolgs, der in seiner körperlichen Begeisterung mit nichts zu vergleichen ist – des Erfolgs der Waffen.

VII

AUS DEM TRICHTER DER SCHLACHT

Eine Armee in Bewegung – Einnahme des eroberten Raums – Am Minden Post, einem Kreuzungspunkt der Schlacht – Deutsche Gefangene – Ihr Lebenswille – Ihre Verschiedenheit – Die Reihe der Sanitätswagen – Der Abfall aus dem Trichter der Schlacht – Ausruhen in der Schlachtlinie – Erinnerungen der Kämpfer – Ein gewaltiger Krater – Die Unterstände um Fricourt – So nimmt man einen Unterstand ein – Die Sänfte auf dem Feld.

Als ich mich durch diese Welt des Triumphs hinter Mametz und Montauban nach Süden bewegte , musste ich ständig an einen starken Mann denken, der sich von seinen Fesseln befreit hatte und vor einem neuen Angriff tief durchatmete. Während von Thiepval bis Gommecourt die Männer, die neue Schützengräben ausheben wollten, wieder in ihren alten Stellungen waren, die Kanonenschützen, die ihre Kanonen vorrücken wollten, in denselben Stellungen lagen und alle Pläne für die Versorgung einer Armee im Voraus noch auf dem Papier lagen, war im Süden die Erwartung zur Realität geworden und das System, das für den Fall des Erfolgs entwickelt wurde, wurde angewandt.

Ein mächtiger, eifriger Fleiß durchdrang das Hinterland. Hier war endlich eine Armee in Bewegung. Neue Straßen mussten gebaut werden, damit der Transport weiter vorrücken konnte; Sanitäter errichteten weiter vorgerückte Verräumungsstationen; neue Munitionslager wurden angelegt; die Militärpolizei passte die Verkehrsregeln der neuen Situation an. Alte Schützengräben wurden aufgefüllt, um Lastwagen und Geschützen Durchfahrt zu verschaffen. In jedem Gesicht war der strahlende Wunsch zu erkennen, der die Müdigkeit überwindet. Eine Armee, die lange in Schützengräben lag, streckte ihre Glieder, als sie sich im Freien wiederfand. In den Korpshauptquartieren wurden auf den Karten Linien der eroberten Stellungen und dahinter die Linien der neuen Ziele eingezeichnet.

Konnte es sein, dass unser Auto auf der Straße hinter den Schützengräben der ersten Linie fuhr, wo es vor zwei Tagen tödlich gewesen wäre, sich zu zeigen? Und konnten Reservebataillone im Freien auf Feldern liegen, wo 48 Stunden zuvor eine Kompanie das Feuer von einem halben Dutzend deutscher Batterien auf sich gezogen hätte? War es Traum oder Realität, dass Sie in den Schützengräben der ersten Linie der Deutschen umhergingen? Sie waren so lange an den Stellungskrieg gewöhnt, bei dem Ihre Seite und die andere Seite immer an den gleichen Stellen standen, eingezäunt durch Granatfeuermauern, dass die Verwandlung so erstaunlich erschien, als ob durch Zauberei über Nacht der untere Broadway mit all seinen hohen Gebäuden über den North River verlegt worden wäre.

Unter bestimmten Szenen, die sich in der Erinnerung noch immer durch ihre herausragende Charakterisierung von anderen unterscheiden, bleibt die von Minden Post lebendig, da sie den Menschenverkehr an den Kreuzungen der Schlacht illustriert. Eine Reihe großer Unterstände, Häuser und Höhlen mit Wänden aus Sandsäcken hinter der ersten britischen Linie bei Carnoy war ein Brennpunkt von Verbindungsgräben und ein Magnet für die Männer, die aus von Kugeln und Granaten durchsiebten Räumen in Sicherheit eilten. Der heiße Atem der Feuerlinie hatte sie versengt und hinausgetrieben, und sie versammelten sich in dieser Sammelstelle wie eine Menschenmenge vor einem Tor. Die Augen waren blutunterlaufen und vor Erschöpfung tief in Höhlen gelegen, die der Briten strahlten triumphierend, und die der Deutschen blickten benommen fragend, während sie auf Anweisungen warteten.

Nur eine halbe Stunde zuvor hatten die Deutschen vielleicht mit der Wildheit des Rassenhasses und der Methode eiserner Disziplin gekämpft. Jetzt waren sie einfach nur hilflose, zerzauste Menschen, deren kurze Stiefel und grüne Uniformen vom Kreidestaub weiß geworden waren. Der Hunger hatte die Ausdauer vieler von ihnen in den Tagen geschwächt, als sie durch das vorbereitende britische Bombardement von der Versorgung abgeschnitten waren; aber keiner sah aus, als sei er wirklich unterernährt. Ich habe nie einen deutschen Gefangenen gesehen, der unterernährt war, außer in den Pausen, in denen die Schlacht das hinten wartende Essen von seinem Mund fernhielt, obwohl einige, die untergroß und unproportioniert waren, so aussahen, als könnten sie keine Nahrung aufnehmen.

Um sie kampffähiger zu machen, hatte man ihnen gesagt, dass die Briten keine Gnade walten ließen. Als sie aus der Hölle kamen, explodierten keine Granaten mehr über ihnen und keine Kugeln zischten und wimmerten mehr an ihnen vorbei, und sie waren sich nur bewusst, dass sie am Leben waren. Und da sie am Leben waren, hatten sie zwar ihr Leben riskiert, als wäre der Tod ein Zwischenfall, aber nun waren sie frei von Disziplin und dem Rausch des Kampfes. Ihr Lebenswille war sehr menschlich, etwa so, als würden ihre Hände hochschnellen, wenn ein Offizier ihnen ein scharfes Wort zusprach. Als sie vorbeimarschierten, fehlte ihnen jegliche militärische Würde; doch diese kehrte wie durch Zauberhand zurück, als ein Unteroffizier den Befehl erhielt, eine Gruppe zu übernehmen und sie in ein Gehege zu marschieren . Dann strafften sie auf Befehl ihre Schultern, schlugen die Fersen aneinander und der Instinkt langen Trainings versetzte ihnen einen Ladestock ins Rückgrat, der aus bloß müden Menschen Soldaten machte. Man konnte ihre Dankbarkeit deutlich erkennen, als man ihre Papiere zur Prüfung heranzog und ihnen ihre Ausweise zurückgab, denn nun waren sie immer noch als registrierte und nummerierte Mitglieder des „Systems" registriert und nicht als bloße verlorene Seelen, wie sie sich sonst gefühlt hätten.

„Alle Arten von Boches in unserer Ausstellung!", sagte ein britischer Soldat.

Und tatsächlich gab es da: große, massige, linkische Kerle, bartlose Jünglinge, Vierzigjährige mit im bürgerlichen Leben geformter gebückter Haltung, Akademiker mit an Schnüren an den Ohren befestigten Brillen und dicke Männer, deren Schädelform und Physiognomie den französischen Comic-Bildern vom „Typ Boche " entsprachen.

Sie kamen vermischt mit den verwundeten Briten, große und kleine, dünne und beleibte, eine bunt gemischte Prozession von Freund und Feind in einer merkwürdigen Kameradschaft, die erstaunlich frei von Groll war. Ich erlebte nur einen Vorfall, bei dem der Entführer den Gefangenen grob behandelte. Ein großer Deutscher rannte gegen den verletzten Arm eines Briten, der vor Schmerz zusammenzuckte, sich umdrehte und dem Deutschen auf sehr menschliche Weise mit seinem freien Arm einen Schlag versetzte. Ein anderer Deutscher, dessen geschlitztes Hosenbein um einen Verband flatterte, lehnte sich auf den Arm eines Briten, dessen anderer Arm in einer Schlinge steckte. Ein riesiger Preuße trug einen bebrillten Kameraden auf dem Rücken . Die Deutschen machten Eindruck, als Bahrenträger reglose Gestalten in Khaki hereinbrachten. Wasser und Tabak, das sind Gaben, die niemand einem anderen in Zeiten wie diesen vorenthält. Das Gurgeln einer Feldflasche in einem ausgetrockneten Mund an diesem warmen Julitag war das erste Geschenk für einen verwundeten Briten oder Deutschen und das nächste eine Zigarette.

Natürlich war jeder der heimkehrenden Briten verwundet, aber viele der Deutschen waren unverwundet . Lange Reihen von Tragen warteten auf den Besuch der eifrigen Ärzte zur weiteren Untersuchung. Zunächst wurden die Verbände, die der Mann selbst oder ein Kamerad in der Schusslinie angelegt hatte, entfernt und durch frische ersetzt. Ein Krankenwagen nach dem anderen kam herangefahren, die Tragen derer, die als Nächstes dran waren, wurden hinter die grünen Vorhänge geschoben, und auf weichen Federn und sich drehenden Gummireifen wurden die Lasten auf ihren Weg nach England gebracht.

Offiziere sorgten für Ordnung in der Flut, die über die Felder und die Schützengräben hereinströmte, als wären sie an solche Situationen gewöhnt, denn die Schusslinie war nur 2000 Meter entfernt. Die Schwerverletzten wurden von den Leichtverletzten getrennt, die nicht reiten konnten, sondern zu Fuß weitergehen mussten. Der von Granaten zerfetzte Deutsche, der von einem Kameraden auf dem Rücken getragen wurde, fand sich in einem Krankenwagen gegenüber einem Briten wieder, und sein Träger sollte nach einer ordentlichen Mahlzeit im Gefangenenlager schlafen gehen .

Und all dies war der Abfall aus dem Trichter der Schlacht, der für Gefangene nur zum Transport von Tragen dient und für Verwundete überhaupt nicht von Nutzen ist. Und verglichen mit einer Reise über das Schlachtfeld selbst – ein noch frisches Schlachtfeld – war es nur ein Nebenprodukt des Erfolges.

Artilleriewagen, Ambulanzen, Signalwagen und andere besonders bevorzugte Transportmittel – die Gefahr, in Reichweite von Hunderten von Geschützen zu sein – liefen nun entlang der Straße im ehemaligen Niemandsland, in dem es seit fast zwei Jahren kein Leben mehr gegeben hatte, abgesehen von den nächtlichen Patrouillen. Die Leichen derer, die bei solchen nächtlichen Erkundungsexpeditionen gefallen waren, konnten nicht geborgen werden, und ihre Knochen lagen dort inmitten von verrottendem Grün und Khaki, in Gesellschaft der frischen Toten des Angriffs, die noch begraben werden mussten.

Dort lag das Bataillon, das die Schützengräben besetzt hatte, auf einem Hügel, während ein anderes Bataillon in der Feuerlinie Stellung bezog. Die Männer hatten ihre Mäntel ausgezogen; sie wuschen sich, kochten Tee und räkelten sich in der Sonne, diese Sieger, und blickten auf die Feuervorhänge hinüber, wo die Schlacht tobte. So hätten Reserven in Gettysburg oder Waterloo warten können.

„Vielleicht schießen sie auf Sie", schlug ich ihrem Oberst vor.

"Vielleicht", sagte er. Die Aussicht schien weder ihn noch die Männer zu beunruhigen. Es war eine Möglichkeit, die in den Köpfen derer, die nach zwei schlaflosen Nächten unter Beschuss nur nach Schlaf oder Entspannung verlangten, verschwommen war. "Die Deutschen haben keine Flugzeuge in der Luft, mit denen sie uns sehen könnten, und auch keine Wurstballons. Seit unsere Flugzeuge diese sechs am Tag vor dem Angriff in Flammen aufgehen ließen, sind die anderen sehr zurückhaltend."

Seine jungen Offiziere waren alle Produkte der New Army; er, der Kommandant, war der einzige Stammoffizier. Es waren noch immer genug Stammoffiziere übrig, um einen für jedes Bataillone der New Army zu stellen, in manchen Fällen sogar zwei.

„Die Männer waren großartig", sagte er, „genauso gut wie die Stammsoldaten. Sie sind ohne zu zögern vorgerückt, und wir hatten einen ziemlich steifen Schützengraben vor uns, wissen Sie. Es ist toll hier draußen, nicht wahr?"

Er war müde und würde vielleicht morgen getötet werden, aber nichts konnte ihn davon abhalten, ein Stück weit zu gehen, um uns den Weg zu den Schützengräben zu zeigen, die seine Männer eingenommen hatten. Sie waren Helden für ihn und er war einer für sie; und sie hatten gewonnen. Das war das Wichtigste, der Sieg, obwohl sie ihn als selbstverständlich betrachteten, der ihnen ein wärmeres Leuchten verlieh als das Sonnenlicht, als sie sich bequem im Gras lagen. Sie waren „dabei" gewesen; sie hatten den Tag erlebt, auf den sie lange gewartet hatten. In ihrem Verhalten lag ein Hauch von Meisterschaft, aber ihre Hochstimmung wurde durch den Gedanken an die vermissten Kameraden, die Toten, gedämpft.

„Ich wünschte, Bill wäre nicht gefallen, bevor wir den Schützengraben erreichten, solange er noch durchhalten musste", sagte ein Soldat. „Er wollte unbedingt sehen, wie ein Boche- Unterstand aussieht."

„George war neben mir, als ihn ein Boche mit einer Bombe erwischte. Ich erledigte den Boche mit einem Bajonett", sagte ein anderer.

„Als das Maschinengewehrfeuer losging, dachte ich, es würde uns alle erwischen, aber wir mussten weiter."

Sie blieben sachlich und konzentrierten sich auf das Wesentliche. Männer waren gestorben, Männer waren verwundet worden, Männer hatten überlebt. Das war alles erwartungsgemäß. Meistens gingen sie ihren Erlebnissen nicht nach. Ihr Gehirn hatte genug Emotionen gehabt, ihr Körper verlangte nach Ruhe. Sie lagen still da und genossen das Leben und das Sonnenlicht. Einzelheiten, die im Nebel der Geschehnisse verloren gingen, würden sich in späteren Jahren in der Erinnerung entwickeln wie die feinen Punkte einer Fotoplatte.

Der ehemalige deutsche Schützengraben auf einem beherrschenden Hügel hatte wenig Ähnlichkeit mit einem Schützengraben. Hier hatten die Artilleristen die Anforderungen der Infanterie aufs Genaueste erfüllt. Auf beiden Seiten der eingestürzten Mauern lagen Granattrichter, und die Eingänge zu den Unterständen waren fast alle verschlossen. Die Infanterie, die die Stellung einnahm, wurde von vorne nicht beschossen, hatte aber an einer Stelle eine Flankensalve aus einem Maschinengewehr. Wo die Toten lagen, verriet genau die Breite des Angriffsfeldes, das der Angriff unbeirrt durchquert hatte; und dies war nur das erste Ziel. Wie man sehen konnte, war der Angriff mit geringen Verlusten zum zweiten übergegangen. Ein junger Offizier war nach seiner Verwundung in einen Granattrichter gekrochen, hatte seine Gummiplane über sich gezogen und war so friedlich gestorben, der Blutklumpen auf der Erde neben ihm.

In dem Ruinenfeld um Fricourt war der Krater einer der Minen, die am 1. Juli zur Stunde des Angriffs explodiert waren, groß genug, um ein Bataillon zu fassen. Die Deutschen waren in einem Spritzer in die Luft geflogen, dessen riesige Rauch- und Staubwolke aus den Eingeweiden der Erde aufgewirbelt worden war. Kriegsbeobachtern waren die Unterstände um Fricourt seither bekannt , die das letzte Mittel der deutschen Vorsorge gegen Angriffe darstellten. Der Bau von Unterständen ist wie alles andere in diesem Krieg standardisiert. Der Zugang zu diesem unterirdischen Zufluchtsort hat denselben Winkel, dieselbe Treppe, ganz nach dem festgelegten Muster.

Tiefe, Kapazität und Komfort sind das Ergebnis lokaler Initiative und Fleißes. Es mag Betten und Tische und Etagenbetten geben. Viele dieser Kammern waren so ungestört, als ob in der Nachbarschaft nie eine Granate explodiert wäre. Den deutschen Besatzungsmitgliedern war befohlen worden, durchzuhalten; ein Gegenangriff würde sie entlasten. Der Glaube einiger von ihnen hielt so lange an, dass sie mit Sprengstoff in die Luft gesprengt werden mussten, bevor sie sich ergaben.

Die Nähe solcher guter Unterstände, die für einen Korrespondenten bewohnbar waren, falls Granaten fielen, war beruhigend und bot den Briten in Reserve Schutz. Einige, aus denen üble Gerüche kamen, wurden von den Briten geschlossen, da dies die einfachste Bestattungsform für die Toten war, die darauf gewartet hatten, dass Bomben geworfen wurden, bevor sie sich ergaben. Denn die Art und Weise, wie man einen Unterstand einnahm, war seit langem ebenso standardisiert wie seine Konstruktion. Die Männer darin konnten sich am Eingang von den Briten einen Platz aussuchen.

"Entweder marschiert aus oder nehmt, was wir schicken", wie ein Soldat es ausdrückte. "Wir können euch nicht dort zurücklassen, damit ihr rauskommt und uns in den Rücken schießt, wie der Kaiser es euch befohlen hat, wenn wir schon vorgerückt sind."

Man konnte den Ruinen der ersten Linie kilometerweit folgen und sich seinen Weg zwischen den deutschen Toten in allen Stellungen bahnen, während eine Hand oder ein Kopf oder ein Fuß aus dem von Granaten zertrümmerten Kalkstein, der mit Fleisch und Kleidungsstücken vermischt war, herausragte. Das Ganze wurde immer ekelhafter und man wunderte sich immer mehr darüber, wie das Gewehrfeuer diese Zerstörung angerichtet hatte und wie die Männer die Überreste der Granaten hatten beseitigen können. Es war eine erstaunliche Leistung, die noch einmal die Bedeutung der monatelangen Vorbereitungen unterstrich.

Und der Abfall auf dem ganzen Feld! Dies wiederum drückte aus, wie vielfältig und gewaltig das Material ist, das für solche Operationen benötigt wird. Man dachte an die Aufräumarbeiten nach einer grausigen Ausschweifung. Granatsplitter waren mit der Erde vermischt; Haufen von Patronenhülsen lagen neben Blutlachen. Grabenmörser streckten ihre halbgefüllten Mündungen aus den umgestürzten Grabenwänden. Bündel von Raketenfackeln, leere Munitionskisten, von Granatsplittern zerdrückte Stahlhelme, Gasbeutel, Augenschutz gegen tränenreizende Granaten, Spaten, Wasserflaschen, unbenutzte Gewehrgranaten, Eierbomben, lange deutsche Bomben mit Stockgriff, Kartentaschen, Stücke deutschen „KK"-Brots, Gewehre, die Stahlhülsen von Granaten und nicht explodierte Granaten aller Kaliber lagen auf dem Feld verstreut zwischen den unregelmäßigen Kreidebodenflecken, wo sie durch Granatfeuer in Stücke gerissen worden waren.

Die Gewehre und Ausrüstungsgegenstände der Gefallenen wurden auf Haufen zusammengetragen, was ebenfalls Teil eines vorher festgelegten Systems war, ebenso wie das Zusammentragen der Verwundeten und später der Toten, die sie getragen hatten. Große, barfüßige Einheiten des robusten Highland-Regiments, die vor keinem Maschinengewehr Halt machten, wurden herbeigebracht und in einen deutschen Laufgraben gelegt, der nur geschlossen werden musste, um ein gemeinsames Grab zu bilden. Jede Identifikationsplakette wurde aufbewahrt, um zu vermerken, wo die Leiche lag. Ein weiterer Laufgraben in der Nähe war für deutsche Tote reserviert, die zur gleichen Zeit wie die Briten zusammengetragen wurden. Im Leben hatten sich die Feinde im Niemandsland gegenübergestanden. Im Tod wurden sie ebenfalls getrennt.

Bis zu den deutschen Schützengräben in vorderster Front gab es natürlich nur britische Tote, die beim Angriff gefallen waren. Das ließ es so aussehen, als ob die Verluste alle auf einer Seite zu suchen gewesen wären. In den deutschen Schützengräben erschienen die Einträge auf der anderen Seite des Hauptbuchs; und auf den Feldern und in den Verbindungsgräben lagen grüne Gestalten. Überall auf dem offenen Feld waren sie als grüne Punkte verstreut; und wo sie zum Schutz an einen Waldrand gerannt waren, lagen sie dicht beieinander, als wären sie unter dem Feuer eines Maschinengewehrs zusammengebrochen, das die Briten eingesetzt hatten. Es war ein erbittertes Hase-und-Hunde-Spiel gewesen. Sowohl deutsche als auch britische Tote lagen in derselben Richtung, wenn sie im Freien waren, die Deutschen auf dem Rückzug, die Briten verfolgten sie. Ein Offizier machte auf diesen grimmigen Beweis aufmerksam, dass die Initiative bei den Briten lag.

An der Zahl der britischen Toten im Niemandsland oder an den Blutgerinnseln, die beim Abtransport der Leichen entstanden, konnte man erkennen, welchen Preis die Bataillone für ihren Erfolg bezahlt hatten. Nichts konnte den Überlebenden dieser Schlacht das Leben der vor Thiepval gefallenen Kameraden zurückgeben ; hätten sie jedoch die breiten Streifen des Niemandslands mit nur einer vereinzelten liegenden Gestalt gesehen, hätte ihnen dies die Gewissheit gegeben, dass sie es ein anderes Mal leichter haben würden. Wo immer die Deutschen ein Maschinengewehr zum Einsatz brachten, war das Ergebnis seiner Arbeit eine deutliche Warnung an die Notwendigkeit, diese automatischen Killer vor einem Angriff zum Schweigen zu bringen. Doch von Mametz bis Montauban waren die Verluste gering, so dass kein Zweifel daran bestand, dass die Deutschen, die davon überzeugt waren, dass das Hauptgewicht des Angriffs im Norden liegen würde, auf dem falschen Fuß erwischt worden waren.

Die Alliierten konnten die Tatsache und den allgemeinen Ort ihrer Offensive nicht verbergen, aber sie konnten ihren Plan als Ganzes verbergen. Die geringe Zahl der Granattrichter bezeugte, dass hier nicht so viele Artilleriefeuer konzentriert waren wie zwischen Thiepval und Gommecourt . Wahrscheinlich hatten die Deutschen nicht genug Artillerie übrig oder hatten sie nach Norden abgezogen.

Alle Teile der siegreichen Armee machten es sich im eroberten Gebiet zwischen den Toten und dem Müll hinter der alten deutschen Frontlinie gemütlich – das war der Randbereich des Geschehens. Dahinter fand die eigentliche Schlacht statt, bei der die Feuerlinie unter Granateneinschlägen immer noch vorrückte.

VIII

VORWÄRTS, DIE WAFFEN!

Eine kühne Batterie – „Ein ungewöhnlicher Anlass" – Geschütze an der Front bei Nacht – Nah an der Schusslinie – Nicht so gefährlich für Beobachter – Die deutschen Linien in der Nähe – Vorteile selbst eines sanften Hangs – Geschickt gewählte deutsche Stellungen – Ein Versteckspiel mit dem Tod – Geschäftliches Vorankommen – Dunst, Granatrauch und sich bewegende Figuren – Jede Figur ist Teil des „Systems".

Hatte dieser Batteriekommandant nicht seine Anweisungen verwechselt, als er seine Haubitzen hinter einer Klippe im alten Niemandsland aufstellte? Wusste er nicht, dass die deutsche Infanterie sich nur auf der anderen Seite des Hügels befand und dass zwei oder drei Dutzend deutsche Batterien in Reichweite waren? Ich erwartete einen Tornado, der sofort auf die Köpfe der Kanonenschützen niedergehen würde. Ich mochte ihre Kühnheit, aber ich warb nicht um ihre Gesellschaft, wenn ich eine Geisteshaltung nicht ablegen konnte, die durch die Regeln des Schützengrabenkriegs geprägt war, bei dem der andere Kerl nach genau so guten Zielen Ausschau hielt wie sie.

Im Augenblick feuerten diese „ Wies " nicht, und die Kanonenschützen waren in ihrer eigenen kleinen, abgegrenzten Welt, losgelöst von den Bewegungen um sie herum, während sie eifrig Gruben für ihre Munition gruben. Zu gegebener Zeit könnte ihnen jemand sagen, sie sollten an einem bestimmten Punkt mit der Registrierung beginnen oder sich auf einen Punkt stürzen, den sie bereits registriert hatten. In der Zwischenzeit kümmerten sie sich, sehr fleißig in Hemdsärmeln, nicht um den Verkehr im Hinterland, außer wenn es um ihre eigene Granatenversorgung ging oder um den Abfall auf dem Feld, die Toten, die Beerdigungstrupps und die verstreuten Verwundeten, die von der Feuerlinie zurückkamen. Ihre Geschäftsbeziehungen galten ausschließlich dem durch die Klippe verborgenen Kampfgebiet. Ich hatte den Eindruck, dass sie an diesem Morgen „ziemlich selbstgefällig" waren (wie die Briten sagen), wenn auch vielleicht nicht so sehr wie die Besatzung der Achtzehnpfünder, die noch weiter vorn standen, etwa tausend Meter von den Deutschen entfernt, die sie mit Granatsplittern bewarfen.

Normalerweise wurde von den 18-Pfündern erwartet, dass sie eine Distanz von 4.000 bis 5.000 Yards einhalten; aber dies war „eher ein ungewöhnlicher Anlass", wie ein Offizier erklärte. Es wäre nicht gut, wenn die 18-Pfünder Mauerblümchen wären; sie mussten auf dem Boden des Ballsaals liegen. Hatten diese Männer, die mechanisch Granaten in die Gewehrkammern schoben, letzte Nacht oder die Nacht davor geschlafen? Oh ja, zwei oder drei Stunden, wenn sie nicht schossen.

Was bedeutete die Müdigkeit einem Achtzehnpfünder, der aus der ewigen Schinderei des Stellungskriegs entlassen wurde und sich auf offenem Feld vorwärtsbewegte, wie es für Achtzehnpfünder vorgesehen war? Waren sie nicht berittene Artillerie? Welchen Nutzen hatten sie für ihre Pferde im unbeweglichen Frontbogen von Ypern gehabt, außer wenn sie ihre Kanonen nach ihrem Einsatz in die Quartiere zurückzogen? Sie, die in England in der Überzeugung, dass Feldkanonen eine bewegliche Waffe seien, immer wieder geübt hatten!

Als am Nachmittag des 1. Juli der Befehl kam, „direkt ins Gefecht" zu gehen, war das für einen Schreibtischtäter, der in den Rocky Mountains aufgewachsen war, wie eine Einladung in den Urlaub. Raus in die Nacht mit knarrenden Rädern und Munitionswagen, gefolgt von scharfen, drängenden Worten des Sergeanten: „Nun, Radfahrer, wie ich es euch in Aldershot beigebracht habe ", während sie über alte Schützengräben oder einen steilen Abhang hinauf und in die Dunkelheit fuhren, während ihnen die Fahrzeuge die Vorfahrt gewährten und sie auf eine Front zusteuerten, die in Bewegung war, während die Offiziere im Licht ihrer Taschenlampen ihre Karten und Richtungsangaben studierten – das war so ähnlich. Und ein junger Leutnant eilte dorthin, wo die Gewehre sprachen, um die Ergebnisse der Geschütze aus der Mitte des Gefechts heraus zu melden. So ähnlich, in der Tat! Die Jungs, die ihre Geschütze gemäß seinen Anweisungen trainierten, konnten natürlich einer plötzlichen Konzentration von Salven des Feindes ausgesetzt sein. War das nicht Teil der Erfahrung? War es nicht ihre Aufgabe, ihren Teil des Beschusses abzubekommen, und gehörten sie nicht zu den Geschützen?

Dies waren Beispiele aus der Nähe, aber über das gut eroberte Gebiet verstreut sah ich auch die Feuerstöße anderer britischer Batterien, die sich nach einer nächtlichen Reise am Morgen in der Nähe der Schusslinie befanden. Während ich mich in der Gegend bewegte, warf ich Blicke in Richtung dieser speziellen Batterie von 18-Pfündern, die immer noch friedlich feuerte, ohne von den deutschen Kanonen gestört zu werden. Nach fast zwei Jahren im Ypern-Frontvorsprung hatte das etwas Unwirkliches an sich.

Aber der schlimmste Schock für eine an Schützengräben gewöhnte Denkweise war, als ich auf der Brustwehr eines deutschen Schützengrabens stand und vor mir die britische und auch die deutsche Feuerlinie sah. Ich duckte mich instinktiv, gemäß meiner früheren Ausbildung, als hätte ich ein großes, schwarzes, mörderisches Ding direkt auf meinen Kopf zukommen sehen. In den Tagen der Pattsituation hätten ein Dutzend Scharfschützen, die auf solche Gelegenheiten warteten, es mit einem versucht; ein Maschinengewehr hätte sich vielleicht gelöst, und selbst Artilleriebatterien, die auf der Suche nach Wild waren, das sich aus der Deckung zeigen könnte, zögerten nicht, mit Granaten auf einen Einzelnen zu schießen.

Ich musste tot sein; zumindest sollte ich es nach den bisherigen Formeln sein ; aber als ich merkte, dass ich noch am Leben war und nichts über mir geknallt oder gepfiffen hatte, schaute ich noch einmal nach und blieb dann stehen. Ich hatte mich für einen viel zu wichtigen Sterblichen gehalten. Deutsche Gewehre und Scharfschützen würden keine Munition an einen Nichtkombattanten am Horizont verschwenden, wenn sie eine überwältigende Zahl kriegerischer Ziele hatten. Ein paar Granatsplitter, die aus der Ferne explodierten, waren alles, was uns störte, und diese wurden sparsam mit der greifbaren Botschaft verschickt: „Wir lassen euch Jungs im Hinterland wissen, was wir mit euch machen würden, wenn wir nicht so mit anderen Dingen beschäftigt wären.“

Ich war nahe genug, um die Operationen zu sehen. Wäre ich näher herangegangen, hätte ich mich dem Kugelhagel über den Köpfen der britischen Frontlinie ausgesetzt sehen müssen, die sich eng an den Boden schmiegt, was in diesen Zeiten der Maschinengewehre nicht ratsam ist. Ein Korrespondent möchte gern sehen, ohne beschossen zu werden, und sein Schicksal ist es manchmal, beschossen zu werden, ohne etwas anderes sehen zu können als den Eingang eines Unterstands, der manchmal einladender ist als die Portale eines Palastes.

In der Ferne war die zweite Hauptlinie der deutschen Schützengräben auf dem Kamm von Longueval und High Wood Ridge, die die Briten später nach einem Kampf gewinnen sollten, der von Wäldern, Dörfern oder Bergrücken nichts als Granattrichter übrig ließ. Natürlich hatten die Deutschen ihre ursprünglichen Verteidigungsanlagen nicht auf den Bergrücken selbst beschränkt, ebenso wenig wie die Franzosen ihre auf die Hügel unmittelbar vor Verdun beschränkt hatten. Sie hatten ihre ursprünglichen Schützengräben der ersten Linie entlang der Reihe vorteilhafter Positionen am Hang angelegt und jedes Stück Wald und jede Anhöhe in einen Stützpunkt auf dem Weg zurück zur zweiten Linie verwandelt, deren durch lange Belichtung verrostete Stacheldrahtverhaue unter dem Glas deutlich zu erkennen waren. Ein deutscher Offizier stand auf der Brustwehr und blickte in unsere Richtung, wahrscheinlich versuchte er, den britischen Infanterievorstoß zu orten, der sich an eine Bodenfalte schmiegte und dort vorerst ruhte. Ich stellte mir vor, wie biberartig die Deutschen in der zweiten Linie ihre Verteidigung verstärkten. Ich suchte alle Hänge vor uns ab, in der Hoffnung, eine deutsche Batterie zu entdecken. Einer muss sich unter den schwarzen Rauchbällen der britischen Sprengsätze befinden, und ein weiterer eine halbe Meile entfernt unter einem ähnlichen Schauer.

„Sie haben die meisten ihrer Waffen über Nacht hinter den Bergkamm zurückgezogen“, sagte ein Offizier, „um einer Gefangennahme zu entgehen, falls wir erneut angreifen sollten.“

Auf der anderen Seite dieser natürlichen Mauer wären sie vor allem außer der Beobachtung aus der Luft sicher, und die vorgeschobenen britischen Batterien befanden sich, obwohl alle im Freien, in Erdfalten, hinter Steilhängen oder knapp unterhalb der Skyline einer Anhöhe, wo sie laut Karte ihre zugewiesene Position gefunden hatten. Wie viel ein paar Fuß Vertiefung in einem Feld, eine leicht versunkene Straße, die Neigung eines sanften Abhangs, die Mann oder Kanone vor dem Blick verbargen, ausmachten, war mir an diesem Tag noch nicht klar, aber ich sollte es in dem erbitterten Kampf um die Position, der in den folgenden Wochen kommen sollte, erkennen.

Es war leicht zu verstehen, warum die Deutschen in der ersten Linie, wo ich stand, einen starken Punkt errichtet hatten, denn diese Position war im Verhältnis zu den britischen und deutschen Schützengräben sofort für das taktische Auge interessant. Sie hatten hier Maschinengewehre postiert, die mit ausgewählten, verzweifelten Männern besetzt waren, und so dem britischen Angriff auf einer Front von einer Meile die schlimmste Erfahrung beschert. Ich konnte alle Bewegungen im weiten Bereich nach hinten sehen, die jedoch durch die Anhöhe unter meinen Füßen vor dem Grat verborgen wurden, auf dem der deutsche Offizier stand. Der Vorteil, den die Deutschen nach ihrem Rückzug von der Marne hatten, wurde ihnen auf einmal wieder bewusst, sobald sie eroberten Boden betraten. Eine Meile mehr oder weniger Tiefe hatte für sie kein sentimentales Interesse, denn sie befanden sich auf fremdem Boden. Sie hatten ihre Positionen nach Armeen, Korps, Bataillonen, im Abstand von Hunderten von Meilen und Dutzenden von Meilen und Dutzenden von Yards gewählt, um Beobachtung und Gelände zu beherrschen. Dies war eine einfache Anwendung einer Formel, die so alt ist wie die Menschheit; Aber es waren ihre zahlenmäßige Stärke und ihre Einsatzbereitschaft, die ihre Anwendung ermöglichten, und wo immer die Alliierten in die Offensive gingen, mussten sie sich dieser militärischen Tatsache stellen, was die Bewährungsprobe für ihr Können in Frontalangriffen umso härter machte und den Erfolg zusätzlich begünstigte.

Die Szene vor uns erinnerte an einen großen Teppich, der nicht flach auf dem Boden lag, sondern wellig war, und der sich in Richtung Longueval und High Wood Ridge neigte. Ich werde ihn nach diesem Namen „The Ridge" nennen, denn so hieß er im Sommer 1916 in Großbuchstaben für Millionen französischer, britischer und deutscher Soldaten. Und dieser Teppich war von Männern bevölkert, die in einem Versteckspiel mit dem Tod in seinen Falten spielten.

Nirgendwo war ein Fahrzeug, kein Pferd zu sehen. Und doch war es eine ergreifend lebendige Welt, wo die alten Schützengräben eine tote Welt gewesen waren – eine Welt, die in den Punkten der Männer lebendig war, die sich entlang des Kamms aufreihten, in anderen, die neue Schützengräben aushoben, in den Meldern und Offizieren auf dem Vormarsch, in den Gruppen von Reserven hinter einem Hügel oder in einem Tal. Obwohl explodierende Granatsplitterhüllen dieselben Wölkchen wie immer aus einem blitzenden Zentrum ausstießen, das sich zu einem im Sonnenlicht strahlenden Nimbus ausbreitete, und die Sprengstoffe dieselben schwarzen Rauchschwaden aufwirbelten, als ob ein Dynamitstab in einem Kohlenkasten explodiert wäre, schien das Granatfeuer anders; es hatte etwas von Aktion und Abenteuer im Vergleich zu der monotonen Zurschaustellung, die wir in Pattsituationen gesehen hatten. Der Tod hatte jetzt ein Element von Ruhm und Sport. Er war weniger wie ein festgelegtes Schicksal in einem unbeweglichen Schlachtfeld.

Direkt vor ihnen erstreckte sich ein kahles Feld mit verwildertem Gras zwischen den deutschen Schützengräben, wo vor dem Krieg Weizen gewachsen war, und die britische Schusslinie schien wie Köpfe, die an einer grünlichen Decke befestigt waren. Sie hielten das eroberte Gelände und warteten darauf, dass woanders etwas passierte. Andere mussten vorrücken, bevor sie weiter vordringen konnten.

Die Schlacht war nicht allgemein; sie tobte an bestimmten Stellen, an denen sich die Deutschen nach einiger Erholung von dem verheerenden Schlag des ersten Tages verschanzt hatten. Jenseits von Fricourt konzentrierte die britische Artillerie ihre Angriffe vernichtend auf ein Waldstück. Dies schien der heißeste Ort von allen zu sein. Ich wollte ihn im Auge behalten. Außer der Decke aus Granatenrauch, die über den Bäumen hing, war eine Zeit lang nichts zu sehen, es sei denn, man zählte die Gestalten in einiger Entfernung, die sich in einer Art distanzierter Pantomime bewegten.

Dann schien eine Linie britischer Infanterie aus dem Teppichflor aufzusteigen, und ich konnte sehen, wie sie sich mit der Stetigkeit eines Übungsplatzes auf den Waldrand zubewegten, nur um dann in einer Teppichfalte oder einem veränderten Hintergrund für das Auge verloren zu gehen . Ihr starres, sachliches Voranschreiten hatte etwas Handwerkliches und Kühnes an sich, ein Spiegelbild der Kampfstärke, die auf diesem Feld aus verwirrendem und schimmerndem Dunst für eine gewisse Distanz sehr deutlich zu erkennen war. Ich glaubte, einige von ihnen kurz vor ihrem Eintreten in den Wald flüchtig gesehen zu haben, und dass sie sich unter Gestalten mischten, die aus dem Wald kamen. Jedenfalls kam bald eine zweifellos halbe Kompanie deutscher Gefangener in geschlossener Form den Abhang herunter, nur um zu verschwinden, als ob auch sie ihre Rolle beim Versteckspiel in dieser unregelmäßigen Landschaft mit ihrem Wechsel von weißem Kalk zu dunkelgrünem Laub spielten.

Khakifarbene Gestalten hoben sich vom Kreidefelsen ab und verschmolzen mit den Feldern oder dem Unterholz, oder sie kamen an den Horizont heran, nur um dann wahrscheinlich von dem deutschen Schützengraben, in den sie eindrangen, von der Erde verschluckt zu werden. Ich fragte mich, ob eine Gruppe getötet oder umgeworfen worden war oder nur in einem Granattrichter in Deckung gegangen war, als eine deutsche „Krump" mitten unter ihnen zu explodieren schien, obwohl selbst aus einer Entfernung von ein paar hundert Metern nichts so trügerisch ist wie die Position einer Granate im Verhältnis zu Objekten in ihrer Richtung. Die schwarze Wolke zog einen Vorhang über sie. Als er sich hob, waren sie nicht auf der Bühne. Das war alles, was man erkennen konnte.

Was nur wie ein Zug aussah, wurde bei günstiger Lichtbrechung für einen Augenblick zu einer Kompanie. Britisches Khaki, französisches Blau und deutsches Grün dienen der Unsichtbarkeit, aber man kann nichts entwerfen, das unter bestimmten Bedingungen nicht sichtbar wäre. Ein buntes Muster, wie es die „Panzer" bemalten, wäre am besten, aber selbst der praktisch veranlagteste General hat es noch nicht gewagt, ein buntes Muster als Uniform für eine Armee vorzuschlagen. Mir fiel ein, wie deutlich die Aktion ausgesehen hätte, wenn die Teilnehmer die blauen Mäntel und roten Hosen getragen hätten, in denen die Franzosen ihre ersten Schlachten im Krieg schlugen.

Alles war verwirrend in dieser Mischung aus Dunst, Granatrauch und dem Labyrinth der Schützengräben, und die auftauchenden und verschwindenden Soldaten waren lebendige Muster auf dem Teppich, der sich manchmal selbst vor dem ermüdenden, intensiven Blick zu bewegen schien. Jeder arbeitete seinen Teil eines Plans aus; jeder war eine reaktionsfähige Einheit des Ausbildungssystems für solche Angelegenheiten.

Das Ganze hätte phantastisch gewirkt, wenn da nicht der Lärm der Maschinengewehre und Gewehre und der tiefere Chor der schweren Geschütze gewesen wären, die bewiesen, dass dies kein hypnotisches, phantastisches Schauspiel war, sondern ein präzises und geordnetes Spiel mit dem Tod, bei dem nichts, was einstudiert werden konnte, dem Zufall überlassen wurde, ebenso wenig wie die Regelung des Verkehrs, der Kolonne um Kolonne vorrückte, um die Artillerie und die Truppen mit Nahrung zu versorgen, die die Frontstellungen zermalmen sollten.

IX

ALS DIE FRANZOSICH SIEGTEN

Die kleinen Quartiere eines großen Mannes – General Foch – Die Fähigkeit der Franzosen, einen Sieg zu genießen – Die siegreiche Eigenschaft der Franzosen – Als das Herz Frankreichs stillstand – Der Mut der Rasse – Deutschlands falsche Einschätzung Frankreichs – Warum die Franzosen diesen Krieg bis zum Ende durchkämpfen werden – Franzosen und Deutsche sind so unterschiedliche Rassen wie nie zuvor in der Nachbarschaft – Die Demokratie der Franzosen – *Élan* – „Bewegungskrieg".

Je weiter südlich, desto besser die Nachrichten. Auf der anderen Seite einer gewissen Trennstraße, wo französische und britische Transportmittel zusammentrafen, gab es eine andere Welt des Sieges. Diese Welt sollte ich als nächstes an einem Tag der Tage sehen – einem Feiertag der Begeisterung.

Eine kurze Notiz mit der Erlaubnis, sich „innerhalb der Linien zu bewegen", war in kühner Handschrift in dem Schloss geschrieben, wo General Foch die Nordgruppe der französischen Armeen befehligte. Sie schränkte die Bewegungsfreiheit meines französischen Freundes und mir nicht ein.

Natürlich war General Fochs Schloss klein. Alle Schlösser, die von großen Kommandeuren bewohnt werden, sind klein, und ich neige dazu, zu glauben, dass es eine Frage der Methode ist. Wenn sie nur begrenzte Räumlichkeiten haben, gibt es keinen Platz für das Eindringen von irgendjemandem außer ihrem persönlichen Personal, und sie können mit der Einfachheit leben, die die Kasernenausbildung eines Soldaten ausmacht.

Joffre, Castelnau und Foch waren die drei großen Namen der französischen Armee, die die Öffentlichkeit nach der Marne-Offensive kannte, und von den dreien hat Foch vielleicht mehr von dem Elan, den die Welt mit dem französischen Militärtyp verbindet. Er vereinfachte den Sieg, der das Ergebnis der gleichen mühsamen Vorbereitung wie auf britischer Seite war, mit einer einzigen Geste, als er mit seinem Bleistift über die Karte von Dompierre nach Flaucourt strich . Damit war seine Armee vorgerückt, und das war alles, was es dazu zu sagen gab, was den Franzosen und auch den Deutschen an dieser speziellen Front genügte.

„Es lief gut! Es lief gut!", sagte er mit dramatischer Kürze. Er hatte die Pläne gemacht, die so eindeutig waren in dem kühnen Entwurf, an den er alle Untergebenen zu einer koordinierten Ausführung verpflichtete; und ich sollte die Männer kennenlernen, die seine Pläne ausgeführt hatten, von den Artilleristen, die den Weg gebahnt hatten, bis zu den Infanteristen, die die feindlichen Schützengräben gestürmt hatten. Sein Glück war unverkennbar.

Es war nicht das eines Generals, sondern das gemeinsame Glück ganz Frankreichs.

Ein Sieg in Frankreich konnte für einen Engländer nie dasselbe bedeuten wie für einen Franzosen. Der Engländer musste erst auf seinem eigenen Boden stehen, um zu verstehen, was im Herzen der Franzosen nach ihrem Vorstoß an der Somme vorging. An diesem Tag stellte ich mir vor, ich wäre ein Franzose. Stellvertretend teilte ich ihre Freude über den Sieg, was in gewisser Weise eine unfaire Ausnutzung meiner Position zu sein schien, wenn man bedenkt, dass ich nicht gekämpft hatte.

Es gibt, so scheint es mir, kein Volk, das den Sieg so gut zu genießen weiß wie die Franzosen. Sie lassen ihn auf eine seltene Weise erstrahlen, die einen in ihre eigene Begeisterung hineinzieht. Ich hatte das Gefühl, der Puls jedes Bürgers in Frankreich sei um ein paar Schläge schneller geworden. Alle Bäuerinnen, die die Straße entlanggingen, standen ein wenig aufrechter, und die alten Männer und Frauen ließen in stillem Triumph ihre Jugend wieder aufleben; denn jetzt hatten sie das erste Ergebnis der Offensive erfahren und konnten sich erlauben, zu jubeln.

Schon einmal war ich in diesem Krieg an der Marne den französischen Legionen bei einem Vormarsch gefolgt. Damals bedeutete der Sieg, dass Frankreich in Sicherheit war. Die Menschen hatten durch ihr Opfer Rettung gefunden, und ihre Erleichterung war so groß, dass sie für Außenstehende in ihrer stoischen Dankbarkeit kaum wie die Franzosen wirkten. Diesmal waren sie wortgewandt, mehr wie die Franzosen unserer Vorstellung. Sie konnten den Sieg liebkosen und auseinandernehmen, mit ihm spielen und das Beste daraus machen.

Wenn mich der Erfolg eines europäischen Volkes nicht mehr interessieren würde als der eines anderen, dann würde ich als Zuschauer den Sieg der Franzosen wählen, vorausgesetzt, ich dürfte dabei sein. Sie erringen den Sieg nicht von einer fleischigen Frau mit rauer Stimme, die schrilles Schadenfreude schmettert, nicht von einer Superfrau, kalt und effizient, die es als ihr Recht als überlegenes Wesen betrachtet, sondern von einer liebenswürdigen Person, die lächelt, lacht und auf menschliche Weise singt, ob sie nun siegreiche Generäle oder Soldaten begrüßt oder durch die Tür eines Schlosses oder einer Bauernhütte blickt.

Ein altes Volk, die Franzosen, hat sich durch viele Siege und Niederlagen auf die Probe gestellt, bis eine lebenswichtige, unbeschreibliche Eigenschaft, die man Lebenskunst nennen könnte, alle Gefühle beherrscht. Der Sieg konnte den Deutschen nicht halb so viel bedeuten wie den Franzosen. Die Deutschen hatten den Sieg erwartet und ihn jahrelang als festes Ziel ihrer Ambitionen geplant. Für die Franzosen war er eine Heimsuchung, eine Belohnung für Mut und Glück und das Recht, Franzosen in ihrer eigenen

Welt und auf ihre eigene Art zu sein, was für den Menschen oder den Staat das am besten gerechtfertigte aller Rechte ist.

Zweimal stand das Herz Frankreichs in der Schwebe, zuerst an der Marne und dann beim ersten Angriff auf Verdun; und zwischen der Marne und Verdun lagen sechzehn Monate, in denen sie auf dem Boden ihres Frankreichs und mit Blick auf die Ruinen ihrer Dörfer versucht hatten, das zu halten, was ihnen noch geblieben war. Sie waren das große kriegerische Volk Europas gewesen, und weil Napoleon III. sie 1970 mit dem Fetisch des Namens Bonaparte zu Fall brachte, dachten die Leute, sie seien nicht mehr kriegerisch. Das stellt die Welt ins Unrecht, denn es impliziert, dass der Erfolg im Krieg der Test für Größe ist. Als die Welt ihre Überraschung und Bewunderung über den französischen Mut zum Ausdruck brachte, lächelte Frankreich höflich, wie es die Art Frankreichs ist, und war inmitten des Chaos, als es jeden Nerv anspannte, ein wenig amüsiert, um nicht zu sagen irritiert, bei dem Gedanken, dass die Franzosen der Welt erneut beweisen mussten, dass sie tapfer waren.

Ob der Sohn aus den kleinen Läden von Paris, aus der störrischen Bretagne, dem Maastal oder den Weinbergen kam, der Krieg machte ihn zu dem gleichen Franzosen wie zur Zeit Ludwigs XIV. und Napoleons, der jetzt für Frankreich kämpfte und nicht für Ruhm wie zu Napoleons Zeiten; ein Mann, der von der Idee der Eroberung geheilt war, kam einen Schritt weiter als der Eroberer, und sein Mut reagierte zwar langsamer auf Zorn, aber umso besser. Er hatte bewiesen, dass je zivilisierter ein Volk war, je zufriedener es war und je mehr es durch den Krieg zu verlieren hatte, desto unwahrscheinlicher war es, dass es in den Krieg hineingezogen wurde, desto einfallsreicher und hartnäckiger konnte es sich verteidigen – insbesondere die jüngere Generation von Franzosen mit ihren vorbildlichen Gewohnheiten und ihrer Vorliebe für die freie Natur.

Wenn Frankreich an der Marne geschlagen worden wäre, hätte man der Menschheit gezeigt, dass Sparsamkeit und Kultiviertheit Entnervung bedeuten. Wir hätten den Panikmachern geglaubt, die von orientalischen Horden und von der Kraft der primitiven Menschheit sprechen, die Kunst und Bildung überwindet.

Die Deutschen konnten ihre Vorstellung nicht aufgeben, dass sowohl die Franzosen als auch die Engländer aussterbende Völker sein mussten. Der deutsche Stab war gut genug informiert, um zu erkennen, dass er zuerst die französische Armee als die Kontinentalarmee vernichten musste, die ihres Stahls am meisten würdig war. Gleichzeitig konnten sie sich nicht davon überzeugen, dass Frankreich alles andere als schwach war. Frankreich liebte seine Fleischtöpfe zu sehr; seine Familien würden eher nachgeben und zahlen, als nur Söhne zu opfern.

Seit Oktober 1914 hätten die Franzosen jederzeit einen Separatfrieden haben können; aber die Antwort der Franzosen, abgesehen von ihrer Treue zu den anderen Alliierten, war, dass sie keinen geschenkten Frieden akzeptieren würden – nur einen Frieden, der ihnen gewährt wurde. Frankreich würde entweder durch die Stärke seiner Männlichkeit siegen oder untergehen. Wenn der Krieg vorbei war, konnte ein Franzose einem Deutschen ins Gesicht sehen und sagen: „Ich habe diesen Frieden durch die Kraft meiner Schläge errungen“, oder der Krieg würde bis zur Vernichtung weitergehen.

In den langen, langen Monaten der Opfer war Frankreich zeitweise sehr deprimiert; denn die Franzosen neigen eher als die Engländer dazu, in ihren Gefühlen auf und ab zu gehen. Sie haben ihre schlechten und ihre guten Tage. Doch als sie am niedergeschlagensten waren, als sie Berichte über den Rückzug von der Marne oder die Verluste bei Verdun hörten, dachten sie nicht daran, sich auf etwas einzulassen. Depression bedeutete lediglich, dass sie alle ohne Sieg unterliegen mussten. So hatte Frankreich nach dem ermüdenden Zögern und dem Widerstand gegen die Schläge bei Verdun, ohne jemals wirkliche Fortschritte bei der Vertreibung des Feindes aus Frankreich zu machen und immer von dem Tag zu träumen, an dem es den Deutschen den Rücken kehren würde, auf die Bewegung gewartet, die an der Somme kam.

Die Leute sprachen ständig von dieser Offensive. Sie hatten gehört, dass sie im Gange war. Aber woher sollten sie die Wahrheit wissen? Die Zeitungen gaben vage Hinweise; der Klatsch brachte andere, konkretere, manchmal richtige, aber meist falsche; und alles, was die Frauen und die alten Männer und die Kinder zu Hause tun konnten, war, mit der Arbeit fortzufahren. Und das taten sie; es ist ihr Instinkt. Dann blitzte eines Morgens in ganz Frankreich die Nachricht auf, dass die Briten und die Franzosen über zwanzigtausend Gefangene gemacht hatten. Endlich hatte sich das Blatt gewendet! Frankreich war auf dem Vormarsch!

„Verstehst du, warum wir Frankreich lieben?“, sagte mein Freund T., der an diesem Tag bei mir war, als wir in einer Kurve einen Blick auf das Tal der Somme erhaschen konnten. Er deutete mit der Hand auf die wogenden Getreidefelder, die Dörfer und Waldstücke, während der Zug zwischen Reihen stattlicher Schatten spendender Bäume über die Metallschienen fuhr. „Es ist Frankreich. Es liegt uns im Blut. Wir kämpfen dafür – genau das, was du siehst!“

„Aber würden Sie nicht einen Teil Deutschlands nehmen, wenn Sie könnten?“, fragte ich.

„Nein. Wir wollen nichts von Deutschland und wir wollen keine Deutschen. Lassen Sie sie mit dem, was ihnen gehört, machen, was sie wollen. Sie sind tapfer; sie kämpfen gut; aber wir werden nicht zulassen, dass sie in Frankreich bleiben."

Schauen Sie in die Gesichter der französischen Soldaten und in die Gesichter der Deutschen, und Sie haben zwei Rassen, die so unterschiedlich sind wie nie zuvor auf der Welt. Es scheint unmöglich, dass es zwischen ihnen etwas anderes als einen Waffenstillstand geben könnte, ohne dass eine der beiden ihre eigenen Merkmale der Zivilisation bewahrt. Das Privileg jedes einzelnen, über all die Jahrhunderte hinweg zu überleben, wurde durch Waffengewalt erlangt, und nach der Schlacht an der Marne und Verdun besiegelte die Schlacht an der Somme das französische Überlebensprivileg. Wenn es unter den Völkern des Kontinents überhaupt Hoffnung auf echten Internationalismus gibt, dann kann man sich meiner Meinung nach auf den Franzosen stützen, der nur das Beste aus seinem eigenen Eigentum machen will, ohne in das Eigentum anderer einzugreifen, und der kein Interesse an der Ausbrütung von Menschen hat, um seine Nachbarn zu überwältigen. Wahrer Internationalismus wird aus dem Provinzialismus entspringen, der an seiner eigenen Heimat festhält und sich nicht in die Anbetung anderer Länder ihrer Götter einmischt.

All dies mag weitschweifig erscheinen, aber für einen Kriegsbeobachter, der sich ein wenig Philosophie hingibt, ist es der Kern der Bedeutung des Sieges für die Franzosen und meiner eigenen Freude, die Franzosen siegen zu sehen. Manchmal scheint der Franzose der soldatischste aller Männer zu sein; ein oberflächlicher Beobachter könnte sich wiederum fragen, ob die französische Armee wirklich diszipliniert war. Und hier haben wir wieder das französische Temperament; die alte Zivilisation, die sich in der Demokratie definiert hat. Denn die Franzosen sind das demokratischste aller Völker, uns nicht ausgenommen. Das heißt nicht, dass sie das freieste aller Völker sind, denn kein Volk auf der Erde ist freier als die Engländer oder die Amerikaner.

Ein Engländer ist immer auf der Hut, dass niemand seine individuellen Rechte, so wie er sie auffasst, verletzt . In gewisser Hinsicht ist er von allen Europäern der am wenigsten gesellige und die Franzosen die geselligsten, was ein Faktor ist, der zur französischen Demokratie beiträgt. Es ist seine Geselligkeit, die den Franzosen höflich macht, und seine Höflichkeit, die Demokratie ermöglicht. Ein Offizier kann mit einem einfachen Soldaten sprechen, und der einfache Soldat kann aufgrund der französischen Höflichkeit und Gleichheit, die in einem Moment Kameradschaft hervorbringt und im nächsten wieder in die Fesseln der Disziplin zurückfällt, die sich durch Zustimmung der öffentlichen Meinung so festgezogen haben, dass sie so streng sind wie zu Napoleons Zeiten, zurückhalten. Geselligkeit war an diesem Tag des Sieges das Maß aller Dinge; die Demokratie triumphierte. Die Demokratie hatte sich wieder einmal bewährt, ebenso wie die englische Freiheit gegenüber dem preußischen System. Vitalität ist ein weiterer französischer Besitz, und das bedeutet Fleiß. Der Deutsche ist ebenfalls fleißig, aber mehr aufgrund von Disziplin und Ausbildung als aufgrund einer Lebensphilosophie. Die französische Vitalität ist angeboren, elektrisch geladen durch den Sonnenschein Frankreichs.

Wenn eine Batterie französischer Artillerie die Straße entlangzieht, ist sie demokratisch, aber wenn sie ihre Geschütze zum Einsatz bringt, ist sie militärisch. Dann ist ihre Vitalität etwas, das nicht das Ergebnis von Training ist, etwas, das Training nicht hervorbringen kann. Ein französisches Bataillon, das in die Schützengräben vorrückt, scheint keiner bestimmten Ordnung zu folgen, aber wenn es bei einem Angriff über die Brustwehr geht, hat es die Essenz militärischen Geistes, der in koordinierten Aktionen besteht. Keine zwei französischen Soldaten scheinen sich auf dem Marsch oder beim Durchqueren eines Dorfes auf Urlaub völlig zu gleichen. Jeder scheint drei Wesen zu sein: der eine ein Franzose, der andere ein Soldat, der dritte er selbst. Die deutsche Psychologie ließ das Ergebnis der Kombination außer Acht, ebenso wie sie nie in Betracht zog, dass die Briten ihren Individualismus in zwei Jahren ausreichend unterdrücken könnten, um eine Militärnation zu werden.

Es gibt ein französisches Wort, *élan*, das zur Beschreibung des französischen Charakters oft überstrapaziert wurde. Andere Nationen haben kein entsprechendes Wort; anderen Rassen fehlt die Eigenschaft, die es ausdrückt, eine Eigenschaft, die man im Winken eines Bauernmädchens zu einem vorbeifahrenden Auto findet, in der Frau, die einen Laden führt, in der französischen Kunst, den Sitten und der Literatur. Heute war der alte Monsieur Élan Generaldirektor des Festzugs.

Dieses Volk der treffenden Ausdrücke hat einen für die Operationen vor der Errichtung des Schützengrabensystems: den „Bewegungskrieg". Das war das Wort „Bewegung" für den blauen Fluss von Männern und Transportmitteln entlang der Straßen zur Front. Wir waren jedenfalls vorläufig wieder im „Bewegungskrieg"; denn die Franzosen waren an einem einzigen Tag sechs bis acht Kilometer tief durch die deutschen Befestigungen gebrochen.

X

Auf dem Weg zum Sieg

Ein knapper Sieg – 17-Zoll-Geschütze im Schlaf – Eine Kanonenparade, die die Straßen verstopfte – Französische Straßenverkehrsregeln – Das Fehlen eines Systems verbirgt ein ausgezeichnetes System – Kriegsbeute – Das Kolonialkorps – Die „Chocolates" – „ Boches " – Dramatische Sieger – Die deutsche Linie vor dem französischen Angriff – Galoppierende *Soixante-Quinzes* .

Wer Erfahrung mit Armeen hat, kann sich nicht über Verluste täuschen lassen, wenn er sich in der Nähe der Front befindet. Selbst wenn er nicht über das Schlachtfeld geht, während die Toten beider Seiten noch dort liegen, spiegeln untrügliche Zeichen ohne ein Wort die Wahrheit wider. Die Franzosen strahlten nach dem Angriff vom 1. Juli in strahlenden Farben. Der Sieg war süß, weil er nur geringe Kosten verursachte. Stabsoffiziere konnten sich selbst zu einem sparsamen Geschäft gratulieren. Die Verwundetensammelstellen machten ein kleines Geschäft, die Gefangenenlager ein florierendes.

„Wir haben nichts, worauf wir schießen könnten", sagte ein Offizier der schweren Artillerie. „Unsere Ziele sind außer Reichweite. Die Deutschen sind zu schnell vorgegangen und haben uns ohne Besatzung zurückgelassen."

Während ich bei den Briten die Vorbereitungen für die Offensive beobachtet hatte, hob sich nun der Vorhang für die ebenso aufwendigen französischen Vorbereitungen, nachdem die Offensive beendet war. General Joffre hatte mehr Geschütze aus Verdun für die Somme aufgehoben, als man in seiner optimistischen Haltung für möglich gehalten hatte. Diese riesigen Kerle mit Kalibern von zwölf bis siebzehn Zoll, die auf Eisenbahnwaggons montiert waren, waren wie Löwen, die unter ihren Decken auf den für sie gebauten Abstellgleisen schliefen. Ihre Ketten mussten weiter nach vorn getragen werden, bevor sie die Deutschen erneut anbrüllten.

Fünf Meilen sind für ein Bataillon keine große Distanz, für eine moderne Armee mit ihren ausgedehnten und komplizierten Anlagen jedoch eine enorme Distanz. Sogar die Flieger wollten näher am Feind sein und suchten nach einem neuen Gebiet. Schuppen, in denen Artilleriepferde seit über einem Jahr untergebracht waren, waren leer; Lager wurden geräumt; riesige Granatenhaufen mussten den Geschützen folgen, die die Traktoren vorwärts brachten. Die Nester der geräumigen Unterstände in einem Hügel, die ordentlich mit Sandsäcken ummauert waren, hatten ihren Zweck erfüllt. Sie lagen außerhalb der Reichweite aller deutschen Geschütze.

Zum ersten Mal wurde einem klar, wie der Zug aussehen würde, der die Straßen verstopfte, wenn die Westfront tatsächlich durchbrochen worden wäre. Geschütze jeden Kalibers von 75 bis 120 und 240, Munitionszüge, Krankenwagen mit Pferden und mit Motor, große und kleine Lastwagen, Stabsoffizierswagen, Radfahrer und Motorradfahrer, kleine zweirädrige Karren – alles vermischte sich mit dem Strom der Infanterie, die kam und ging und die Straßenarbeiter von der Straße drängte.

Es gab nichts von der Pracht der britischen Lastwagenkolonnen und nichts von der Strenge des britischen Marschierens. Es schien alles eine große Familienangelegenheit zu sein. Wenn man sich fragte, welche Rolle ein Teil des bunten Transports spielte, wurde es immer sofort erklärt.

Offiziere und Mannschaften grüßten einander im Vorbeifahren. Augen blitzten und Gesten begleiteten sie. Es gab Auseinandersetzungen über die Vorfahrt, bei denen der Kerl mit dem zweirädrigen Karren dem Chauffeur des drei Tonnen schweren Lastwagens Paroli bot. Doch die Auseinandersetzungen wurden von Taten begleitet. In manchen Fällen war es vorbei, eine Entscheidung getroffen und der Verkehrsstau aufgelöst, bevor ein phlegmatischer Mann eine Diskussion hätte richtig in Gang bringen können. Denn Franzosen sind nichts anderes als geistig und körperlich reaktionsschnell, und ob ein Franzose nun zieht, schiebt oder fährt, er drückt gern die Emotionen des Augenblicks aus. Wenn ein Transportmittel stecken blieb, erklang ein Chor von Ausrufen und laufenden Auseinandersetzungen darüber, wie man es aus der Spur befreien könnte, mit dem Ergebnis, dass zu dem Zeitpunkt, als ein Außenstehender glauben könnte, es würde völlige Verwirrung ausbrechen, jeder Franzose in Sichtweite sich unter der Leitung von jemandem an die Arbeit machte, der den Vorschlag gemacht zu haben schien, der die Zustimmung der Mehrheit fand.

Es wurde viel über die Grimmigkeit der Franzosen in diesem Krieg geschrieben. Natürlich waren sie in den Anfangstagen grimmig; aber was mich an der französischen Armee am meisten beeindruckt, wann immer ich sie sehe, ist, dass sie durch und durch französisch ist. Manche Leute hatten die Vorstellung, dass die Franzosen, wenn sie in den Krieg zogen, den Kopf verlieren, hin und her rennen, herumtanzen und schreien würden. So haben sie sich in diesem Krieg nicht verhalten und in keinem anderen Krieg. Sie sprechen immer noch mit Augen, Händen und Schultern und kämpfen auch mit ihnen.

Die Flut hielt nie lange an. Sie floss mit erstaunlicher Schnelligkeit und scheinbar ohne System, was einem bald klar wurde, dass sich dahinter ein sehr ausgezeichnetes System verbarg. Jeder Mann wusste genau, wohin er ging; er konnte auf französische Art selbst denken. Nahe der Front wurde ich Zeuge einer typischen Szene, als ein Offizier hinauslief und einen Soldaten anhielt, der allein über die Felder ging, und ihn wissen wollte, wer er sei und was er hier mache.

„Ich bin verwundet, Sir", war die Antwort, als er seinen Mantel öffnete und einen Verband zeigte. „Ich gehe zur Verwundetensammelstelle und das ist der kürzeste Weg" – ganz zu schweigen davon, dass es viel einfacher war, als mitten im Verkehr am Straßenrand zu bleiben.

Die Bataillone und Transportfahrzeuge, die diese Flut der Nachhut einer Armee bildeten, die versuchte, ihre äußerste Front einzuholen, hatten, als die Straße in ein Tal abfiel, einen Blick auf die Trophäen, die den Sieg beweisen. Hier waren sowohl Geschütze als auch Gefangene. Unter den ordentlich geparkten Geschützen konnte man zwischen den neuesten 77ern von Krupp und Stücken aus den 80er Jahren wählen. Ein 77er hatte keinen Makel; bei einem anderen war die Mündung durch die Explosion einer Granate abgebrochen, die Speichen von Granatsplittern zerfetzt und sein Panzerschild, der ein gezacktes Loch hatte, war so zerknittert, als wäre er aus Blech.

Vier der alten Festungsgeschütze hatten eine Geschichte. Sie trugen das Zeichen ihres französischen Herstellers. Sie hatten von Maubeuge aus auf die Deutschen geschossen und waren nach ihrer Einnahme durch die Deutschen zum Feuern auf die Franzosen bestimmt. Man kann sich vorstellen, wie das deutsche Personal solche Geschütze entlang der Front verstreut hatte, wenn in einem Pattkrieg jede Art von Geschütz, das einen Lauf hatte und Granaten abfeuern konnte, das Feuer verstärkte.

Ein so schwerfälliges Geschütz mit seiner schweren, altmodischen Spur und ohne Rückstoßzylinder war nie für eine Rolle in einer Bewegungsarmee gedacht. Man konnte sich vorstellen, wie es hinter den deutschen Schützengräben in Stellung gebracht wurde und wie einer Mannschaft alter Landsturmschützen eine bestimmte Anzahl Granaten pro Tag zugeteilt und befohlen wurde, diese auf bestimmte Dörfer und Kreuzungen abzufeuern, mit jener systematischen Regelmäßigkeit des deutschen Artilleriesystems, die oft ihren eigenen Zweck verfehlt, wie wir auf der Seite der Alliierten gut wissen.

Sehr wahrscheinlich feuerte die Mannschaft, wie so oft, vor dem Frühstück sechs Schüsse ab und acht um vier Uhr nachmittags, und den Rest der Zeit saßen sie vielleicht herum und spielten Karten. Natürlich kam ein Rückzug mit einem Geschütz dieser Art nicht in Frage. Doch in den zwanzig Monaten, in denen die gegnerischen Armeen sich gegenseitig aus denselben Stellungen heraus beschossen hatten, hatte das Relikt treue Hilfsdienste geleistet. Die Franzosen konnten es jetzt an einen anderen Teil der Front verlegen, wo keine Offensive zu erwarten war, und einige alte

Territorialsoldaten konnten es so nutzen, wie es die alten Landstürmer getan hatten.

Alle Geschütze in diesem Park waren vom Kolonialkorps erbeutet worden, das sich für etwas besser hielt als das Nancy (oder Iron) Corps, eine Ansicht, die das Iron Corps überhaupt nicht teilte. Unter dem Kolonialkorps waren verstreut, ob auf dem Marsch oder in den Quartieren, die schwarzen Männer. Es gibt keine Vorurteile gegen die „Chocolates", wie sie genannt werden, die für Abwechslung und Unterhaltung sorgen, ganz zu schweigen von der Farbe. Der anpassungsfähigste Mensch ist der Neger, den man in allen Ländern und bei allen möglichen Beschäftigungen findet, wobei er immer den Charakter seiner Umgebung widerspiegelt. Wenn seine französischen Kameraden angriffen, würde er angreifen und genauso weit gehen; wenn sie zurückfielen, würde er zurückgehen und genauso weit gehen. Kein Franzose konnte an den Stolz der Schwarzen über diese erbeuteten Geschütze heranreichen, die ihnen ein Grinsen entlockten, das nur die Hälfte ihrer Ebenholzgesichter als Hintergrund für das Weiße ihrer Augen und Zähne ließ.

Die vorbeiströmende Flut von Infanterie, Fahrzeugen und Pferden muss für die deutschen Gefangenen, die man an ihnen vorbei zu den umzäunten Stellen brachte , eine fremde Welt gewesen sein, als sie sich noch nicht von ihrem Erstaunen über die Plötzlichkeit des französischen Wirbelsturmangriffs erholt hatten. Der Tag war warm und der Boden trocken, und die Gefangenen, die nicht gerade französisches Brot mampften, lagen wie Sardinen und lagen mit den Köpfen aufeinander, eine wirre Masse aus Armen und Beinen, tot im Schlaf – ein grüner Fleck Menschlichkeit, der allen Kampfgeist verloren hatte, ohne Waffen oder Widerstandskraft, bewacht von einem einzigen französischen Soldaten, während die kriegerische Energie des Krieges hundert Meter entfernt auf der Straße tobte.

„Das sind jetzt gute Boches ", sagte der französische Wachposten. „ So einen Haufen müssen wir uns nicht noch einmal gefallen lassen."

Boches ! An der Front werden sie selten anders genannt. Sowohl im Französischen als auch im Englischen ist dies das universelle Wort für die Deutschen geworden, das so lange Bestand haben wird, wie die Männer überleben, die in diesem Krieg gekämpft haben. Obwohl die Deutschen es nicht mögen, macht das keinen Unterschied. Sie werden es akzeptieren müssen, auch wenn Frieden kommt, denn es ist etabliert. Eines Tages werden sie vielleicht einen gewissen Stolz darauf empfinden, als auf eine Auszeichnung, die für deutsche militärische Effizienz und rassische Isolation steht. Der Berufssoldat, der seine Bewunderung für die Art und Weise zum Ausdruck bringt, wie die Deutschen angreifen, ihre Artillerie handhaben oder den verzweifelten Mut ihrer Maschinengewehrmannschaften, wird von ihm als „Bruder Boche " oder „der alte Boche " sprechen, in einer Art liebenswürdiger Anerkennung der Tatsache, wie würdig er des Stahls eines Feindes ist, wenn er nur von gewissen unsportlichen Gewohnheiten absehen würde.

Schließlich teilte sich der blaue Fluss auf dem Weg zur Front an einer Kreuzung, und wir befanden uns auf der Ebene, die sich bis zur Somme-Schleife vor Péronne erstreckte . Wenn Offiziere von der Front zurückkehrten und gefragt wurden, wie die Schlacht verlief, waren sie nie zu beschäftigt, um zu antworten. Jeder durfte eine Frage stellen, und alle schienen sie mit Vergnügen zu beantworten. Ich unterhielt mich mit einer Gruppe von Männern, die ihr Brot mit einem Schluck Rotwein hinunterspülten, ihre erste Mahlzeit, nachdem sie durch zwei Schützengräbenlinien gegangen waren. Ihre Brigade hatte mehr Gefangene gemacht als Verluste erlitten. Es gab nur wenige Tote, und sie wurden weniger betrauert, weil sie bei einem so glorreichen Sieg gefallen waren. Das rasselnde Gerede verlieh jedem Bissen Geschmack.

Anders als die Engländer waren diese Sieger wortgewandt; sie freuten sich über ihre Erlebnisse und erzählten gern davon. Wenn jemand im Nahkampf mit einem Deutschen gekämpft und seinen Mann gewonnen hatte, machte er aus dem Zwischenfall eine dramatische Episode zur Erbauung. Es war Krieg; er war in einen Angriff verwickelt gewesen; er war lebend entkommen; er hatte gewonnen. Er mochte den Nervenkitzel seiner Heldentat und genoss es, davon zu erzählen, und ließ es nicht zu, dass es sich in die Länge zog, vielleicht weil ihm ein Bein fehlte. Jeder Franzose ist mehr oder weniger ein General, wie Napoleon sagte, und jeder kannte die Bedeutung dieses Sieges. Er machte das Beste daraus und erlebte es gern noch einmal.

Nachdem ich die Schützengräben gesehen hatte, die die Briten auf den Anhöhen um Fricourt eingenommen hatten , war ich umso interessierter, jene zu sehen, die die Franzosen am 1. Juli eingenommen hatten . Die Briten waren bergauf gegen die stärksten Befestigungen angegriffen worden, die die Deutschen in diesem für diesen Zweck so hervorragend geeigneten kalkhaltigen Untergrund errichten konnten. Die vor den Franzosen liegenden waren nicht so stark und lagen in Schwemmboden in der Ebene. Viele der deutschen Unterstände vor Dompierre waren in relativ ebenso gutem Zustand wie die bei Fricourt , wenn auch nicht so zahlreich oder so stark, was bedeutete, dass die Artillerie keiner der beiden Armeen in der Lage gewesen war, sie vollständig zu zerstören. Das Gelände in der Ebene bot keine so vorteilhaften taktischen Punkte für Maschinengewehre wie jene, die den Briten gegenüberstanden, vor denen die Deutschen enorme Artilleriereserven zusammengezogen hatten, insbesondere im Sektor Thiepval-Gommecourt , wo der britische Angriff gescheitert war, und abgesehen davon, dass sie den wertvollen Höhenrücken von Bapaume im

Rücken hatten. Vor den Franzosen verfügten die Deutschen über kleinere Artillerieverbände auf der Ebene, im Rücken der Somme-Schleife.

Dies schmälert jedoch nicht den französischen Erfolg, der vollständig und meisterhaft war. Die Koordination von Artillerie und Infanterie muss perfekt gewesen sein, wie man sehen konnte, wenn man über das Feld ging, wo es überraschend wenige französische Tote gab und die deutschen Toten, obwohl zahlreicher als die französischen, nicht sehr zahlreich waren. Es schien, als hätte die französische Artillerie die Deutschen im Dompierre-Sektor absolut in ihre Schützengräben und Verbindungsgräben gedrängt, und die Franzosen, die in einer schnellen und eifrigen Welle unter ihren eigenen Granaten dicht herankamen, nahmen die gesamte deutsche Garnison als Gefangene mit. Die Ruinen der Dörfer könnten entweder von französischer, britischer oder deutscher Artillerie verursacht worden sein. In der Zerstörung durch Artillerie liegt wahrer Internationalismus.

Es war etwas Besonderes zu sehen, wie die französischen Transportfahrzeuge und Reserven unter glorreicher Missachtung jeglicher deutscher Artilleriekonzentration quer über die Ebene zogen. Aber wie üblich wussten sie, was sie taten. Während ich an der Front war, fiel keine einzige Granate unter sie, und draußen auf der Ebene, wo die Schlacht noch tobte, waren die *Soixante-quinze* -Batterien wie Strickmaschinen damit beschäftigt, eine Art Zauberei zu vollbringen, die die Kolonne vor Tornados der gleichen Art schützte, die sie selbst schickten. Die deutsche Artillerie schien tatsächlich ein wenig demoralisiert. Krump-krump-krump schossen sie eine Menge Granaten in eine Baumgruppe neben der Straße, wo sie fälschlicherweise eine Batterie vermuteten. Swish-wish-wish kam eine weitere Salve, von der ich dachte, sie sei für uns bestimmt, aber sie ging vorbei und traf dort, wo es kein Ziel gab.

Ich habe fast jeden Aspekt des Krieges miterlebt, aber bei diesem Vormarsch gab es einen, den ich nicht erlebt habe. Die französische Infanterie war kaum in der vordersten deutschen Schützengräbenlinie, als der Graben bereits zugeschüttet war und der Weg für den Vormarsch der *Soixante-quinze frei* war. Denn die Geschütze galoppierten in Aktion, genau wie sie es bei Manövern getan hätten. Einige tote Artilleriepferde in der Nähe der alten Schützengräben erzählten die Geschichte, wie eine deutsche Granate eines der Geschütze gestoppt haben muss, was ein geringer Preis für ein so großes Privileg war, wie – wir wiederholen es – die Geschütze am helllichten Tag über die Schützengräben in Aktion zu galoppieren und dicht an der Infanterie zu bleiben, während sie auf der Ebene von Position zu Position vorrückte.

Hier war ein Stück des Ruhms und des Sports des Krieges erhalten geblieben, dessen Vergehen einen großen Einfluss auf die Verhinderung künftiger

Kriege haben könnte; aber da es Krieg gab und die Franzosen ihn gewinnen mussten, war der Anblick dieses wunderbaren Feldgeschützes, das von seinen aufmerksamen und geschickten Kanonenschützen so geliebt wurde, wie es die ihm zugedachte Rolle auf den Fersen des Feindes spielte, ein aufregendes Ereignis in der Geschichte des modernen Frankreichs. Die Franzosen hatten an diesem Tag gezeigt, dass sie nichts von ihrer Initiative aus Napoleons Zeiten verloren hatten, ebenso wie die Briten gezeigt hatten, dass sie genauso stur und entschlossen sein konnten wie zu Wellingtons Zeiten.

XI

Die Brigade, die durchkam

Ein junger Brigadegeneral – Ein Berufssoldat – Keine Heldentaten – Wie seine Brigade angriff – Systematisches Säubern der Unterstände – „Das war ein Befehl. Wir haben es getan." – Der zweite Vorstoß – Zwei schlaflose Tage und Nächte durchhalten – Sodawasser und Zigarren – Yorkshiremänner und ein Haufen Sturheit – Britischer Schleim – Fünf von zwanzig Offizieren waren „durchgekommen" – Stereotype Phrasen und unaussprechliche Emotionen.

In diesem ruhigen französischen Dorf, in dem eine Brigade außerhalb der Kampflinie ruhte, war kein Kanonendonner zu hören. Die wenigen Soldaten, die herumliefen, schauten in die Schaufenster, versuchten ihr Französisch mit den Einwohnern oder standen in kleinen Gruppen. Ihre Gesichter waren müde und eingefallen, das einzige sichtbare Zeichen der Feuerqualen, die sie erlitten hatten. Sie hatten alles ertragen, was die Deutschen an Geschossen und Sprengstoff zu bieten hatten; aber bevor wir ihre Geschichte erzählen, wollen wir die des jungen Brigadegenerals hören, der sein Hauptquartier in einem der Häuser hatte. Seine Brigade war diejenige, die „durch" ging, und er war der Typ Brigadegeneral, der eine Brigade „durch" schicken würde.

Mit ihrer Position beim Angriff vom 1. Juli, sozusagen an der Schnittstelle zwischen dem nördlichen Sektor, wo die deutsche Linie nicht durchbrochen worden war, und dem südlichen, wo sie sich befand, hatte diese Brigade das Gleiche erlitten wie die fehlgeschlagenen Angriffe und hatte den Triumph derer erlebt, die erfolgreich gewesen waren – allerdings zu einem der Erfahrung angemessenen Preis.

Der Brigadegeneral war ein regulärer Soldat und nichts als ein Soldat von Kopf bis Fuß, in Gedanken, in seinem Benehmen und in seinen entscheidenden Sätzen. Heutzutage, wo wir uns scheinbar immer weiter von der Vielseitigkeit entfernen, möchten wir vielleicht mehr denn je, dass der Soldat ein Soldat ist, der Dichter ein Dichter, der Chirurg ein Chirurg; und ich kann mir sogar vorstellen, dass dieser Brigadegeneral es vorgezogen hätte, wenn ein anderer Mann Pazifist wäre, dann sollte er ein echter, durch und durch Pazifist sein. Man sah auf den ersten Blick, ohne zu fragen, dass er in Indien und Südafrika gewesen war, dass er Sport liebte und wahrscheinlich auch gern kämpfte. Er hatte sich mit allen möglichen Leuten angelegt, wie es der britische Offizier, der die Neigung dazu hat, im Laufe seiner Karriere tun kann, und sein klarer Blick – ein Auge, von dem man sagen würde, dass er nie an Unbestimmtheit in irgendeiner Hinsicht gewöhnt war – muss den Männern unter seinem Kommando das Vertrauen vermittelt haben, dass er sein Geschäft verstand und dass sie ihm folgen mussten. Dennoch konnte es gelegentlich mit beißendem Humor funkeln, wenn er seine Geschichte erzählte, die nicht lange dauerte, aber einen lange zum Nachdenken anregte. Ein Schriftsteller, der ebenso gut schreiben konnte wie Soldat, hätte, wenn er die gleiche Erfahrung gemacht hätte, ein Buch daraus machen können; aber dann hätte er nicht gleichzeitig ein Mann der Tat sein können.

Er machte sofort klar, dass er seine Brigade nicht persönlich über die Brustwehr geführt, persönlich dabei geholfen hatte, die feindlichen Unterstände zu bombardieren, oder sich sonst irgendeiner Art von Schauspielerei hingegeben hatte. Ich glaube nicht, dass alle Salons in London oder alle Empfangskomitees, die tapfere Söhne in ihren Heimatstädten empfangen, ihn dazu verleiten könnten, auch nur die geringste Heldenpose zu spielen. Er war kein Held und glaubte nicht an Heldentaten. Sein Beruf war es, Männer zu befehligen und Schützengräben einzunehmen.

Nicht ein einziges Mal äußerte er etwas, das auch nur annähernd an eine Leistung heranreichte, die seine Freunde und Vorgesetzten von ihm erwartet hatten. Das wäre „Protzerei", wie sie es nennen, nur würde er es mit einem noch stärkeren Wort charakterisieren. Er ist der Typ Offizier, der arbeitende, klar denkende Typ, der sich seine Beförderung durch Erfolge im Waffendienst in einem langen Krieg verdienen würde, während die Leute von der Tribüne, die in Friedenszeiten durch politische Geschenke und akademische Zeugnisse Beförderungen und Gunst erlangen, auf den Müllhaufen gekehrt würden. Er war einfach ein fähiger Kämpfer; und Krieg ist Kämpfen.

Seine Männer waren in ausgezeichneter Manier und pünktlich über den „Deckel" gegangen. Er hatte sofort gemerkt, was sie erwartete, aber er zweifelte nicht daran, dass sie weitermachen würden, denn er hatte sie vor Maschinengewehrfeuer gewarnt und ihnen gesagt, was sie tun sollten, falls es kommen sollte. Sie wendeten das System, in dem er sie ausgebildet hatte, mit einer Kühle an, die ihm als leitender Experte Anerkennung einbrachte – seine sachliche Anerkennung bei der gründlichen Analyse jedes Details, ohne Ekstase über ihre beispiellose Tapferkeit. Er erwartete von ihnen Tapferkeit. Ich konnte mir jedoch vorstellen, dass seine Augen vor Empörung aufblitzten, wenn man ein Wort gegen sie sagte. Sie waren seine Männer, und er konnte sie kritisieren, aber niemand sonst durfte das tun, außer einem Vorgesetzten. Die erste Welle erreichte den deutschen Schützengraben an vorderster Front rechtzeitig, das heißt, die Hälfte von ihnen tat es; der Rest, darunter mehr als die Hälfte der Offiziere, lag tot oder verwundet im Niemandsland, nachdem sie 200 Meter offenen Raums schnell überquert hatten.

Er hatte ihren Vormarsch vom britischen Schützengraben aus beobachtet. Später, als die Situation es erforderte, erfuhr ich, dass er bis zur eroberten deutschen Linie und zum Endziel vorgedrungen war, aber diese Tatsache wurde ihm entlockt. Das könnte zu einem Missverständnis führen; man könnte meinen, er sei genauso viel Risiko eingegangen wie seine Offiziere und Männer, und für ihn gehörte jedes Risiko zur Führung einer Brigade dazu.

„Wie wäre es mit den Unterständen?", fragte ich.

Das war eine offensichtliche Frage. Wie wir wissen, bestand das Problem am 1. Juli darin, dass die in ihren Unterständen versteckten Deutschen sofort vorrückten, als sich der Feuervorhang der Briten hob, und manchmal in zahlenmäßig überlegenen Stellungen gegen die Briten kämpften. Wiederum ergaben sie sich, überwältigten dann aber ihre Wachen, nahmen Gewehre und bemannten ihre Maschinengewehre, nachdem die erste Angriffswelle vorüber war, statt wie üblich in Gefangenenmanier durch das Niemandsland zurückzumarschieren.

"Darauf habe ich geachtet", sagte der Brigadegeneral wie ein Anwalt, der den Fall seines Gegners vorgetragen hat; aber andere Kommandeure hatten dieselben Vorsichtsmaßnahmen mit weniger glücklichen Ergebnissen getroffen. Wenn er sagte, er habe "darauf geachtet", bedeutete das in seinem Fall, dass er seine Männer im Hinblick auf jeden Notfall beim "Aufräumen" so gründlich organisiert hatte - und er war nicht der einzige Brigadegeneral, der das getan hatte, er war ein Typ -, dass die Deutschen sie nicht überlisteten. Die Hälfte, die den deutschen Schützengraben erreichte, hatte die Situation vollständig im Griff und hatte Einzelheiten für die Unterstände zugewiesen bekommen, bevor sie weitergingen. Und sie gingen weiter. Das war das Wunderbare.

„Angesichts Ihrer Truppenstärke stellte sich die Frage, ob es für Sie klug wäre, den gesamten Plan in die Tat umzusetzen, oder nicht?"

Er warf mir einen kurzen überraschten Blick zu. Mir wurde klar, dass ich, wenn ich einer der Obersten gewesen wäre und einen solchen Vorschlag gemacht hätte, einen Feuervorhang über mich gezogen hätte.

„Es war ein Befehl", sagte er und fügte hinzu: „Wir haben es getan."

Ja, sie taten es – wenn Kommandeure, Majore und Hauptleute ausfielen, wenn Kompanien ohne Offiziere von Sergeanten oder sogar Korporalen geführt wurden, die dank ihrer Ausbildung wussten, was zu tun war.

Um das Endziel zu erreichen, mussten die Überlebenden des ersten Angriffs, die bis zur ersten Linie 200 Yards zurückgelegt hatten, noch weitere tausend Yards zurücklegen, was ihnen wie tausend Meilen vorgekommen sein musste; aber das war nicht ihre Aufgabe. Der Geist des entschlossenen Mannes, der sie gedrillt hatte, wenn nicht seine Anwesenheit, so trieb sie doch vorwärts. Sie erreichten den Punkt, an dem die Orientierungspunkte im Vergleich mit ihrer Karte ihren Haltepunkt anzeigten – etwa ein Viertel der Zahl, die den britischen Schützengraben verlassen hatte.

Sie hatten genug militärischen Verstand, um zu erkennen, dass ihnen, wenn sie versuchten, über dasselbe Gebiet zurückzukehren, das sie überquert hatten, vielleicht weniger als ein Viertel des vierten Viertels übrig blieb. Sie zogen es vor, mit dem Gesicht zum Feind zu sterben, anstatt ihm den Rücken zuzukehren. Nein, sie wollten nicht sterben. Sie wollten durchhalten und „die Boche schlagen ", wie sie es ihnen beibrachten.

Da die Dinge mit der Brigade auf ihrer linken Seite nicht allzu gut liefen, war ihre Flanke ungeschützt. Sie begegneten dieser Situation, indem sie sich in einem alten deutschen Verbindungsgraben gegen Flankenangriffe verschanzten und andere vorteilhafte Punkte stürmten, um ihre Position zu sichern. Als ein deutsches Maschinengewehr sie überwältigen konnte, schlich sich ein Korporal in einen anderen Verbindungsgraben und bombardierte ihn außer Gefecht. Als ihnen die eigenen Bomben ausgingen, begannen sie, deutsche Bomben einzusammeln, die in Hülle und Fülle herumlagen, und warfen diese auf die Deutschen. Da sie nicht genug Munition für Gewehre hatten, stellten sie fest, dass Munition für die erbeuteten deutschen Gewehre vorhanden war. Sie waren in ihren Methoden nicht wählerisch, und die Deutschen waren es in dieser dicht an dicht liegenden Angelegenheit auch nicht, da beide Seiten so erschöpft waren, dass ein wenig mehr Mut auf einer Seite das Gleichgewicht zu ihren Gunsten ausgleichen konnte.

Dieses Gemisch aus Briten und Deutschen in einer Welt des Nahkampfs war Granatfeuer, Hitze und Elend ausgesetzt. Die Briten sendeten Raketensignale, um ihre Ankunft anzuzeigen. In zwei oder drei anderen Fällen hatten die Signale bedeutet, dass nur ein Dutzend Männer ihr Ziel erreicht hatten, eine Truppe, die nicht in der Lage war, sich zu halten, bis Verstärkung kam. Diesmal war dies nicht der Fall. Die kleine Gruppe hielt stand; sie hielt, selbst als die Deutschen einige frische Männer holten und einen Gegenangriff versuchten; sie hielten, bis Hilfe kam. Zwei schlaflose Tage und Nächte unter Dauerfeuer blieben sie in ihrer schwer erkämpften Position, bis sie im Schutz der Dunkelheit abgelöst wurden.

In den ruhigsten Dörfern fragten sich die Überlebenden, die in die Schaufenster schauten und ihr Französisch ausprobierten, vielleicht, wie sie noch am Leben waren, obwohl sie sicher waren, dass ihr Brigadegeneral eine gute Meinung von ihnen hatte. Wenn man sie oder ihre Offiziere fragte, was sie von ihrem Brigadegeneral hielten, waren sie sich dessen ebenso sicher. Ihr Brigadegeneral war der beste Brigadegeneral der Armee. Man stelle sich vor, was diese Art von Selbstvertrauen den Männern bei einer solchen Aktion bedeutet, wenn ihr Leben von seiner Führung abhängt!

Ich empfand mehr Ehrfurcht, als wenn ich einem der Bataillone in einem Lagerhaus gegenübersah, als wenn ich Premierminister oder Potentaten sah. Die meisten von ihnen blinzelten und waren steif, nachdem sie die ganze Zeit geschlafen hatten. Es waren Yorkshiremen, hauptsächlich Arbeiter in Kammgarnspinnereien und ein sturer Haufen.

„Was wollten Sie am liebsten tun, als Sie aus dem Kampf herauskamen?", fragte ich.

Sie sprachen wie aus einem Mund, der keine Fragen zu ihren Wünschen in der Reihenfolge eins-zwei-drei offen ließ. Sie wollten sich waschen, rasieren, gut essen und dann schlafen. Und persönliche Erlebnisse? Tom besuchte Jim, und Jim hatte zwei Deutsche mit dem Bajonett niedergestreckt, sagte er; dann besuchte Jim Bill, der laut Jim ein wunderbares Erlebnis gehabt hatte, obwohl Bill daraus nur schloss, dass er mit seinen Bomben als Erster dort war. Untereinander erzählt, wären die Geschichten vielleicht aufregend gewesen. Für einen Fremden waren sie bloß offizielle Berichte. Es war schnell gegangen, zu schnell für alles andere, als in Deckung zu gehen und schnell zu handeln, um den anderen Kerl zu erwischen, bevor er einen erwischte.

Im Allgemeinen hatten sie eine Aufgabe zu erledigen und sie erledigten sie genauso, wie sie es in den Fabriken zu Hause getan hätten. Sie waren nicht so sehr an einer Demonstration von Mut interessiert, sondern an einer Begegnung, die ein sportliches Element hatte. Jeder Erzähler kam unweigerlich auf das Thema Sodawasser zurück. Das herausragende Neue an diesem Angriff war für diese Männer die Menge an Sodawasser in Flaschen, die sie in den deutschen Unterständen gefunden hatten. Sie gingen mit Flaschen Sodawasser in den Taschen und deutschen leichten Zigarren in den Mundwinkeln zu ihrem zweiten Ziel und stoppten nach ihrer Ankunft, um zwischen den Bombenangriffen Sodawasser zu trinken. Es war ein heißer, durstiger Tag.

Durch die Artilleriefeuervorhänge, die hinter ihren neuen Stellungen ständig aufrechterhalten wurden, konnten keine Vorräte herbeigeschafft werden, aber die Proviantvorräte der Boche retteten die Lage. Tatsächlich glaube ich, dass dies einer der Gründe war, warum sie den Deutschen gegenüber fast freundlich eingestellt waren. Sie fanden das Dosenfleisch ausgezeichnet, mochten aber das „KK"-Brot nicht.

So redeten sie im Dämmerlicht des Lagerhauses weiter und ließen ihre Aufgabe wie einen halben Sportfeiertag erscheinen. Mir schien, dass dies mit ihrer Ausbildung übereinstimmte; die gängige Haltung des britischen Soldaten gegenüber einem schrecklichen Geschäft. Wenn ihm dies hilft, das zu ertragen, was diese Männer ohne mit der Wimper zu zucken ertragen hatten, während Kameraden um sie herum von Granatenexplosionen in

Stücke gerissen wurden, dann ist dies die Haltung, die am besten geeignet ist, die Kampfqualitäten der Briten zu entwickeln. Sie hatten sie von ihren Offizieren, die sie wiederum vielleicht zum Teil von britischen Stammsoldaten wie dem Brigadegeneral hatten, obwohl ich glaube, dass es hauptsächlich angeborener Rassenschleim war.

Ich traf die fünf Offiziere, die die zwanzig in einem Bataillon überlebt hatten, die fünf, die es „durchgehalten" hatten. Einer war Rechtsanwalt, ein anderer gerade aus Oxford gekommen, ein dritter, soweit ich mich erinnere, Immobilienmakler in einer Kleinstadt. Sie erzählten ihre Geschichten ohne Gesten, ganz so, als würden sie von einer Golfpartie berichten. Das hätte vielleicht herzlos gewirkt, aber man wusste es besser.

Wenn sie sagten, es sei „ein bisschen steif" oder „ein bisschen dickköpfig" oder „es sah aus, als hätten sie uns erwischt", wusste man, welche unaussprechlichen Emotionen hinter den gängigen Armeephrasen steckten. In Wahrheit erlaubten sie sich nicht, an die Lücke zu denken, die der Tod ihrer Kameraden in ihren Reihen hinterlassen hatte. Sie hatten den Vorhang über alle Vorfälle gezogen, die nicht den Reiz von Aktion und Endgültigkeit hatten, als Teil des Geschäfts des „Durchmachens". Ein Offizier zuckte mit einem Zucken der Lippen fast beiläufig, dass neue Offiziere und Rekruten eintrafen und dass es seltsam erscheinen würde, so viele neue Gesichter in der Messe zu sehen.

Diejenigen ihrer alten Kameraden, die noch nicht tot waren, lagen bereits in England im Krankenhaus. Als ein Offizier, der abwesend gewesen war, zu der Gruppe stieß, brachte er die Nachricht, dass einer von ihnen, der schwer getroffen worden war, überleben würde. Der leise Ausruf „Gut!" der anderen hatte einen Schauer im Hintergrund, der mir seine Freude mitteilte. Acht der Verwundeten waren nicht schwer getroffen worden, was bedeutete, dass sie zurückkehren würden und dass schließlich nur vier tot waren. Dies war der erste konkrete Hinweis, den ich bekam, wie die Offensive, bei der die ganzen Körper der Männer bei einem Angriff den langsamen Splittergeschossen und den Hochgeschwindigkeitsgeschossen aus Gewehren und Maschinengewehren ausgesetzt waren , zu dem alten Verhältnis von nur einer tödlichen Wunde pro fünf getroffenen Männern führen musste.

Diese Tatsache war ein Trost. Sie war ein weiterer Vorteil des Bewegungskriegs gegenüber dem Schlachtfeldkrieg. Und niemand, vom General bis zum einfachen Soldaten, hatte wirklich eine Vorstellung davon, was für eine glorreiche Rolle sie gespielt hatten. Sie hatten lediglich „ihren Teil getan" und alles hingenommen, was ihnen in den Weg kam – und sie waren „durchgekommen".

Zwölftes Kapitel

Der Sturm auf Contalmaison

Das mächtige Kriegstier bereitet sich auf einen weiteren Angriff vor – Neue Karten im Hauptquartier – Die Schlacht an der Somme, die Schlacht der Wälder und Dörfer – Eine furchtbare Kriegsschule tagt – Mametz – Ein nicht „gelichteter" Wald – Das Innenhoffeld – Gestrandete Schotten – Ein Dorf „aufweichen" – Deutsche Zigarren anzünden – Contalmaison verfolgen – Flugzeuge am blauen Himmel – Mittsommerliche Fruchtbarkeit und Kriegszerstörung – Ein Dorf ins Chaos stürzen – Angriff im Schutz einer Rauchwand – Ein Melodrama unter vorbeifliegenden Granaten.

Hätten die Briten und Franzosen Tag für Tag so weitermachen können wie am 1. Juli, hätten sie die Deutschen bis zum Herbst aus Frankreich und Belgien vertrieben. Die Ankunft am Rheinufer und sogar die Einnahme von Essen wären nur eine Frage der Berechnung anhand eines Zeitplans und einer Entfernung gewesen. Nach dem Schock des ersten großen Vorstoßes, bei dem das mächtige Kriegstier nach vorn stürmte, musste es seine Stahlklauen ausstrecken, um weiter Halt zu gewinnen und seinen massigen Körper in Position für einen weiteren gewaltigen Angriff zu bringen. Wohin sich die Klauen bewegten, waren Deutsche, die zu kluge Soldaten waren, um sich träge auf neue Befestigungslinien zurückzuziehen und auf den nächsten Generalangriff zu warten. Sie würden jeden Versuch abwehren, sich einen Fuß vor den anderen zu wagen und ihn loszuschicken; sie würden mit den Klauen zuschlagen, als wären sie die Hände eines Eindringlings, der sich an ein Fensterbrett klammert.

Im Hauptquartier gab es eine neue Karte mit verschiedenfarbigen Feldern, die nach den Tagen des Monats ab dem 1. Juli nummeriert waren. Jedes Feld zeigte das an diesem Tag eroberte Gebiet an. Vergleichte man ihre Reihenfolge mit einer Reliefkarte, konnte man auf Anhieb die natürliche taktische Abfolge erkennen; wie eine Position eingenommen wurde, um eine andere zu befehligen. Manchmal stellten sie jedoch die Linien des geringsten Widerstands dar. Oft waren die wahren Generäle die Bataillone an der Front, die die Schwachstellen fanden und um Erlaubnis baten, weiter vorzurücken. Das Prinzip war dasselbe wie das Finden des Wasserspiegels, wenn es sich aus einem Reservoir ausbreitet.

Ich habe oft gedacht, dass die Schlacht an der Somme besser als „Schlacht der Wälder und Dörfer" bezeichnet werden könnte. Ihre Bedeutung wurde dem Beobachter erst nach dem 1. Juli wirklich bewusst. Oder man könnte sie die „Schlacht der Spaten" nennen. Geben Sie einem Mann eine Stunde Zeit, um mit einem Spaten und ein paar Sandsäcken in diesem kalkhaltigen Untergrund zu graben, und er wird sich eine Festung bauen, die nur ein direkter Treffer einer Granate zerstören kann. Wenn er nicht schießt, duckt er sich unter den Kugeln weg und ist mit seinem Stahlhelm ziemlich sicher vor Granatsplittern, während er in seinem Versteck wartet, bis der andere Kerl kommt.

So verließen sich die Deutschen auf Maschinengewehr und Gewehr, um jeden Angriff zu stoppen, der nicht durch ausreichend Artilleriefeuer unterstützt wurde, um die Schützengräben zu zermalmen und ihre Waffen zum Schweigen zu bringen . Wenn doch, hatten sie ihre eigene Artillerie, um einen Feuervorhang auf den laufenden Angriff zu richten und den Feind zu beschießen, wenn er ihn in ihre Gewalt brachte. Theoretisch war dies offensichtlich das richtige System. Aber wie wir sehen werden, funktionierte die Theorie nicht immer. Ihre Entwicklung während der vier Monate, in denen ich die Schlacht an der Somme beobachtete, war nur weniger interessant als die Entwicklung der Angriffstaktiken der Briten und Franzosen. Diese schreckliche Kriegsschule wurde jeden Tag unterrichtet, und jedes Mal, wenn ein britisches Bataillon in die Schusslinie geriet, wurde es geschickter und schlauer.

Aus den Hängen in Richtung des Bergrückens erhoben sich in grünen Flecken drei große Wälder, ganz zu schweigen von den kleineren, unter einem Baldachin aus Granatenrauch, Mametz , Bernafay und Trônes , mit ihren Kampforgien, die unter ihren Laubwänden verborgen waren. Sie erinnern an die Wildnis – eine Wildnis, die tagelang andauerte, der nur ein Merkmal der Wildnis fehlte, nämlich ein Brand, aber mit Tränengas- und Gasgranaten und einigen anderen Merkmalen, die in Virginia fehlten. Im nächsten Krieg werden wir vielleicht noch mehr Neuerungen haben. Wir sind die erfinderische Menschheit.

Es ist Mametz mit einer Fläche von etwas über 80 Hektar, um das es uns jetzt geht. Die Deutschen schätzten Mametz sehr . Sie waren bereit, Tausende von Menschenleben zu verlieren, um es in ihrem Besitz zu behalten. Zwei Jahre lang war es nicht nach französischem Brauch ausgedünnt worden; jetzt sollten Granaten und Kugeln die vernachlässigte Aufgabe übernehmen. Das Unterholz war so dicht, dass sich ein Mann hindurchzwängen musste, und ein Feind war so gut aufgeschmissen wie eine Feldmaus im hohen Gras.

Die Deutschen hatten Stacheldrahtbarrieren durch das Unterholz gezogen. Sie hatten ihre Artillerie so ausgerichtet, dass sie die Wälder mit Feuerwänden und Maschinengewehren in unsichtbaren Barrikaden und Schützengräben einsäumten. Mitten durch das Waldstück führt eine kleine Eisenbahn, um Nachschub zu liefern. All diese Details waren zu ungewöhnlichen Zeiten arrangiert worden, wenn sie während ihrer zwanzigmonatigen Vorbereitungen nicht an den Hauptbefestigungen der ersten und zweiten

Linie arbeiteten. Ich glaube, sie müssen manchmal müde geworden sein von so viel „ Arbeit ", wenn man dem Befehl eines deutschen Generals nach seiner Inspektion der zweiten Linie Glauben schenkt, in dem er sagte, die Bataillone in der Besatzung seien ein fauler Haufen, der eine Schande für das Vaterland sei. Nachdem die Schlacht begonnen hatte, konnten sie die Verteidigungsanlagen durch Verbesserungen ergänzen, die den Bedürfnissen des Augenblicks entsprachen. Natürlich wurden viele Deutsche bei der „Ausdünnung" der Wälder durch britisches Granatfeuer getötet und verwundet; aber das war zu erwarten, wie die Deutschen während der Schlacht an der Somme lernten.

Wie die Briten den Mametz- Wald überhaupt einnehmen konnten, ist mir ein Rätsel. Und wie sie später den Trônes- Wald einnehmen konnten, ist mir ein Rätsel. Ein Besuch im Wald hat meine Verwirrung nur noch verstärkt. Ich habe Männer gesehen, die barfuß über zerbrochene Flaschen liefen , Schwerter verschluckten und Feuer aßen, und ich wusste, dass dabei ein Trick im Spiel war, so wie bei der Einnahme von Mametz .

Der Deutsche hatte nicht genug Stacheldraht, um den ganzen Wald zu umschließen, oder zumindest ließ die britische Artillerie nicht mehr zu , und er dachte, die Briten würden dort angreifen, wo sie laut Regel angreifen sollten, nämlich von Süden. Stattdessen griffen sie, soweit ich weiß, von Westen an, wo die Maschinengewehre nicht warteten und die schweren Geschütze nicht registriert wurden. Mit einer Strategie dieser Art hätte man in einem Krieg früherer Zeiten eine entscheidende Schlacht gewinnen können, aber ich muss gestehen, dass ich nicht auf die Idee kam, zu fragen, wer sie geplant hatte, als ich die Geschichte hörte. Strategen waren an der Somme so alltäglich, dass jeder sie für ebenso selbstverständlich hielt wie die Tatsache, dass jedes Bataillon einen Kommandeur hatte.

Mametz war vom ersten Angriff nicht begeistert. Die Briten waren einmal in den Wäldern und mussten herauskommen; aber sie hatten gelernt, dass sie, bevor sie einen richtigen *Angriffspunkt erreichen konnten* , methodisch ein kleines Wäldchen, einen benachbarten Friedhof, ein kompliziertes Labyrinth von Schützengräben, das Quadrangle genannt wird, und einige andere Hindernisse in der Umgebung „säubern" mussten. Beim ersten Ansturm wurden viele Schotten aus Tyneside daran gehindert, sich dem Rückzug anzuschließen. Sie verschanzten sich in deutschen Unterständen und warteten in Belagerung, diese mürrischen Männer des Nordens. Als die Briten zurückkehrten, waren 80 der Schotten noch voller Kampfgeist, wenn auch knapp an Nahrung, und ansonsten „ sehr gut", danke. Zeitweise waren sie von beiden Seiten unter Granatenbeschuss geraten, und dann wieder befanden sie sich in einer Oase des Friedens, in der weder die britischen noch die deutschen Kanonenschützen sicher waren, ob sie Freund oder Feind töten würden.

Während die Deutschen ihr Feuergefecht anderswo schon aufgenommen hatten, drangen die Briten von Westen her ein und bahnten sich in einem Angriff ihren Weg durch den größten Teil von Mametz . Als es dann mitten im Unterholz Nacht wurde und auf der anderen Seite eines Baumstamms ein Brite lag, von dem man nicht wusste, ob er ein Brite oder ein Deutscher war, hatten sie die Genugtuung, über vier große Kanonen zu verfügen, die die Deutschen nicht hatten abziehen können. Zudem hatten sie sich davon überzeugt, dass die Deutschen am nördlichen Ende des Waldes eine starke, durch Stacheldraht geschützte Stellung hatten.

„Das erfordert ein wenig Überlegung", sagte ein englischer Offizier, „aber natürlich werden wir es annehmen."

Der Kauf von Mametz und die Besetzung von Bailiff's Wood, des Quadrangle, La Boisselle und Ovillers -la- Boisselle brachten den Kreis der vorrückenden Briten näher an Contalmaison heran , das auf den Hügeln in einem Meer aus Kreideschichten lag. Contalmaison wurde durch die Artillerie allmählich „aufgeweicht". Das Schloss war noch nicht ganz zerstört, aber nach jedem Treffer einer großen Granate war weniger von den weißen Mauern zu sehen, als die Rauchwolken der Explosionen aufzogen. Stück für Stück würden die Kanonen das Schloss erreichen, so wie ein Steinmetz Stück für Stück einen Block auf die richtige Größe heruntermeißelt, um ihn in ein Fundament einzupassen.

Ein Besuch in La Boisselle auf dem Weg nach Contalmaison bestätigte die Erwartung dessen, was Contalmaison bevorstand . Ich sah die geschwärzten und von Muscheln zerfurchten Stämme zweier Bäume in La Boisselle . Einst hatten sie zusammen mit vielen anderen in den Gärten der Häuser Schatten gespendet, aber jetzt waren keine Spuren von Häusern mehr zu sehen, außer dass sie mit der Erde vermischt waren. Das Dorf war zu Staub zermahlen worden. Doch einige Unterstände waren noch erhalten. Die Briten, die hartnäckig daran arbeiteten, hatten diese umgangen und schließlich die Garnison zur Kapitulation gezwungen, die den Kopf nicht zum Feuern heben konnte, ohne von einer Kugel oder einer Bombenexplosion der wachsamen Belagerer getroffen zu werden.

„Es war eine langsame Arbeit, aber sie mussten raus", war die anschauliche Beschreibung eines der Entführer, „und sie sahen auch genervt aus. Sie hatten sogar keine Zigarren mehr" – womit die Sache erledigt war.

Oh, diese leichten deutschen Zigarren! Manchmal glaube ich, dass sie die eigentliche Stütze der deutschen Organisation waren. Zigarren weg, Geist weg! Ich habe gesehen, wie ein völlig erschöpfter deutscher Gefangener, als er seinem Entführer seine Papiere übergab, seine letzte Zigarre hervorholte und sie in den Mund steckte, um zu verhindern, dass sie als Tribut genommen wurde, woraufhin sein Entführer mit typisch britischer

Fröhlichkeit sagte: „Behalte sie, Bochy! Sie riecht mir zu sehr nach Desinfektionsmittel, aber lass uns deinen Stahlhelm haben" – die unweigerliche Belohnung, die der Sieger forderte.

Die Briten waren bereits in Contalmaison , blieben aber nicht. „Zu viele deutsche Maschinengewehre und zu viel Artilleriefeuer und nicht genug Männer", um es in der umgangssprachlichen Armeekürzel auszudrücken. Es kam oft vor, dass ein Dorf besetzt und Teile davon tagsüber gehalten wurden, dann nachts geräumt wurden und die britischen Geschütze für die endgültige „Aufweichung" volle Kraft hatten. Diese anfänglichen Bemühungen hatten das Ergebnis von Aufklärungen in voller Stärke. Sie ermöglichten einen gründlichen Blick auf die Maschinengewehrstellungen des Feindes, um zu wissen, wie man seinem Feuer ausweichen und ihn „fertigmachen" konnte, enthüllten die Deckung, die für den nächsten Vorstoß verfügbar sein würde, und lieferten den Kanonenschützen wertvolle Informationen für die genaue Verteilung ihres Feuers. Immer wurden einige für zukünftige Operationen wichtige Punkte gehalten.

„Wir verfolgen Contalmaison heute Nachmittag", sagte ein Stabsoffizier im Hauptquartier, „und wenn Sie sich beeilen, werden Sie es vielleicht sehen."

So wurde ich Zeuge der spektakulärsten Schlachtszene an der Somme, abgesehen von der Einnahme von Combles . Es schien strahlender Sonnenschein, die Luft war kristallklar und es gab keine Hitzewellen. Von meinem Aussichtspunkt aus konnte ich bis in die Gegend von Péronne sehen . Auch die Franzosen griffen an; das Trommelfeuer ihrer *Soixante-quinze* war ununterbrochen zu hören, und der Rauch der Granatsplitter hing in einer langen, hauchzarten Wolke am Horizont und über den grünen Bergrücken.

Jedes Flugzeug der Alliierten schien in der Luft zu sein, jedes einzelne hob sich deutlich vom Blau ab mit seinen schimmernden Flügeln und der weichen, glänzenden Aureole der Propeller. Sie flogen in allen Höhen. Einige schienen fast bewegungslos zwei oder drei Meilen über der Erde zu sein, während andere von ihren Flugplätzen in die Höhe schossen.

Flugzeuge kreisen, Flugzeuge steigen, Flugzeuge rutschen mit stillstehenden Propellern Luftrodelbahnen hinunter, Flugzeuge fliegen schnurgerade auf die deutschen Linien zu und verschwinden im Weltraum außer Sicht, während andere sich aus dem Weltraum entwickeln und als schnelle Boten mit Beobachtungsnachrichten nach Hause fliegen, Flugzeuge fliegen durch einen Frontabschnitt, stürzen im Tiefflug über ein Korpshauptquartier, um eine Nachricht abzuwerfen, und kehren dann zu ihrem Dienst zurück; Flugzeuge aller Art, von den Ungetümen mit enormen Flügelspannweiten und Besatzungen von drei oder mehr Mann, stattlich wie Schwäne, bis zu diesen Möwen, den kecken kleinen Nieuports , die mit unglaublicher Geschwindigkeit auf und ab schießend und wendend sind, ihre Schwänze in der Luft; Flugzeuge über Flugzeuge in einem phantastischen Luftmenuett, die um die großen Wurstballons herumflattern, die still in der Luft stehen.

Mit reifendem Getreide und süß duftenden Klee- und Heuernten im Hintergrund und Unkraut und wildem Gras im Vordergrund war die Gegend mit der üppigen Vegetation des Hochsommers von der Gegend mit den Granattrichtern, Schützengräben und Explosionen abgegrenzt. Man hatte die Majestät der Schlacht und die Verwüstung des Krieges; die ewige Saat und Fruchtbarkeit der Natur neben den rücksichtslosesten Formen der Zerstörung. In der klaren Luft wirkten die schwarzen Salven der deutschen Sprengsätze , die wie zur Rache für den Verlust auf den Mametz- Wald einhämmerten, hässlicher und mörderischer als sonst; der leichte Rauch der Granatsplitter hatte eine weichere, anhaltendere Qualität; Soldaten waren in großer Entfernung deutlich in ihrem Kommen und Gehen zu erkennen; die Wasserkarren, die Wasser bis zur ersten Reihe brachten, waren eine Art Pilger, die durch diese durstige Welt tödlichen Kampfes pilgerten; eine Reihe Infanterie, die in regelmäßigen Abständen den Hang hinaufwanderte, war wie eine Silhouette wie Perlen auf einer Schnur. Das Ganze erinnerte an einen Ameisenhaufen, der seinen Fleiß gegen einen Eindringling in seine Erdhöhlen eingesetzt hatte, und die aus allen Richtungen heranströmenden Kolonnen von Lastwagen und Artilleriewagen glichen einer Flut, die am Fuß des Abhangs haltmachte und dann zurückfloss.

Wohin man auch blickte, explodierten Granaten, und die Aufmerksamkeit wurde auf Contalmaison gelenkt wie auf eine sich im dichten Stadtverkehr versammelnde Menschenmenge. Alle Stahlrohre in den Waldstücken, im Schutz der Straßenböschungen, in den Schluchten und auf der Rückseite der Hänge sprachen. Die Kanonen gaben Contalmaison alles, was sie zu geben hatten, und die restlichen Mauern des Schlosses verschwanden im Nebel wie ein Fischerboot vor den Grand Banks. Die hochentwickelte , von Menschen gesteuerte Hölle richtete im Dorf ein vergnügliches Chaos an, das sie mit ihrem dampfenden Atem verbarg, der von schwarzen Rauchsäulen der Sprenggranaten durchschnitten und von Granatsplittern gekrönt wurde; und unter den Sonnenstrahlen bildeten die Gase des Pulvers in Wirbeln und Wogen, die in den Farben des Regenbogens schimmerten, eine prismatische Pracht.

Ein einfaches Bauerndorf in einem solchen Sturm zu versinken, war nur ein Teil des Plans der Kanonenschützen, die anderswo ein Feuermuster im Einklang mit dem Muster der deutschen Schützengräben schnitten, indem sie einen Feuervorhang hinter der Stadt und einen weiteren am Rand platzierten und an anderen Stellen keinen Vorhang, sondern stetige Feuerschläuche. Die deutschen Granaten, die als Antwort darauf fielen, enthüllten, welche der kalkhaltigen Narben am Hang der britische Schützengraben der ersten Linie war, und aus diesem erhob sich, wie Dampf einer Lokomotive in einer fliegenden Rauchfahne entlang der Kuppe eines Eisenbahneinschnitts, eine wogende Rauchwand, die harmlos war, nicht einmal erstickend, und deren einziger Zweck darin bestand, den Infanterieangriff abzuschirmen, während eine leichte Brise sie in den Mantel über Contalmaison trug, wie der Wind den Rauch eines Präriefeuers. Lookout Mountain war als die Schlacht in den Wolken bekannt, wo die Generäle nicht sehen konnten, was ihre Truppen taten. Nun finden alle Schlachten in einer Wolke statt.

Aus dem britischen Schützengraben in vorderster Front rückte die erste britische Angriffswelle im Schutz der Nebelwand vor, und man sah sofort, dass in Contalmaison keine Granaten mehr fielen . Die sich langsam lichtende Nebelwand enthüllte die noch stehenden Mauerfragmente des robusten, trutzigen Schlosses. Eine weitere Welle britischer Infanterie war unterwegs. Insgesamt sollten vier Wellen angreifen, jede folgte der anderen und hatte ihre Aufgabe, die vorderste zu unterstützen und die möglicherweise noch erhaltenen Unterstände und Maschinengewehrstellungen einzunehmen.

Contalmaison keine Granaten fielen , hatten Bombe und Bajonett die Bühne für sich, eine Bühne, die mehr oder weniger von Explosionen umringt war, und eine Reihe von Geschossen von beiden Seiten flog über die Köpfe der Darsteller hinweg in einem Melodrama, das, wie ein Soldat es ausdrückte, "ein gesegnetes kleines komisches Element" bot. Die Deutschen beschossen bereits die ehemalige vorderste Linie der Briten und ihre Verstärkung, während die Briten auf der anderen Seite des Dorfes einen Feuervorhang aufrechterhielten, um ihre Infanterie zu schützen, die sich ihren Weg durch die Trümmer bahnte, und alles Feuer, das sie nach der Bergung aus Contalmaison noch übrig hatten, verteilten sie auf verschiedene starke Punkte, nicht in Vorhängen, sondern in einer Wiederholung von Schlägen. Es war das beste Artilleriefeuer, das ich je gesehen hatte, und es schien den Zweck zu haben, dass ein Mann mit einem Stock jeden Kopf einschlug, der aus irgendeinem Loch auftauchte.

Akt III. Jetzt. Der britische Feuervorhang wurde vom anderen Ende des Dorfes aufgehoben, was bedeutete, dass die Infanterie planmäßig das ganze Dorf in ihrer Gewalt haben sollte. Aber sie könnten nicht bleiben. Sie könnten bald, nachdem sie ihre Signale gesendet hatten, vertrieben werden. Als die Deutschen nach dem britischen Feuer einen Feuervorhang einsetzten, war dies ein weiterer Beweis für den britischen Erfolg, der ausreichte, um jeden Skeptiker zu überzeugen. Der britische Vorhang wurde dahinter platziert, um jeden Gegenangriff aufzuhalten und Scharfschützen zu verhindern, bis sich die neuen Bewohner des Geländes „eingegraben" hatten.

Die Deutschen hatten nicht vergessen, dass sie nun an der Reihe waren, Contalmaison zu erobern , und ihrer Meinung nach mussten britische Reserven und frische Bombenlieferungen hierüber kommen. Und ich sah, wie einer der ersten „ Krumps " dieser Konzentration einen weiteren Biss aus den Mauern des Schlosses beißte.

Durch das Beobachten des Wechselns der Feuervorhänge hatte ich erfahren, dass Contalmaison diesmal definitiv festgehalten wurde; und obwohl man mir sagt, dass ich nichts über Neuigkeiten weiß, kam ich dem *Kommuniqué* über die Tatsache zuvor, da ich aufgrund meiner Beobachtung zumindest als „junger" Reporter eingestuft werden sollte.

Dreizehnte

Ein großartiger Nachtangriff

Auf harte Schläge folgen Schläge – Wälder von Trônes – Angriff und Gegenangriff – Ein hoher Preis – „Der lebendige Geist " kannte kein Schwanken – Deutsche Befestigungsanlagen der zweiten Linie – Ein kühn geplanter Angriff – „Auf und los!" – Ein Angriff, der nicht dem wissenschaftlichen Fabriksystem entsprach – Das großartige und furchtbare Risiko – Gewehrschüsse blitzten im Dunkeln auf, so zahlreich wie Glühwürmchen – Majestätisch, teuflisch, wunderschön – Ein Planet, der von Aerolithen bombardiert wurde – Signalfackeln in der Ferne – Wie weit waren die Briten gekommen? – Sonnenaufgang beim Angriff – Gute Nachrichten an diesem Tag.

Von all den wundervollen Nächten an der Front war die vom 13. auf den 14. Juli durch ihre unvergleichliche Spannung besonders. Ein großes Experiment sollte versucht werden; zumindest schien es dem Beobachter so, obwohl der Stab diese Einstellung nicht einnahm. Er tut das nie, wenn er sich einmal zu einem gewagten Unternehmen entschlossen hat. Wenn man fünfzigtausend Mann in einen Angriff schickt, der mit einem Verlust der Hälfte ihrer Truppen scheitern oder mit einem Verlust von nur fünf Prozent glänzend gelingen kann, darf niemand, vom Korpskommandeur und Divisionskommandeur, der nach der Planung auf die Ergebnisse wartet, bis hinunter zum einfachen Soldaten, an etwas anderes denken als daran, dass der Plan richtig ist und dass er durchgehen wird.

Es gibt keine ältere militärische Maxime, als auf einen harten Schlag weitere Schläge folgen zu lassen, damit der Feind keine Zeit hat, sich zu erholen; aber beim Vorrücken gegen eine Frontlinie unter modernen Bedingungen stellt die Überlastung von Transportmitteln und Munition, die auf neuen Straßen warten müssen, und das Auffüllen eroberter Schützengräben ein schwieriges organisatorisches Problem dar. Niemals waren so viele Männer und so viel Material nötig wie an der Somme-Front und auch nie waren sie nötig.

In den zwölf Tagen nach dem 1. Juli war durch örtliche Truppenkonzentrationen und Artilleriefeuer eine kleinere Stellung nach der anderen eingenommen worden, während sich die Armee als Ganzes auf einen weiteren Großangriff für den günstigen Moment vorbereitete, wenn die vorläufigen Erfolge diesen rechtfertigen würden.

Ein halber taktischer Blick genügte, um zu erkennen, dass die Wälder von Mametz , Bernafay und Trônes gehalten werden mussten, um genügend Spielraum für eine Massenbewegung auf breiter Front zu haben. Der Deutsche war sich dessen bewusst, und nachdem er Mametz und Bernafay verloren hatte, hielt er Trônes umso verzweifelter , das vorerst der absolute Horror im Waldkampf war, obwohl wir noch nicht wussten, ob es von Delville und High Woods übertroffen werden konnte .

In Trônes begegneten die Deutschen Angriffen immer wieder mit Gegenangriffen. Die Briten gelangten bis zur Ostseite des Waldes, und als Antwort schickten die Deutschen eine Angriffswelle, die die Briten zurück nach Westen drängte, aber nicht weiter. Dann erreichten die Briten, wieder verstärkt, die Ostseite. Von Granatenexplosionen regnete es Blätter und Splitter herab, und ständig klapperten Maschinengewehre. Die Artillerie beider Seiten beschoss die Zugänge des Waldes, um das Vordringen von Verstärkungen zu verhindern.

In den Kellern des Dorfes Guillemont hinter Trônes hatten die Deutschen Unterschlupfmöglichkeiten, um ihre Reserven zu konzentrieren und weitere Truppen heranzuziehen, deren Befehl, wie alle Gefangenen sagten, lautete, bis zum letzten Mann durchzuhalten. Der Wald von Trônes durfte den Briten niemals überlassen werden. Seine Bedeutung war zu lebenswichtig. Grimmiger National- und Rassenstolz, Bataillonsstolz und Soldatenstolz rangen in unnachgiebigem Kampf und Feindschaft miteinander. Die Mitte des Waldes wurde zu neutralem Boden, wo die Verwundeten der verschiedenen Ausfälle stöhnend vor Schmerz und Durst lagen. Kleine Gruppen von Briten hatten sich zwischen den Deutschen eingegraben und hielten ohne Wasser und Nahrung aus, um ihre Munition zu schonen oder, wenn sie aufgebraucht war, auf den letzten Einsatz mit dem Bajonett zu warten.

Seit mehreren Tagen hatte die übriggebliebene britische Artillerie den Stacheldraht der zweiten Linie durchgeschnitten und die Schützengräben zertrümmert; und die schweren Geschütze, die seit dem 1. Juli vorgerückt waren, schickten ihre Granaten weit über den Höhenrücken hinaus in Dörfer, Kreuzungen und andere lebenswichtige Punkte, um den deutschen Nachrichtenverkehr zu stören.

der Linie Thiepval-Gommecourt , an der die Briten am 1. Juli zurückgeschlagen worden waren, herrschte wieder eine Art Pattsituation mit dem üblichen Artilleriefeuerwechsel, und entlang der breiteren Front, wo die alte deutsche Frontlinie durchbrochen worden war, konzentrierten sich die meisten Männer und Geschütze, um den Vormarsch durch die am 1. Juli gewonnene Lücke vorerst fortzusetzen. Der Preis für die Einnahme der Wälder und für wiederholte Angriffe, wo erste Angriffe gescheitert waren, schien dem Beobachter – es sei denn, er wüsste, dass die deutschen Verluste seit dem 1. Juli ebenso hoch, wenn nicht sogar noch höher waren – nicht nur im Hinblick auf das gewonnene Gelände, sondern auch auf die bisherigen Gesamtergebnisse unverhältnismäßig, die – und das war am wichtigsten – als

Versprechen für die Zukunft gezeigt hatten, dass die britische New Army unermüdlich und erfolgreich gegen erfahrene deutsche Truppen in Stellungen vorgehen konnte, die die Deutschen für uneinnehmbar gehalten hatten.

lebendig machende Geist " kannte kein Schwanken. Die Kampfpolizei war ohne Beschäftigung. Es gab keine Nachzügler. Mit methodischer, phlegmatischer Beständigkeit rückte die Infanterie an die Schusslinie, als sie an die Reihe kam.

Die deutschen Befestigungen der zweiten Linie waren zwar nicht so aufwendig, aber sogar besser gelegen als die ersten; natürlich nicht auf dem Kamm des Höhenzuges, wo sie leicht von Artilleriefeuer getroffen werden konnten, aber die jüngsten Erfahrungen zeigten, dass sie die beherrschende Anhöhe mit der geringsten Gefährdung optimal nutzen konnten. Durch mein Fernglas konnte ich den Teil des offenen Hügels sehen, der sich von Longueval bis High Wood erstreckte und der Gegenstand der umfangreichsten Angriffe seit dem 1. Juli sein sollte.

Abgesehen von Grabenüberfällen über schmale Fronten hatte es bisher noch keinen Versuch gegeben, im Schutz der Dunkelheit eine lange Angriffslinie zu überfallen, da es für die verschiedenen Gruppen schwierig war, Kontakt zu halten und ihre Ziele zu erkennen.

Der Angriff am 1. Juli hatte um halb sieben morgens begonnen. Contalmaison war am Nachmittag gestürmt worden. Fricourt wurde mittags eingenommen. Als der kühne Vorschlag gemacht wurde, dass die Infanterie auf einer Front von drei Meilen im Dunkeln in die Schützengräben der zweiten Linie stürmen sollte, in der Hoffnung, den Feind zu überraschen, war dies angesichts des Geländes und der Umstände eine der kühnsten Ideen, die einem britischen Kommandeur je in den Sinn gekommen sind, und man könnte sagen, dass sie charakteristisch für den Elan und die sogenannte „Tollkühnheit" des britischen Soldaten ist, der es gewohnt ist, „schick auszusehen" und seinen Feind aus kolonialen Erfahrungen heraus zu überrumpeln. Nelson hatte den „lebendigen Geist " , wenn er seine Augen vor dem Feind verschloss. Auch die Franzosen sind für den Angriff. Er hat Marengo und Austerlitz gewonnen. Kein General hat jemals mehr gewagt als Friedrich der Große, nicht einmal Cäsar . So haben die großen Völker der Geschichte die militärische Vorherrschaft gewonnen.

„Auf und an sie!" ist noch immer das Leitmotiv der Briten, nicht weniger als unsere Pioniere und Grant und Stonewall Jackson daran glaubten, und nichts während der gesamten Schlacht an der Somme war so typisch britisch wie nicht nur ihre Hartnäckigkeit bei der Verteidigung, wenn kleine Gruppen umzingelt waren, sondern auch die Art und Weise, wie sie immer weiter angriffen und die Schwierigkeiten der Generäle – nicht darin, die Initiative zu fördern, sondern darin, Bataillone und Brigaden davon abzuhalten, ihre Überzeugung in die Tat umzusetzen, dass sie, wenn sie eine Chance hätten, auf eigene Faust eine Position einnehmen könnten, statt auf einen systematischen Vormarsch zu warten.

Somit war ein Angriff auf die zweite Linie auf dem Höhenrücken, nachdem die Deutschen zwei Wochen lang weitere Vorbereitungen gehabt hatten, ein Abenteuer der besonderen Art - in den Tagen mechanischer Transportmittel, Flugzeuge und indirekten Artilleriefeuers, als die gesamte Militärwissenschaft auf ein Fabriksystem reduziert sein sollte, würdig der Tage der Seestreitkräfte und Clives, von Washingtons Überquerung des Delaware oder der Erstürmung Quebecs, als kühnes Selbstvertrauen ein hohes Risiko einging.

So schien es zumindest dem Beobachter, obwohl, wie ich sagte, der Stab darauf beharrte, dass es sich um eine völlig normale Operation handelte. Die Japaner hatten zu Beginn des Russisch-Japanischen Krieges viele erfolgreiche Nachtangriffe durchgeführt, aber diese hatten sich auf Stellungen gerichtet, die weder durch Maschinengewehrfeuer noch durch Artilleriefeuer geschützt waren. Als die Japaner ihr Ziel erreichten, waren sie nicht in Gefahr, durch Sprengstoff in die Luft gesprengt zu werden, und im Übrigen kämpften sie nicht gegen die am besten ausgebildete Armee der Welt an der dichtesten Front, die die Militärgeschichte je erlebt hat.

Aber „Auf und los!", sagte Sir Douglas Haig, der „alle seine Nerven im Griff" hatte, und sagte, man solle weitermachen. Um halb vier Uhr morgens, eine gute Stunde vor Tagesanbruch, sollte diese drei Meilen lange Welle von Männern in die Nacht auf ein unsichtbares Ziel zustürmen, wobei die Dunkelheit so dicht war, dass sie kaum eine Gestalt in zehn Metern Entfernung erkennen konnten. Doch wie ein englischer Soldat sagte: „Sie konnten den Deutschen sehen, sobald er Sie sah, und Sie sollten in der Lage sein, eine Bombe so schnell zu werfen wie er, und ein Bajonett hätte um halb vier Uhr morgens genauso viel Durchschlagskraft wie um die Mittagszeit."

Als ich die Bataillone, die am Angriff teilnehmen sollten, heranmarschieren sah, wurde mir – anders als sie – klar, welch großes und schreckliches Risiko sie auf Erfolg oder Misserfolg, auf Leben oder Tod ausrichten mussten. Sie zogen entlang der neuen Straßen und dann über das eroberte Gelände, dessen unebene Hänge durch fortgesetztes Graben und Artilleriefeuer noch unebener wurden, und verschwanden, und die Nacht ließ ihren Vorhang über das Feld fallen, ohne dass jemand wusste, was der Morgen bringen würde.

Die Truppen waren in Position, alles war bereit; alle Lehren aus dem Angriff vom 1. Juli mussten angewendet werden. Um Mitternacht gab es außer Artilleriewagen keine Bewegung; Kanonenschützen, deren Geschütze zwei Stunden später mit einem wilden Salvenfeuer sprechen sollten, schliefen fest neben ihrer Munition. Die absolute Ordnung in diesem erstaunlichen Netzwerk aus Vorräten und Transportmitteln aller Art trug zur Spannung bei. Nachtbombardements hatten wir bereits erlebt, und ich möchte hier nicht näher darauf eingehen, wenn ich nicht wüsste, dass es nachts genauso spektakulär war wie der Sturm auf Contalmaison am Tag.

Der Artilleriebeobachter für ein Fünfzehn-Zoll-Geschütz war ein gut gelauntes Gastgeber. Er war gerade dabei, „seinen Teil", wie die Briten sagen, in das Dorf Bazentin -le-Petit zu legen, und wir konnten in der Dunkelheit nur erkennen, wo Bazentin lag, weil große Lichtblitze die Explosion einer Fünfzehnhundert-Pfund-Granate ankündigten, die mit heiserem, schwerfälligem Schrei durch die Luft gerast war. Der ganze Hang bis zum Bergrücken war in die Decke der Nacht gehüllt. Daraus drangen eine Zeit lang die regelmäßigen Gewehrschüsse als Vorspiel zur Entfesselung des Tornados vor dem Angriff.

Jetzt, da wir sie alle feuern sahen, hatten wir zum ersten Mal eine Vorstellung von der Zahl derer, die seit dem 1. Juli in das eroberte Gebiet vorgerückt waren. Die Ruinen und Baumstümpfe von Fricourt und Mametz mit ihren wenigen verbliebenen Mauern hoben sich gespenstisch vom Blitzlicht der Batterien ab, die zwischen den Trümmern Nistplätze gefunden hatten . Der ganze Hang war zu einem vulkanischen Aufruhr geworden. Man hätte ebenso gut versuchen können, die Zahl der Glühwürmchen über einem Sumpf zu zählen wie die Blitze. Die Grenze der Zählung war erreicht. Kanonen vor uns und um uns herum und hinter uns wie üblich, in einem Kampf aus konkurrierenden Zusammenstößen untereinander, und in der Nähe sahen wir die Gestalten der Kanonenschützen, die sich in Augenblicken eines unheimlichen Blitzlichts abzeichneten, zu dem auch die Pferde eines Artilleriewagens gehören könnten, in einem Flackern einer deutlichen Silhouette, die aus der Nacht aufblitzte und sich dann in der Nacht verlor, während die Reiter so aufrecht saßen, als ob sie eine Übung machten. Jede Stimme hatte eine Botschaft: „Dies für den Bergkamm!" Gekrönt wurde dies durch einen höllischen Sturm aus Granateneinschlägen, die den Weg für den Ansturm der Infanterie auf „Null" ebneten.

Das Ganze war majestätisch, teuflisch, wunderschön, absurd – wie auch immer man es nennen wollte. Blickte man von den nahen Kanonen weg, wo die Gesichter der Kanonenschützen beleuchtet waren, konnte man sich nicht vorstellen, dass die Szene menschlichen Ursprungs war; aber wenn man ehrfürchtige Demut mit kolossalem Egoismus in unterschiedlichen Kombinationen aus Vorstellungskraft und Tatsachen vermischte, konnte man sich vorstellen, dass sich die kleine Gruppe von Beobachtern an einem Standpunkt im Weltraum befand, wo ein in der Dunkelheit verborgener Planet Aerolithen auf einen anderen, in der Dunkelheit verborgenen Planeten schleuderte und ihn mit gewaltigen Explosionen traf, und die

Kracher und Schreie waren das Geräusch der Raketen auf ihrem unbeleuchteten Weg.

Es war noch dunkel, als es halb vier war und das Feuerwerk, das ich mir in keiner Weise als pyrotechnisch vorstellen konnte, zu dem Spektakel hinzukam, als aus der Decke wie Signale von der Planetenoberfläche in Richtung eines neuen Manövers Schauer glühender roter Funken auftauchten, die bis zu dreißig Fuß hoch und, wie es aus dieser Entfernung schien, neun oder zwölf Meter breit waren. Ein Schauer ereignete sich in der Gegend von Ovillers , einer bei La Boisselle und einer auf dieser Seite von Longueval . Dann wurde in der Ferne hinter Longueval der Himmel von einem großen Feuer erleuchtet, das nicht auf dem Feuerwerksprogramm stand; es musste ein deutsches Munitionslager gewesen sein, das von britischen Granaten zur Explosion gebracht worden war.

Es war jetzt unser Planet und ein bestimmter Teil davon in der Picardie. Keine phantasievolle Übertragung in den Weltraum konnte mehr Bestand haben. Mit dem Angriff war das intime menschliche Element vorherrschend. Der Gedanke an diese vorrückenden Wellen von Männern in der Dunkelheit machte das feurige Schauspiel zu einem losgelösten, objektiven Spektakel. Auf dem Grat stiegen weitere Signalfackeln auf und diejenigen, die die dunklen Laubmassen erhellten, mussten im Bazentin- Wald sein, und die dahinter liegenden mussten in den Bazentin- Dörfern sein, Klein- Bazentin und Groß- Bazentin , obwohl keines von ihnen, wie die meisten Dörfer, mit einem Dutzend bis fünfzig Häusern viel kleiner sein und als Dorf bezeichnet werden könnte.

Das war das Ziel. Ja, aber obwohl die Briten angekommen waren, wie die Signale zeigten, konnten sie bleiben? Es schien fast zu schön, um wahr zu sein. Und dieser verhasste Trônes- Wald? Hatten wir auch den als Teil der Flutwelle eines umfassenden Angriffs hingenommen, anstatt zu versuchen, ihn stückweise anzugehen?

Unsere Spannung wurde noch verstärkt durch den Gedanken, dass diese Aktion der Wendepunkt in der ersten Phase der großen Schlacht an der Somme sein könnte. Wir starrten angestrengt in die Dunkelheit und beobachteten, wie ein Seemann den Himmel beobachtet, die Zeichen, die uns als Anzeichen für den Ausgang des Gefechts bekannt waren. Das vergleichsweise schwache deutsche Antwortfeuer war ein gutes Omen , obwohl wir daran erinnert wurden, dass es jeden Moment plötzlich heftiger werden konnte.

Jetzt wurden die Mündungsfeuer der Kanonen schwächer. Eine Verwandlung, die noch wundersamer war als die, die Artillerie hervorbringen konnte, nämlich die Verwandlung der Nacht in den Tag, war im Gange. Kein Vorhang, sondern der Feuerball der Sonne, ungestört von allen Bemühungen der Menschen auf ein paar Quadratkilometern Erde, hielt sich so freundlich wie immer an seinen Zeitplan gegenüber Planeten, die in respektvollem Abstand von seiner geschmolzenen Artilleriekonzentration blieben.

Aus der Decke, die das Feld verbarg, kamen die großen Kreidestreifen der Hauptgräben zum Vorschein, dann die kleineren Verbindungsgräben; die Wälder wurden zu schwarzen Flecken und die verbliebenen Baumstämme dürr, stille und düstere Wächter der grauen Ruinen der Dörfer, bis schließlich alle Konturen des zerfurchten und gequälten Abhangs im ersten frischen Licht eines strahlenden Sommertages deutlich zu erkennen waren. Wo die Feuer gewesen waren, war schwarzer Rauch von Granaten zu sehen, und wir sahen, dass es immer noch deutsches Feuer entlang der sichtbaren Linie des britischen Ziels war, was uns versicherte, dass die Briten das Gelände, das sie einnehmen wollten, erobert hatten und es hielten.

"Auf und an sie!" hatte diesmal den Trick bewirkt, und es war ein Trick; ein Trick oder eine List, um das anspruchsvollere Wort zu verwenden; ein Trick, bei dem nicht gemäß der offensichtlichen Taktik auf den Generalangriff gewartet wurde, um Trônes einzunehmen, sondern Trônes in die Offensive einbezogen wurde; ein Trick in der kühnen Art, bei der die Infanterie vor dem deutschen Feuervorhang hergeschickt wurde, der als Antwort kam.

An diesem Tag gab es nur gute Nachrichten. Die Briten waren durch den Bazentin- Wald gefegt und hatten die Bazentin- Dörfer eingenommen. Sie hielten den Trônes- Wald und waren in Delville und High Woods. Auf dem Bergrücken war eine Stellung etabliert, von der aus die Briten auf Augenhöhe mit dem Feind um die endgültige Vorherrschaft kämpfen konnten. „Geringe Verluste" lauteten die Berichte von Korps und Divisionen, und die Bestätigung der offiziellen Berichte war in der geringen Zahl der Verwundeten zu sehen, die an den Verletztensammelstellen eintrafen, und in den Gesichtern der Offiziere und Soldaten überall. Sogar die britische Phlegmatik wich der Begeisterung.

XIV

Die Kavallerie rückt vor

Die „Dodo"-Bande – Kavallerie ist ein Luxus – Kavallerie darf jedoch nicht entsorgt werden – Was zehntausend Reiter leisten könnten – Ein Vorgeschmack auf die Action für die Kavallerie – Ein „Zwischenfall" – Pferde, die das Glück hatten, „einzugreifen" – Kavalleristen, die Anzeichen von Action zeigten – Die Neuheit einer Kavallerieaktion – Eine Lagergruppe – Überrumpelte Deutsche – Reiter und ein Flugzeug – In guter Ordnung abziehen – Gerade genug Verluste, um die Erinnerung an die Gefahr zu wecken.

Manchmal drang eine Schwadron Kavallerie, britische oder indische, Überlebende der leidenschaftlichen Vergangenheit, in eine mechanische Welt von Lastwagen und Traktoren mit gezogenen Kanonen ein. Mit äußerlichem Stolz verbargen diese schlanken Reiter auf glänzenden, glatten Pferden, deren breite Rücken tapfer die schwere Ausrüstung trugen, ihren Ärger über die Untätigkeit, während andere kämpften. Sie brachten malerisches und warmblütiges Leben in die Szene. Ein solch gnadenloser Krieg der stählernen Vorrichtungen brauchte etwas Schmuck. Ein alter Sergeant rief eines Tages, als die Kavallerie neben seinem ruhenden Bataillon haltmachte, in einem Anflug liebevoller Erinnerung aus:

„Es ist schön, mal wieder einem Pferd die Schnauze zu streicheln! Ich war selbst einmal bei den Dragoon Guards."

Manchmal bezeichnete sich die Kavallerie scherzhaft selbst als „Dodo"-Bande, wobei sich hinter ihrem Humor ein bitteres Gefühl der Hilflosigkeit verbarg; andere wiederum dachten, sie sei wie die Bisons, die im Yellowstone-Nationalpark geschützt würden, damit die Art nicht ausstirbe.

Ein zynischer General sagte, eine kleine Kavallerietruppe sei ein Luxus, den sich eine so große Infanterie- und Kanonenarmee leisten könne. Seiner Meinung nach würde die Kavallerie, selbst wenn wir bis zum Rhein gingen, bei ihrem ersten Angriff unter dem Feuervorhang und den Maschinengewehrsalven der Nachhut des sich zurückziehenden Feindes dahinschmelzen. Er war nie Kavallerie gewesen, und jede Schwadron wusste genau, was er und alle, die seine Ansichten teilten, dachten, wenn sie über die Kuppe eines Hügels marschierten, von wo aus man einen Blick auf das Granatfeuer über einem Feld mit Granattrichtern und Schützengräben hatte, die für Pferde Fallgruben sind. Dennoch kehrte sie tapfer und mit akribischer Sorgfalt zu ihrer Übung zurück, solche Hindernisse zu überqueren, falls jemals der Befehl zum „Einmarschieren" kommen sollte. Solche Vorbereitungen ließen extreme Skeptiker an den Kauf von Gewändern und die Auswahl eines geeigneten Hügels für einen religiösen Kult denken, der den Tag für die Himmelfahrt festgelegt hat.

Abgesehen von einem Angriff in der Champagne hatte die Kavallerie seit Beginn des Stellungskriegs keine Chance. Die Idee eines Einsatzes war eine Hypothese, die aus der Erinnerung an Angriffe in der Vergangenheit entstanden war. Flugzeuge nahmen den Platz der Kavallerie als Späher ein, Maschinengewehre und Gewehre, die hinter einem angegriffenen Schützengraben postiert waren, übernahmen die Nachhut und Flugzeugpatrouillen dienten als Schutz.

Doch keine Armee, sei sie nun britisch, französisch oder deutsch, die eine Offensive durchführen wollte, würde ihre gesamte Kavallerie in Infanterie umwandeln. Damit würde man sich von einer der drei alten Truppengattungen, Reiterei, Fußvolk und Kanonen trennen und damit eine mögliche Chance verspielen. Hätten die Japaner im kritischen Moment nach Mukden Kavallerie bereit gehabt, hätte ihre Beweglichkeit den russischen Rückzug behindert, wenn nicht sogar in eine vernichtende Niederlage verwandelt. Wenn man Kavallerie braucht, braucht man sie „dringend", wie der Cowboy über seinen Sechsschüsser sagte.

Sollte die deutsche Linie jemals durchbrochen werden und all diese erdverbundene, gewaltige, komplizierte Organisation mit ihren aufgestellten Geschützen und ihrer Ansammlung von überfüllten Munitions- und Versorgungslagern versuchen, auf plötzlichen Befehl vorzurücken, welche zusätzliche Verwirrung würden 10.000 Kavalleristen bringen! Welch reiche Beute würde sie erwarten, wenn sie durch die Bresche galoppieren und in Einheiten vorrücken, jede nach den neuen Bedingungen angepassten Entwicklungen zu ihrem Ziel aufteilen, demontierte Maschinengewehre zur Deckung der Straßen einsetzen und von ausgewählten Punkten aus ihre Kugeln in Massen auf Ziele richten würden! Die Aussicht auf diese wenigen wilden Stunden, in denen jeder Preis an Opfern für Ergebnisse gezahlt werden konnte, inspirierte Träume, als nachts Hufe in Lagern stampften oder Gebisse knirschten, während bei der Morgenparade Lanzen in einer Reihe über khakifarbenen Stahlhelmen glänzten.

Einen Vorgeschmack, nur einen Vorgeschmack auf die Action, bekam die Kavallerie dank des erfolgreichen Angriffs vom 14. Juli, der die Deutschen zwischen High und Delville Woods offensichtlich überraschte und sie taumelnd zurückließ, wobei Schützengräben der zweiten Linie verloren gingen und Verwirrung herrschte, während Geschütze und verstreute Bataillone in einer wahllosen Eile, die völlig im Widerspruch zu den deutschen Methoden der Voraussicht und Präzision stand, mit Zügen herangeschafft wurden. Die Bresche war schmal, das Aktionsfeld für Pferde begrenzt; aber es kam die Nachricht, dass auf dem Plateau, das zwischen

Delville und High Woods nach Bapaume blickte , bei Tagesanbruch nur wenige Granattrichter und keine deutschen Schützengräben oder viele Deutsche zu sehen waren.

Die Kanonenschützen rieben sich die Augen, als sie die Reiter vorbeiziehen sahen, und die Infanterie war erstaunt, als sie sah, wie sie die Schützengräben überquerten, Briten und Indianer auf ihrem Weg den Hang hinauf zum Bergrücken. Wie sie den Kamm überquerten, ohne von einem Feuervorhang dezimiert zu werden, wäre ein Rätsel, wenn es in diesem Krieg, in dem alles wie Geometrie oder chemische Formeln ausgearbeitet zu sein scheint, überhaupt Rätsel gäbe. Die deutsche Artillerie war damit beschäftigt, schwere Geschütze zurückzuziehen, und die anderen Geschütze waren mit den überraschenden Ergebnissen eines Angriffs beschäftigt, der für diesen Tag nicht im Kalender stand, und hatten keine Zeit, die Kavallerie „einzuholen", als sie auf andere Ziele registriert wurden – was darauf hindeutet, was passieren könnte, wenn die Linie auf breiter Front gespalten würde . Ein Stahlband ist stark, bis es reißt, was in viele Stücke zerfallen kann.

„Haben Sie den Angriff gesehen?", fragen Sie. Nein, nicht einmal den Ritt den Hang hinauf, da ich anderweitig beschäftigt war und nicht wusste, dass der Angriff stattfinden würde. Ich konnte die beiden Schwadronen, die an dem „Zwischenfall", wie der Stab ihn nannte, beteiligt waren, erst aufsuchen, nachdem er vorbei war. Zwischenfall ist das richtige Wort für ein militärisches Augenmaß. Wenn die Öffentlichkeit in England und im Ausland hörte, dass die Kavallerie „im Einsatz" war, konnte sie am nächsten Tag erwarten, dass die anglo-französischen Armeen die geschlagenen deutschen Armeen bis zum Rhein verfolgten, obwohl ein solches Ergebnis nicht unmittelbar geplant war, es sei denn, die deutschen Truppen würden in zwei Hälften zerlegt oder die Preußen würden zu Quäkern.

Ein Zwischenfall! Ja, aber etwas, das dem Schreiber nach der Monotonie von Gewehrfeuer und Bombardements neuen Schwung verleiht. Ich war nie begieriger, einen Bericht über eine Aktion zu hören als über diesen Angriff – einen Kavallerieangriff, einen Kavallerieangriff, wenn Sie so wollen, an der Westfront im Juli 1916.

In einem der Täler hinter der Front, außerhalb der Sichtweite der Schlacht, standen müde, angebundene Pferde mit einem wissenden Blick in den Augen, wie es mir schien, und einer Art Überlegenheit gegenüber den glatten, frischen Pferden, die nicht das Glück gehabt hatten, „hineinzugehen"; und Kavalleristen lagen tief und fest unter ihren Unterständen, ihre Kleidung und Ausrüstung zeigten die unverkennbaren Zeichen des Kampfes. Wir hörten von ihren Offizieren die Geschichte der Dragoon Guards und der Deccan Horse (Indianer), die gewusst hatten, was es heißt, einen Deutschen im Freien niederzureiten.

Der Schatten von Phil Sheridan könnte darüber nachdenken, was aus der Welt werden würde, wenn wir aus einer so kleinen Angelegenheit so viel machen; aber er hätte die ganze glühende Befriedigung dieser Männer gespürt, wenn er so lange wie sie auf irgendeine Art von Kavallerieeinsatz gewartet hätte. Die Berichte der beiden Schwadronen können zusammenpassen. Die Offiziere rasierten sich und zielten darauf ab, genug Wasser aufzutreiben, um als Ersatz für ein Bad zu dienen. Der Kommandant mit seiner Karte könnte Ihnen jedes Detail mit liebevoller, anhaltender Betonung auf jedes einzelne geben, so wie ein Bataillonskommandeur von seinen ersten Erfahrungen bei einem Grabenüberfall berichten könnte, wenn dasselbe Bataillon später einen Bericht über einen Angriff in der Schlacht erstellen würde, der reich an Zwischenfällen von Nahkämpfen und aus Unterständen ausgebrochenen Gefangenen war, und zwar in einer „Ich-kam-ich-sah"-Erzählung, und nicht verstehen, warum der Fragesteller weiteres Interesse an der alltäglichen Routine des Kriegsgeschäfts zeigen sollte. Denn das abgedroschene Sprichwort, dass alles relativ ist, verliert durch Wiederholung nichts an Wahrheit.

Die Kavallerie hatte alles ganz nach Taktik gemacht, was den Laien nur verwirren würde. Das Wunder war, dass überhaupt jemand lebend zurückgekommen war. Auf dieser schmalen Front war sie auf die deutsche Armee zugeritten, ohne dass sich zwischen der Kavallerie und der Artillerie und den Maschinengewehren, die berittene Männer als Ziele hatten, etwas befand. In Anbetracht der Tage, an denen es den Tod bedeutete, den Kopf über einem Schützengraben zu zeigen, war das Ganze verblüffend, unglaublich. Diese Erzähler, die eine Lagergruppe bildeten, mit mageren, schwarzbärtigen, olivhäutigen Indianern als Begleitern, die Wasser in Pferdeeimern für die Bäder brachten, und der Anblick freundlicher Pferdegesichter, die einen anlächelten, und die Offiziere selbst, wie sie zu Pferd waren und mit der Sprache und dem Benehmen von Reitern – nur sie machten es glaubhaft. Wie real war es für sie! Wie real wurde es für mich!

Einige Deutsche hatten sich im Gras versteckt und wurden von diesem Ansturm der mit Lanzen bewaffneten Galopper überrascht. Alle Teilnehmer waren sich einig, dass der Feind völlig überrascht war. Es war, als ob ein Footballspieler in alter Rüstung auf das Feld käme, und es war umso überraschender, wenn man bedenkt, dass diese Deutschen nach einem Morgen voller Überraschungen losgeschickt worden waren, um Kontakt mit den Briten aufzunehmen und die durchbrochene Linie wiederherzustellen .

Diesmal waren es keine Strohpuppen für die scharfe Spitze der Lanze, sondern erschrockene Männer in grünen Uniformen – das war das Bild, das man bei jedem Stich auf die Puppen im Kopf gehabt hatte! Dafür war die Kavallerie da, das Ziel der ganzen Ausbildung. Sie ritten genau so durch, wie sie vor fünfzig oder hundert Jahren geritten wären. Ein Mann am Boden, ein Mann auf einem Pferd! Daran hatte sich nichts geändert.

"Hast du tatsächlich welche bekommen?"

"Oh ja!"

„Auf den Lanzen?"

"Ja."

Aus der Ferne war der höllische Lärm der Kanonen zu hören, die sich in einem Wettstreit der Explosionen ereigneten. Dieser Vorfall machte ihn eindrucksvoller als alle Berichte über einen Mann, der unter Granaten verschüttet wurde, über isolierte Gruppen, die sich in Unterständen versteckten, oder über wagemutige Soldaten, die deutsche Bomben fingen und auf den Mann zurückwarfen, der sie warf. Denn das war an der Somme einmalig. Sowohl Briten als auch Indianer hatten eine ähnliche Gelegenheit gehabt. Nachdem sie durchgeritten waren, drehten sie um und ritten in der üblichen Kavalleriemanier zurück.

Mittlerweile hatten sich einige der systematisch vorgehenden Deutschen daran erinnert, dass es zu ihrer Übung gehörte, wie man einen Kavallerieangriff abwehrt. Und als diejenigen, die nicht gerannt waren oder aufgespießt worden waren, das Feuer begannen und andere mit ihren Bajonetten bereitstanden, allerdings mit der Art von Männern, die nicht sicher sind, ob sie in Trance sind oder nicht, begann laut dem Bericht ein deutsches Maschinengewehr sein bösartiges Stakkato – ein weiteres Zeichen dafür, dass die Deutschen der Situation bewusst wurden.

Dies bringt uns zum malerischsten Vorfall des „Vorfalls". Von allen Beobachtern des Turniers am meisten beneidet wurde ein Flieger, der auf ein Schauspiel herabblickte, das selbst in den Annalen der Luftfahrt bizarr war. Die deutschen Flugzeuge waren in Deckung getrieben worden, was dem Briten ein faires Feld bot. Eine ritterliche Bewunderung, vielleicht ein Gefühl der Kameradschaft, um nicht zu sagen Sympathie, mit der alten und der neuen Art der Aufklärung ergriff ihn; oder sei es so, dass er einer Teilnahme an einem so seltenen Schauspiel, das den sportlichen Instinkt so sehr anregte, nicht widerstehen konnte. Er stürzte sich auf diese erbärmliche, an die Erde gefesselte Schildkröte von einem Maschinengewehr und leerte seine Patrone hinein. Er war, da sind sich alle einig, nicht mehr als 300 Fuß über der Erde, obwohl nicht weniger als 10.000 Fuß die Regel waren.

"Das war wirklich nett von ihm!", wie die Kavallerie es ausdrückte. Einen Angriff zu starten und dann das zu erleben – nun, es war nicht so schlimm, bei der Kavallerie zu sein. Das Flugzeug zog das Feuer auf sich, indem es alle Deutschen dazu brachte, auf es zu feuern, ohne es zu treffen, und das

Maschinengewehr, ob schallgedämpft oder nicht, störte die Kavallerie nicht mehr, die Gefangene zurückbrachte, um ein rundes Abenteuer zu vollenden, bevor sie sich zurückzog, damit die deutschen Kanonen, die ebenfalls den Geist der Situation verinnerlichten, Männer und Pferde nicht vom Bergrücken fegten, anstatt sie in geordneter Ordnung zurückziehen zu lassen.

Verluste: etwa so viele Pferde wie Menschen. Reiter, die ihre Pferde verloren hatten, stiegen auf reiterlose Pferde. Ein Prozentsatz von einem Sechstel oder Siebtel war getroffen worden, was das Erstaunlichste daran war; ja, das Erfreulichste daran, denn es vervollständigte die Ähnlichkeit mit den Tagen, als der Krieg noch das Element des Sports hatte. Es gab Tote und Verwundete, sonst hätte es keine Schlacht gegeben, aber nicht genug, um einen düsteren Zauber zu verbreiten; gerade genug, um Teil des Glücksspiels des Krieges zu sein und der Erinnerung einen Anflug von Gefahr zu verleihen.

Fünfzehntes Kapitel

Auftritt der Anzacs

Neufundland gibt das Tempo vor – Australien und Neuseeland sind Männerländer – Australier sind „sehr stolze, individuelle Männer" – Geografische Isolation ein Grund für Unabhängigkeit – Die Kampfauffassung der „Anzacs" – Sir Charles Birdwood – Wie er seinen Truppen Disziplin beibrachte – Bean und Ross – Unterschied zwischen Australiern und Neuseeländern – Die australische Uniform und der australische Körperbau – Anderthalb Dollar pro Tag – General Birdwood und seine Männer – Australischer Humor.

Es waren ausschließlich britische Truppen, die die Großoffensive starteten, wenn wir das Neufundland-Bataillon ausnehmen, dem allein die Ehre zuteil wurde, am 1. Juli den Heldenmut Nordamerikas zu repräsentieren. Denn wer an den Grand Banks vorbeikommt und deshalb an Neufundland denkt, betrachtet es gern als Teil Kanadas. Dabei handelt es sich um eine eigenständige Kolonie, deren Fischer und Grenzbewohner einer britischen Division zugeteilt waren, die mit einer britischen Brigade nach Gallipoli ging und später beim Angriff auf den Sektor Thiepval-Gommecourt das Schicksal britischer Bataillone teilte.

An jenem berühmten Tag in der Picardie rückten die Neufundländer unerschrocken in den Rauch der Feuervorhänge vor und griffen weiter die Maschinengewehre an. Überlebende und Verwundete, die nachts durch das Niemandsland zurückkrochen, brauchten ihren Heldenmut nicht lauthals zu bekunden. Die ganze Armee wusste es. Neufundland hatte den anderen Clans aus Übersee das Tempo vorgegeben.

Es waren auch britische Truppen, die Contalmaison und Mametz sowie die Wälder von Bernafay und Trônes einnahmen und den gesamten Angriff vom 15. Juli durchführten, mit Ausnahme der südafrikanischen Brigade, die mit der leidenschaftlichen Begeisterung eines Wettlaufs um eine neue Diamantenmine den Wald von Delville stürmte.

Wenn die Truppen aus Übersee nicht erwähnt werden, können Sie sicher sein, dass es die Briten, die Heimattruppen, sind, die kämpfen. Ihre Zahl ist etwa zehnmal so groß wie die der anderen, wobei ein Zehntel der doppelten Zahl derer entspricht, die in unserem Bürgerkrieg auf beiden Seiten in einer großen offenen Schlacht gekämpft haben. Nach den Neufundländern und Südafrikanern, die zwar wenige, aber wertvolle Truppen waren, nahmen die Australier, eine eigene Armee, an der Schlacht an der Somme teil.

Ich war noch nie in Australien oder Neuseeland, aber ich weiß, dass ich dorthin gehen werde, wenn der Krieg vorbei ist. Ich möchte das Land sehen, das solche Männer hervorbringt. Sie sind freie Männer, wenn es je solche gab; frei, ob sie aus der Stadt oder aus dem Busch kommen. Ich hatte von ihren Commonwealth-Ideen gehört, von ihren staatlichen Versorgungsbetrieben, ihren sozialistischen Neigungen, die einen zu der Annahme verleiten könnten, sie seien alle nach demselben staatlich geprägten Muster von Männern; aber ich hatte auch gehört, wie sie die Einwanderung von Orientalen beschränkten und andere Einwanderungen durch Methoden, wenn nicht durch Gesetze, begrenzten, was, wie ich aus meiner Lektüre entnahm, auf eine Tendenz hindeutete, die Rasse unter sich zu behalten.

Immer wenn ich einen Australier sah, dachte ich: „Hier ist ein sehr stolzer, individueller Mann", aber auch ein Australier, besonders ein Australier. Manche Leute dachten, dass in seinem Auftreten ein Hauch von Unverschämtheit lag, wenn er einem direkt in die Augen sah, als wollte er sagen: „Das Beste auf der Welt ist, ein aufrechtes Mitglied der Menschheit zu sein, das bereit ist zu beweisen, dass es genauso gut ist wie jedes andere. Wenn Sie das nicht glauben, nun –" Es bestand kein Zweifel daran, dass der Australier mutig war. Das war so selbstverständlich wie die Tatsache, dass die Kiefer gerade und die Buche hartes Holz ist.

Die Australier kamen von weit her. Das wusste man auch ohne geografischen Bezug. Weit weg auf ihrem Inselkontinent haben sie ihr eigenes Schicksal bestimmt und sich nicht um Einmischung von außen gekümmert. Um es mit harten Worten auszudrücken: In ihren extremen Momenten der Unabhängigkeit steckt ein Hauch von „Mir ist jeder scheißegal, der sich einen Dreck um mich schert". Es ist erfrischend, dass eine ganze Bevölkerung einen Inselkontinent für sich allein haben und auf diese Weise weitermachen kann.

Sie hatten eine Einführung in die allgemeine Wehrpflicht erhalten, die ebenfalls charakteristisch für ihre Demokratie und in Kriegszeiten hilfreich war. Die „Anzac" hatten (vor anderen englischsprachigen Völkern) die Bedeutung ihrer Idee verstanden, nicht andere für sich kämpfen zu lassen, sondern alle „sich ins Gedränge zu stürzen". Die Orientalen könnten sich nach den weiten Flächen eines neuen Landes sehnen, und falls sie jemals Australien und Neuseeland einnehmen sollten, würden sie sich nicht um die vielen Überlebenden der weißen Bevölkerung kümmern müssen, weil die meisten der Anzacs tot wären – und das sind insbesondere die Leute, die die Anzacs sind, wie ich sie in Frankreich kannte, das kein schlechtes Testgelände für ihre Qualität war.

Als sie nach Gallipoli gingen, hieß es, sie hätten keine Disziplin; und tatsächlich reizte sie die Disziplin anfangs so sehr, wie ein Trensengebiss ein temperamentvolles Pferd reizt. „Little Kitch ", wie die stämmigen Anzacs die

Engländer der neuen Armee nannten, dachte, sie würden alle militärischen Gebote des Übungsplatzes auf eine Weise brechen, die ihr Verderben sein würde. Ich glaube eher, dass es Little Kitch mit seinem sturen, methodischen, phlegmatischen „Durchhalte"-Mut zum Verhängnis geworden sein könnte; aber nachdem die Australier eine Weile gegen die Türken gekämpft hatten, war es offensichtlich, dass sie wussten, wie man kämpft, und ihr General, Sir Charles Birdwood, sorgte für die Disziplin, die notwendig ist, wenn Kampfkraft nicht durch fehlgeleitete Emotionen vergeudet werden soll.

Birdwood hatte Glück, die Australier befehligen zu dürfen, und die Australier hatten Glück, ihn als Kommandeur zu haben! Er war es, der bei der Wahl eines Telegrafencodeworts „Anzac" für das australisch-neuseeländische Korps erfand, was sofort zum Sammelbegriff für die Kombination wurde. Was für eine Prüfung, die er ihnen und sie ihm auferlegten ! Er musste sich ihnen gegenüber beweisen, bevor er die Anzacs zu einer Kriegseinheit entwickeln konnte, die ihrer Kampfqualität würdig war. So ist die Demokratie, in der der Mensch den Menschen nach Maßstäben beurteilt, die in diesem Fall durch die australischen Bräuche festgelegt wurden.

Als er sie verstand, wusste er, warum er Glück hatte. Er war einer von ihnen und zugleich ein strenger Zuchtmeister. Sie hatten etwas gegen den Gruß, aber er lehrte sie, auf eine Weise zu grüßen, die den Gruß nicht als das Wichtigste erscheinen ließ – das war es, was sie ablehnten –, sondern als Teil der Routine. Es hieß, er kannte jeden Mann im Korps mit Namen, was zeigt, wie viele Geschichten sich um einen Kommandeur ranken, der um fünf Uhr aufsteht und um Mitternacht in den Ruhestand geht und ständig mit seinen Männern in Kontakt bleibt. Zu einer solchen Truppe gehörten einige „raue Typen", die den Krieg mit einer Gelegenheit für Schlägereien verwechseln konnten; aber Sir Charles hatte eine Art mit ihnen umzugehen, die sich zu ihrem Wohl und zum Wohl des Korps auswirkte.

Obwohl die australische Regierung eine freie Demokratie vertrat, benachteiligte sie die Australier nicht so stark, wie es unter den gegebenen Umständen durch politisch versierte, jedoch nicht kriegserfahrene Offiziere möglich gewesen wäre. Dies lag entweder an ihrer Natur oder an der Distanz, wie Kritiker sagen würden, oder an General Birdwoods Talent, seinen Willen durchzusetzen .

Als Publizist hatten die Australier Bean, einen ausgebildeten Journalisten, ein rothaariges Männchen, das ein Offizier unter Offizieren und ein Mann unter Männern war und sich aufgrund seiner australischen Qualitäten den Respekt aller verdiente. Wenn nur ein einziger Chronist zugelassen werden konnte, dann erhielt Beans Wahl den Beifall eines ganzen Korps, obwohl Bean sagt, dass Australien voller ebenso guter Journalisten ist, die nicht sein Glück hatten. Die Neuseeländer hatten Ross, der für sie die gleiche Rolle mit gleicher Loyalität spielte, und er war genauso sehr Neuseeländer wie Bean Australier.

Denn täuschen Sie sich nicht, obwohl die Australier und die Neuseeländer dem Beobachter beim Marschieren auf einer Straße ähnlich erscheinen mögen, sind sie es nicht, wie Sie feststellen werden, wenn Sie mit ihnen sprechen. Die Neuseeländer haben ihre eigenen Inseln, ganz zu schweigen davon, dass die Tasmanier auch eine haben. Außerdem gibt es unter den Neuseeländern ein Maori-Bataillon, und von allen Ureinwohnern der Länder, in denen sich die weißen Rassen dauerhaft niedergelassen haben, um neue Nationen zu gründen, haben sich die Maoris am besten an die Zivilisation gewöhnt und sind der höchste Typus - eine Tatsache, die jeder Neuseeländer als einen weiteren Faktor ansieht, der zur Vortrefflichkeit Neuseelands beiträgt. Die Neuseeländer sind ruhige Männer, die sich mit dem Stolz von Gardisten benehmen, deren Untergebene alle aus hochrangigen alten Familien stammen, und sie sind Neuseeländer in jeder Minute jeder Stunde des Tages, obwohl man meinen könnte, ein Bürgerkrieg stehe unmittelbar bevor, wenn man sie auf eine Diskussion über Innenpolitik einlässt.

Geben Sie einer Armeeeinheit ein bestimmtes, leicht erkennbares Symbol, sei es nur eine Feder an der Mütze oder eine andere Kopfbedeckung, und diese Einheit wird sich von den anderen auf eine Weise abheben, die ihr *Korpsgeist verleiht* . Bei den Schotten sind es der Kilt und die verschiedenen Plaids. Alle unterschiedlichen Uniformen der Regimenter der Armeen früherer Tage hatten diesen Zweck. Der moderne Krieg erfordert neutrale Töne und seine notwendige maschinenartige Homogenität. Zu viel Rivalität zwischen Einheiten kann misstrauisch betrachtet werden, da jede Einheit eher für sich selbst als in Zusammenarbeit mit den anderen handelt.

Alle Truppen an der Front, mit Ausnahme der Anzacs, trugen Khaki und Mützen, wenn sie in den Schützengräben oder an der Front keinen Stahlhelm trugen. Die Australier trugen schieferfarbene Uniformen und hochgeschlungene weiche Hüte. Die Hüte betonten das Auftreten, die Größe und die Robustheit der Männer, deren Körperbau an der britischen Front unübertroffen war, und praktisch alle waren glattrasiert. Seit Generationen hatten sie ausreichend Nahrung und waren in der Lage, diese aufzunehmen, was Generationen aus den Slums möglicherweise fehlt, selbst wenn sie Nahrung bekommen.

Es gab keinen Grund, warum nicht jeder Mann in Australien genug zu essen haben sollte, und ob er nun im Wald oder in der Stadt lebte, er liebte die freie Luft, wo er sich das ganze Jahr über bewegen konnte. Er hatte sich die Lunge aus dem Leib gepustet, er hatte gut gegessen und stammte aus einem wagemutigen Pioniergeschlecht. Wenn ein Anzac-Bataillon unter diesen Hüten die Straße entlangschwang, schien es, als würden die Männer die

Straße mitnehmen, so energisch waren ihre Schritte. Auf Urlaub in London fielen sie ebenso auf. Manchmal trugen sie ein wenig Zinnoberrot mit der Großzügigkeit von Männern, die anderthalb Dollar pro Tag als Lohn erhielten. In vielen Fällen war es das erste Mal, dass sie die „alte Stadt" gesehen hatten, und sie waren weit gekommen und würden morgen vielleicht zum letzten Mal nach Frankreich zurückkehren.

Als ich sie nach ihrer Rückkehr von Gallipoli zum ersten Mal in den Schützengräben sah, war ich in der flachen Gegend bei Ypern, deren Matschigkeit alle Soldaten so verabscheuen. Sie waren es gewohnt, in trockenen Hügeln Gräben auszuheben, wo sie Höhlen mit festen Wänden graben konnten. Hier mussten sie Sandsäcke mit Schlamm füllen und Brustwehren bauen, die häufig durch Artilleriefeuer durchbrochen wurden. Anfangs waren sie schlechte Grabarbeiter gewesen, aber wenn die Demokratie ihre Lektion durch individuelle Erfahrung lernt, wird sie in jeden Mann integriert und ist nicht länger eine Frage von Befehlen. Jetzt vertieften sie Verbindungsgräben und verstärkten Brustwehren und wurden durch ihre Arbeit mit Schlamm bedeckt.

Da ich General Birdwoods fünfte Stunde zuvor aufgestanden war, um ihn auf Inspektion zu begleiten, konnte ich seine Methoden beobachten, und es bedeutet den Männern etwas, ihren Korpskommandeur so früh unter sich zu haben, wenn ein Nieselregen den Morast unter den Füßen aufweicht. Er blieb stehen und fragte die einfachen Soldaten freundlich, wie es ihnen ging, und sie antworteten sofort und offen. Dann gab er einige Anweisungen zu Verbesserungen mit einer Andeutung, die besagte, dass wir alle zusammen arbeiten, aber die ganze Zeit war er der General. Diese einfachen Soldaten hatten ihren australischen Sinn für Humor, der trocken ist, nicht verloren, und als Antwort auf die Frage, wie es ihm ging, sagte einer:

„Na gut, aber wir hätten gern ein bisschen Rum, Sir."

Bei kaltem Wetter war die Verteilung einer Rumration dem Kommandanten überlassen, der sie in den meisten Fällen jedoch nicht gewährte. Dieser tapfere Australier war offensichtlich kein Abstinenzler gewesen.

„Wir geben Ihnen etwas Rum, wenn Sie einen Grabenüberfall durchgeführt und einige Gefangene gemacht haben", antwortete der General.

„Das könnte ein Anreiz sein, Sir!", sagte der Soldat sehr respektvoll.

„Kein Australier sollte einen solchen Anreiz brauchen!", antwortete der General und ging weiter.

„Ja, Sir!" war die Antwort eines anderen Soldaten auf die Frage, ob er in Gallipoli gewesen sei.

"Verwundet?"

"Jawohl."

"Wie?"

„Ich untersuchte eine Bombe, Sir, um herauszufinden, wie sie hergestellt wurde, und zu meiner Überraschung explodierte sie, Sir!"

Die Antwort war nicht einmal mit einem Augenzwinkern verbunden, aber ich war mir nicht sicher, ob dieser große Kerl aus dem Busch auf diese Weise verletzt worden war. Ich verdächtigte ihn eines heimlichen Scherzes.

„Werfen Sie sie das nächste Mal auf die Deutschen", sagte der General.

„Ja, Sir. Es ist sicherer!"

Auf dem Rückweg nach diesem langen Morgen voller Routine kamen wir durch ein Dorf, in dem Australier einquartiert waren. Ein Soldat versäumte es, zu salutieren. Als der General ihn anhielt, schnellte seine Hand in anerkennender Manier hoch, als er seinen Kommandeur erkannte, und er sagte reumütig und mit dem Anflug von Respekt, den ein Mann dem Führer entgegenbringt, an den er glaubt:

„Ich habe nicht gesehen, dass Sie es waren, Sir!"

Der General trug einen Regenmantel mit hochgeschlagenem Kragen, der seinen Rang verbarg.

„Aber Sie könnten sehen, dass es ein Offizier war."

"Jawohl."

„Und Sie grüßen, Offiziere."

"Jawohl."

Was er später wissen würde, war General Birdwoods Befehl, obwohl dieses ständige Erheben der Hand, wie ein Australier sagte, einen zu einer Art menschlicher Windmühle machte, als die Welt so voller Offiziere war. Allmählich begannen alle zu salutieren, und wenn ein Australier salutiert, tut er das auf eine Weise, die Australien zur Ehre gereicht.

Nach einer Zeit des Kampfes zog sich eine erschöpfte Division von der Front zurück und eine frische nahm ihren Platz ein. So kam der Tag, an dem, wie es bei der Truppenzirkulation der Armeen beider Seiten üblich war, sei es in Verdun oder an der Somme, die australischen Bataillone auf dem Weg zur Front ankamen, abgehärtet und diszipliniert durch den Stellungskrieg, mit scharfem Geist und bereit für die kühne Aufgabe, die sie in Pozières erwartete . Diesmal waren die Neuseeländer nicht dabei.

<h1 style="text-align:center">XVI</h1>

DIE AUSTRALIER UND EINE WINDMÜHLE

Die Windmühle auf dem Hügel – Pozières – Ihre Topographie – Die kriegerische Intensität der Australier – Eine „harte Arbeit" – Ein australischer Chronist – Anreize für australische Effizienz – Die deutsche Beschwerde, die Australier seien zu schnell gekommen – Effizienz wie ein Uhrwerk – Mann-gegen-Mann-Geschäfte – Sonnenverbrannte, hagere Bataillone aus dem Wirbel – Die Kämpfe auf dem Bergrücken – Mouquet Farm – Ein Wettkampf zwischen Individualität und Disziplin – „Vorwärts, Australien!" – Neuseeländer – Südafrikaner.

Wenn ich an die Australier in Frankreich denke, muss ich immer an eine Windmühle denken. Das bedeutet nicht, dass sie in irgendeiner Weise weltfremd waren oder gegen eine Windmühle kämpften, denn von der Windmühle war nichts mehr übrig, gegen das sie hätte kämpfen können, als die Eroberung ihrer Ruinen die Krönung ihres ersten Einsatzes an der Somme-Front war.

Auf ihrem Weg diesen Abschnitt des Höhenrückens hinauf kam die Windmühle nach Pozières , so wie der Aufstieg auf den kahlen Berggipfel nach den Abschnitten unterhalb der Waldgrenze kommt. Pozières lag jenseits von La Boisselle und Ovillers -la- Boisselle , von wo aus die Kampfbewegung am Drehpunkt des Punktes, an dem die alten deutschen Befestigungen der ersten Linie am 1. Juli durchbrochen worden waren, nach vorne verlagert wurde.

Pozières zu denken, wird, solange die Geschichte der Schlacht an der Somme andauert, bedeuten, an die Australier zu denken. Ich habe in einer New Yorker Zeitung ein Interview mit dem Stabschef der deutschen Armee gegenüber den Briten gelesen, in dem er korrekt zitiert worden sein muss, da seine Bemerkungen die Zensur passierten. Er sagte, der Verlust von Pozières sei ein Fehler gewesen. Mir gefiel seine Offenheit, mit der er einem Untergebenen die Schuld gab, der, wenn er auch gesprochen hätte, die Anwesenheit der Australier als Entschuldigung hätte anführen können, was ich persönlich für eine ausgezeichnete Entschuldigung halte.

So schwierig es auch ist, die Abfolge der Operationen zu verfolgen, wenn die Chronologie bestenfalls keine Aufschluss über die einzelnen Phasen gibt, so ist es doch angebracht, hier zu erklären, dass der Angriff vom 15. Juli nicht den gesamten Höhenrücken an der Front vor dem breiten Abschnitt der durchbrochenen ersten Linie erobert hatte. Außerdem ist der Höhenrücken nicht wie ein Hausdach, sondern eine höchst trügerische Reihe unregelmäßiger Hügel mit kleinen Plateaus oder Tälern dazwischen, eine Art zerklüftetes Miniaturhochplateau. Der am 15. Juli eroberte Stützpunkt bedeutete keine umfassende Sicht den Hang hinunter zum Haupttal auf der anderen Seite. Selbst ein fünf oder zehn Fuß höherer Vorsprung als das benachbarte Gelände bedeutete eine Barriere für die Artilleriebeobachtung, die von Granaten nicht weggesprengt werden konnte; und der Kampf um solche Positionen sollte wochenlang andauern.

Pozières lag also auf dem Weg zum Höhenrücken und seine Einnahme würde die gewaltigen Verteidigungen von Thiepval in Frontstellung bringen und es den Briten ermöglichen, es von der Seite wie auch von vorne anzugreifen, was das Ziel jeder Strategie ist, egal ob sie mit mobilen Divisionen auf offenem Feld funktioniert oder sich seinen Weg durch Feldbefestigungen bahnt. Daher hatten die Deutschen gute Gründe, Pozières zu halten , da es die Schützengräben der ersten Linie schützte, deren Vorbereitung zwanzig Monate gedauert hatte. Wo immer sie die Briten oder Franzosen davon abhalten konnten, den Kampf auf offenes Feld zu zwingen, was den Kampf zu einem ausgeglichenen Graben machte, retteten sie Leben und Munition durch den Bau von Schanzen und Unterständen.

Pozières einnehmen wollten, war in ihren Augen weniger taktischer als menschlicher Natur. Es war das Dorf, das ihnen zugewiesen worden war, und sie wollten es sofort erkunden und sich in dem Besitz niederlassen, der ihnen gehören sollte, sobald sie es eingenommen hatten, um ihn treuhänderisch für die Einwohner zu verwalten. Ich sah ihnen gern zu, wie sie nach vorne marschierten und in ihren Stahlhelmen, die sie anstelle breitkrempiger Hüte trugen, unwirklich aussahen. Sie strahlten eine Art kriegerische Intensität aus, die vielleicht vom Sonnenlicht eines Inselkontinents herrührte und die theatralische Anpassungsfähigkeit des Äußeren an die anstehende Aufgabe widerspiegelte.

Ihr erstes Ziel war die Hauptstraße. Sie hatten eine „harte Aufgabe" vor sich, darin waren sich alle einig, und das galt auch für die britischen Truppen, die rechts von ihnen operierten.

"Dieses objektive Geschäft hat einen sehr gebildeten Klang, der die Kampfbegeisterung einschränken könnte", sagte ein Australier. "So wie ich es verstehe, ist das die Grenze, an der wir aufhören, egal wie gut es läuft, und die wir erreichen müssen, egal wie schwierig es ist."

Genau. Ein australisches Bataillon brauchte zunächst eine Warnung, damit es nicht weiter vorrückte, was bedeutete, dass die Kommandeure nicht wussten, wo es sich im Granatenrauch befand, und es könnte aus Mangel an Unterstützung rechts und links „eingequetscht" werden, wie ich an anderer Stelle erklärt habe. Im zweiten Fall war eine Warnung angesichts des schwierigen Vorgehens sicherlich unnötig.

Bean kennt alle Einzelheiten der Einnahme von Pozières ; er weiß, was jedes
Bataillon tat, und ich wollte gerade sagen, was jeder Soldat tat. Als die
Australier im Einsatz waren, machte er sich Notizen, und als sie draußen
waren, schrieb er seine Notizen. Er führte vertrauliche Kriegskorrespondenz
über die Leute, die aus allen Gebieten seines Kontinents, seiner Heimat,
kamen. Ich drücke nur die Eindrücke von jemandem aus, der einen
flüchtigen Blick auf die Australier erhaschen konnte, während anderswo die
Schlacht tobte.

Skeptiker hatten natürlich gesagt, Gallipoli sei eine Sache und die Somme
eine ganz andere, und die australische Mann-gegen-Mann-Methode könne
durch das preußische System einen Schock erleiden; andererseits hatten
Skeptiker auch gesagt, die Briten könnten in zwei Jahren keine Armee
aufstellen. Die Australier wussten, was in den Köpfen der Skeptiker vorging,
und das war ein weiterer Ansporn. Sie hatten einen General, an den sie
glaubten, und sie gaben nicht zu, dass irgendein Mensch auf Erden besser
sein konnte als ein Australier. Und ihr Stab? Wenn es natürlich vierzig Jahre
dauert, einen Stab aufzubauen, wie sollten die Australier dann einen haben,
der es mit den Deutschen aufnehmen konnte? Und das war es, was die
Australier tun mussten, Stab und Mann: die Deutschen schlagen.

Als mit uhrwerkartiger Pünktlichkeit die Meldung kam, dass sie alle ihre Ziele
eingenommen hatten, zeigte sich, dass sie ihren Erwartungen entsprachen
und ihre Stabssignale gut funktionierten. Sie hatten auch viele Gefangene, die
sich beschwerten, dass die Australier zu schnell vorrückten. Inzwischen
waren sie auf der einen Straßenseite und die Deutschen auf der anderen,
klammerten sich an Trümmer und schossen aufeinander. Jetzt begann der
Kampf Mann gegen Mann zu zählen. Der Australier überquerte die Straße,
er verfolgte den anderen Kerl und machte eine ruhige Jagd daraus. Dieser
Kampf war zu einer persönlichen Angelegenheit geworden, die ihrem Sinn
für Individualismus gefiel; denn es ist den Australiern nicht angeboren, Angst
zu haben, wenn sie nach Einbruch der Dunkelheit allein draußen sind.

Nachdem sie ihr erstes Ziel erreicht hatten, nahmen sie den Rest des Dorfes
ein, als sie als zweites Ziel erhielten, und sie wurden auch nicht „verjagt“.
Was nützte es, Boden aufzugeben, wenn man einen weiteren Angriff starten
musste, um das Verlorene zurückzugewinnen? Sie waren keine solchen
Arithmetiker, sagten sie. Sie glaubten an Addition, nicht an Subtraktion in
einem Angriffsfeldzug.

So blieben sie, obwohl die Deutschen wiederholt gewagte Gegenangriffe
starteten und in höllischer Verschwendungssucht aus den Kanonen auf
Thiepval und Bapaume zu feuern begannen . Denn das deutsche Personal
war offensichtlich über den „Fehler“ sehr verärgert und sollte Pozières noch
viele Wochen lang beschießen . Wenn sie den Australier nicht aus dem Dorf

vertreiben konnten, wollten sie ihn hohe Steuern zahlen lassen und versuchen, seine Ablösungen zu töten und seine Versorgung zu unterbinden. Dass es den Australiern gelang, unter dem unaufhörlichen Inferno über jenem kahlen Hang Lebensmittel und Männer durch die Verbindungsgräben nach oben zu bringen, ist ein Beweis für ihre Fähigkeit, zwischen den Explosionen hindurchzugleiten.

Sie konnten nicht nur standhalten, sondern griffen auch weiter an. Jeden Tag hörten wir, dass sie mehr Boden erobert hatten, und wann immer wir hinausgingen, um nachzusehen, waren die deutschen Linien immer ein wenig weiter zurück. An einem Tag fragten wir, ob die Australier schon auf dem Friedhof seien; am nächsten Tag waren sie da und am nächsten hatten sie mehr davon, als sie sich bergauf arbeiteten und sich von Grab zu Grab kämpften; und am nächsten Tag hatten sie alles gemeistert, dank einer grimmigen Beharrlichkeit, von der manche sagten, sie würde nicht mit ihrem nervösen Temperament vereinbar sein.

Die Windmühle war ein Wahrzeichen, das den Bergrücken krönte; ein ebenso gutes Ziel wie jedes andere Artillerieziel – ein Vergnügen für jeden Schützen. Nachdem sie in Splitter zerschlagen worden waren, wurden diese durch Sprengsätze überall verteilt, wodurch der Steinsockel in Stücke zerfiel.

Sonnenverbrannte, hagere Bataillone kamen aus dem Wirbel, um sich eine Weile auszuruhen. Mit von Granatsplittern zerschmetterten Helmen, nach Nächten im Regen und glühend heißen Tagen, mit schmutzigen und unrasierten Gesichtern und zerrissenen und fleckigen Kleidern waren sie immer noch Australier, die einem mit dem Gefühl in die Augen sahen, ihr Geburtsrecht als freie Menschen bewiesen zu haben. Manchmal kam der alte Geist, der durch die Situation angestachelt wurde, aus seinen Fesseln. Eines Nachts, als eine Kompanie zum Angriff aufstand, rief die nächste Kompanie: „Wohin geht ihr?“, und auf die Antwort: „Wir haben Befehl, den Schützengraben vorn einzunehmen“, rief die Kompanie, die keinen Befehl zum Vorrücken hatte: „Los, wir werden uns dem Gedränge anschließen!“, und das taten sie, wobei sie mehr Schützengräben einnahmen, als der Plan vorsah.

Die heftigste Phase der Schlacht rückte näher, als die Kämpfe auf dem Bergrücken zu einer blutigen, ringenden Reihe von Clinches werden sollten. Jetzt konnten auf diesem kühnen, baumlosen Gipfel keine Schützengräben ausgehoben werden. Sobald ein Flugzeug eine Linie entdeckte, die sich aus dem Feld der Granattrichter entwickelte, füllten die Kanonen den Graben und begannen, ihn in die für Ackerland auf dem Bergrücken beliebte Form zu rammen.

Schützengräben kamen nicht in Frage, es wurde ein Krieg zwischen Granattrichtern. Hier verschanzte sich ein Soldat mit Gewehr und Bomben oder ein Maschinengewehrschütze vertiefte mit seinem Spaten das Loch für das Gewehr. Das war „Schlachten" nach dem Geschmack der Australier. Es erforderte Mut und Kühnheit des Einzelnen auf dieser von Granaten übersäten, zerwühlten Erde, nachts in neue Stellungen zu kriechen oder zurückzukehren, um Wasser und Nahrung zu holen, tagsüber in Deckung zu bleiben und auf einen Gegenangriff der Deutschen zu warten, die bei diesem grimmigen, heimlichen Vormarsch immer die Verlierer waren.

In Mouquet Farm hatten die Deutschen Unterstände, deren Komplexität erst nach ihrer Einnahme klar wurde. Ein Bataillon konnte darin absolute Sicherheit finden. Lange Galerien führten zurück zu Eingängen in Bereichen, die vor Granatfeuer sicher waren. Über ihnen waren von britischen und australischen Kanonen keine Anzeichen von landwirtschaftlichen Gebäuden mehr zu sehen. Als ich die Ruinen später besuchte, konnte ich nicht sagen, wie viele Gebäude es dort gegeben hatte; und Mouquet Farm war nicht der einzige Stützpunkt, auf den die Deutschen zurückgreifen konnten. In den unterirdischen Tunneln und Kammern sammelten sich die Deutschen für ihre Gegenangriffe, die sie mit etwas von ihrer alten Präzision und ihrem Mut versuchten.

Dies war die Gelegenheit für die Maschinengewehrschützen in den Granattrichtern, die Scharfschützen und den Artilleriefeuervorhang. Manchmal ließen die Australier den Angriff gut vorankommen. Sie ließen sogar Lücken in ihren Linien, damit das Wild ins Netz gehen konnte, bevor sie zu schießen begannen; und wenn ein abgebrochener deutscher Angriff die Flucht ergriff, sahen sich seine Überreste einem unpassierbaren Feuervorhang gegenüber, der sie einschloss, und sie ließen sich in die Granattrichter fallen und hielten die Hände hoch, was das Einzige war, was ihnen blieb.

Auch die Deutschen lernten bald, wie man Granattrichter optimal ausnutzt . Je härter die Australier kämpften, desto mehr spornte sie ihr Stolz an, sich von diesen angeblich undisziplinierten, untrainierten Männern nicht besiegen zu lassen. Die Deutschen forderten mehr Geschütze und bekamen sie. Mouquet Farm wurde zu einer Maschinengewehr-Festung. Die Australier einnahmen sie nicht – ihre Nachfolger nahmen, was davon übrig war. Je näher sie dem Gipfel kamen, der ihr oberstes Ziel war, desto furchterregender und konzentrierter wurde der Artilleriebeschuss, da die deutschen Geschütze nur den Horizont absuchen mussten. Dies galt jedoch in gleichem Maße für die australischen Kanonenschützen, denn die Deutschen drängten sich in Richtung Gipfel, wo die Trümmer der Windmühle liegen blieben, bis sie sich schließlich auf die andere Seite zurückziehen mussten.

Dann versuchten sie, aus der Deckung des Gegenhangs in Gegenangriffen über den Grat zu stürmen, wurden dabei jedoch von Maschinengewehrfeuer getroffen, von Granatsplittern durchlöchert und von Sprengstoff zerquetscht – sie selbst vermischten sich mit den Trümmern der Windmühle. Schließlich gaben sie den Versuch auf. Weitere Versuche zu unternehmen, entsprach nicht der deutschen Disziplin.

Die Australier besaßen die Windmühle genauso wie alle anderen, denn sie befand sich eine Zeit lang im Niemandsland, wo Granatenexplosionen eine Besetzung unmöglich machten. Aber das Symbol, für das sie stand, stand bereit als Ausgangspunkt für den späteren Vorstoß ins Tal, wenn die Kanadier den Platz der Australier einnehmen würden; und bevor sie sich zurückzogen, konnten sie triumphierend auf Thiepval und hinunter auf Courcelette und Martinpuich und über das Tal hinweg nach Bapaume blicken .

Der Verlauf des Feldzugs hatte den Australiern Arbeit beschert, die ihren Neigungen entsprach, als dieser Maschinenkrieg, der an der Somme seine höchste Komplexität erreichte, die menschliche Maschine zwischen Mauern aus Granatfeuer zurückließ, um einzeln gegen die menschliche Maschine zu kämpfen, in einem Kampf von Willen, Mut, Kühnheit, Wachsamkeit und Einfallsreichtum, Mann gegen Mann. „Vorwärts, Australien!" ist das australische Motto; und die Australier rückten vor.

Die Neuseeländer hatten ihre Rolle anderswo und spielten sie auf neuseeländische Art.

"Sie haben es immer geschafft, die ihnen gesetzten Ziele zu erreichen", sagte ein General nach der Einnahme von Flers , "und sie haben ihre Positionen stets mit geringen Verlusten zurückerobert."

Gibt es ein größeres Lob? Erfolg und Sparsamkeit, Mut und Geschick beim In-Deck-Gehen! Denn die Aufgabe eines Soldaten besteht darin, seinem Feind den größtmöglichen Schaden zuzufügen, während er sich selbst so wenig wie möglich schadet, wie jeder immer wieder wiederholen kann. Wahrscheinlich würden die Neuseeländer als Antwort auf das Lob des Kommandanten sagen: „Danke. Warum nicht?", als ob dies das wäre, was die Neuseeländer von sich selbst erwarten. Sie halten vieles an Neuseeland für selbstverständlich, ohne dabei großspurig zu sein.

„Ein verdammt ruhiger Haufen, der eher für sich bleibt", sagte ein britischer Soldat, „aber sympathisch, wenn man sie kennenlernt."

Man konnte sich darauf verlassen, dass der durchschnittliche neuseeländische Soldat interessante Vorträge über soziale Organisation, kommunale Verbesserungen und menschliches Wohlergehen unter staatlicher Führung hielt. Der Grad der individuellen Intelligenz und Bildung war hoch und es schien, als ob er gute Kämpfer hervorbrachte.

Die Australier hatten sich Fuß für Fuß ihren Weg freikämpfen müssen, und die Südafrikaner waren am 15. Juli mit aller Tapferkeit in den Wald von Delville einmarschiert , der zwei Monate lang ein Trümmerfeld sein sollte. Mit einer dünnen Linie hielten sie den gewaltigen Kräften aus hastig zusammengezogenen Reserven stand, die die Deutschen an diesem lebenswichtigen Punkt eingesetzt hatten, der bei einem Überraschungsangriff verloren gegangen war.

All dies geschah auf dem Weg zum Höhenrücken. Die Neuseeländer sollten nach der Einnahme des Höhenrückens an derselben Bewegung teilnehmen wie die Kanadier. Sie befanden sich in der großen Bewegung vom Höhenrücken über eine breite Front. Sie mussten etwa drei Kilometer weit durch offenes Gelände gehen, das für Artilleriefeuer leicht zu treffen war; und sie gingen, hielten ihre Ordnung wie bei einer Parade ein und führten jede Bewegung mit soldatischer Präzision aus, einschließlich der Zusammenarbeit mit den „Panzern". Sie erreichten ihr endgültiges Ziel pünktlich und erfüllten die Aufgabe mit erstaunlich wenigen Opfern und so wenig Aufhebens, dass es wie eine Art geschicktes Feldmanöver wirkte. Alles, was sie erobert hatten, hielten sie und hielten es immer noch, als der Herbstnebel die Artilleriebeobachtung verdeckte und sie für ihre Ruhepause aus dem Sumpf entlassen wurden.

Siebzehntes Kapitel

Der hasserfüllte Grat

Drei mächtige Rassen zermürben ihren Mut – Ein Bergrücken, der berühmt werden wird – Die Deutschen in der Defensive – Bemühungen, die *Moral aufrechtzuerhalten* – Gasgranaten – Sommerhitze, Staub und Müdigkeit – Der Hass der Preußen auf die Briten – An Gewehren festgeschnallte Leichen – Guillemont, ein Körnchen aus Ziegeln, Mörtel und Erde – „Wir müssen nur an ihnen dranbleiben, Sir" – Pirschende Maschinengewehre – Maschinengewehre in Kratern – Britische Fröhlichkeit – Der Krieg wird vorbei sein, wenn er gewonnen ist – Soldaten reden über die Arbeit – Ein Vorfall brutalen Militarismus – Einfache Regeln zum Überleben eines Granatfeuers – Ein „glückliches Heim", wo jede Minute eine Granate eintrifft – Geschäftsmäßige Monotonie der Schlacht – Bedeutungslosigkeit eines Mannes unter Millionen – Ein Sieg der Stellung, des Willens, der *Moral* !

Manchmal kam einem in den Sinn, darüber nachzudenken, was die Geschichte über den Ridge zu sagen hat, und sich auch zu fragen, wie viel die Geschichte, die vorgibt, alles zu wissen, wirklich weiß. So versuchte man, die enorme Bedeutung der ununterbrochenen Schlacht, deren Verlauf den Verstand betäubte, zu verstehen und die Bedeutung der verschiedenen Phasen des Kampfes zu unterscheiden. Nichts hatte den Charakter des Krieges oder seiner Protagonisten, Franzosen, Briten und Deutsche, so gut widergespiegelt wie dieser Kampf um Ressourcen, Mut und Willenskraft dreier mächtiger Rassen.

Wir sprechen immer von Phasen als Ergebnis natürlicher menschlicher Spekulation und der Tendenz, Ereignisse in Gruppen einzuordnen. Beobachter können dieser Neigung ebenso nachgeben wie der zeitgenössische Militärexperte, der anhand seiner Karten schreibt. Es ist historisch anerkannt, dass die erste entscheidende Phase die Schlacht an der Marne war, als Paris gerettet wurde. Die zweite war Verdun, als die Deutschen an der Westfront erneut eine Entscheidung durch eine Offensive mit Hammerschlägen gegen die Frontstellungen suchten; und vielleicht kam die dritte, als die Briten und Franzosen auf dem Höhenrücken ihre grimmigen, hartnäckigen, stückweisen Angriffe fortsetzten und den Feind Woche für Woche in der Defensive hielten, um die Oberhand zu gewinnen, als die Waage bei der neuen Wende des Kräfteverhältnisses ins Wanken geriet und die Initiative zu Beginn dieser neuen Ära von einer Seite auf die andere überging.

Dieser zerfurchte Hang mit seinem sanften Anstieg, dieses Stück Ackerland mit seinen durch Artilleriefeuer von Tag zu Tag kahler werdenden Wäldern, mit seinem täglichen und nächtlichen Donnern, seinem tröpfelnden Zug von Verwundeten und Gefangenen durch die Verbindungsgräben, ein letztes Wort menschlicher Tapferkeit, Fleiß, Entschlossenheit und Ausdauer – dies könnte eines Tages nicht nur das Denkmal für die Stellungen aller Bataillone sein, die hier gekämpft haben, seine Wäldchen, Dörfer und Hügel könnten künftigen Generationen so berühmt sein wie uns Little Round Top, sondern in seinem monströsen Realismus auch ein unsterblicher, von den Kämpfenden nicht verwirklichter Ausdruck des eisernen Willens und der Weitsicht eines Kommandanten bei der Erlangung jener Überlegenheit an Waffen, Menschen und Material, die zur Entstehung der großen Entscheidung führte .

Die Deutschen hatten ihre Offensive in Verdun nach dem Angriff vom 1. Juli nicht aufgegeben. Zumindest zeigte er dort noch Initiative und war zufrieden, dass er gleichzeitig seine Front an der Somme intakt halten konnte. Der darauf folgende Angriff vom 15. Juli erschütterte sein Vertrauen, denn er ließ vermuten, dass die Verwirrung in seinen Linien zu gefährlich wäre, wenn sie sich über eine breitere Front ausbreitete, als dass er etwas anderes als die Defensive in Betracht ziehen könnte. Somit hatte die Offensive der Alliierten seine Offensive gebrochen.

die Moral aufrechtzuerhalten und weitere kühne Schläge wie den vom 15. Juli zu verhindern.

Im Laufe des Sommers tauchten seine Wurstballons wieder am Himmel auf; er erhöhte die Zahl seiner Flugzeuge ; weitere seiner 5,9-Haubitzen schickten ihre Komplimente; er richtete sein Granatfeuer auf Schützengräben und Stützpunkte; er sammelte große Mengen tränenverursachender Granaten und setzte zum ersten Mal Gasgranaten mit einer Großzügigkeit ein, die von seinem Glauben an ihre Wirksamkeit zeugte. Die tränenverursachenden Granaten schmerzen die Augen, und die Deutschen betrachteten sie offenbar als eine großartige Ergänzung zu Sprengstoff und Granatsplittern. War es der Erfolg des ersten Gasangriffs bei Ypern, der sie nun so sehr auf Gasgranaten vertrauten? Wenn die Granate einschlägt, sieht sie aus wie ein „Blindgänger“, also eine Granate, die nicht explodiert ist; dann stößt sie eine Menge Gas aus.

"Wenn einem eine direkt unter die Nase fällt", sagte ein Soldat, "und man hat die Gasmaske nicht auf, könnte man daran sterben. Aber wenn man eine fallen sieht, rennt man nicht los, um daran zu schnuppern, um dem Boche entgegenzukommen und sich selbst zu ersticken."

Ein anderer Soldat meinte, die Deutschen hätten einen großen Vorrat zur Hand und würden diesen aufbrauchen, weil es an anderen Sorten mangele. Die Briten, die zu diesem Zeitpunkt bereits in der Offensive waren, scherzten mit galantem, erstaunlichem Humor über die Flut von Gasgranaten. Auf den

Höhenrücken zu gehen, war ihre reguläre Pflicht. Sie drückten sich nicht davor und begrüßten es auch nicht mit Freude. Sie gingen einfach los, das war alles, wenn ein Bataillon an der Reihe war.

Die Julihitze wurde im Laufe der Schießerei zur Augusthitze. Die Kanonenschützen arbeiteten im Hemd oder mit nacktem Oberkörper. Schweißstreifen zeichneten die Gesichter der Männer, die aus den Schützengräben kamen. Erstickende Staubwolken hingen über den Straßen, die Lastwagen tauchten gespenstisch aus dem sandigen Nebel auf und die Augen ihrer Fahrer lugten unter grauen Masken hervor, die an ihren Gesichtern klebten. Ein Regenschauer war für Briten und Deutsche gleichermaßen ein Segen. Die von Erschöpfung gezeichneten deutschen Gefangenen hatten eine Hautfarbe, die der Farbe ihrer Uniformen entsprach. Wenn die Briten manchmal müde wirkten, musste man nur die Gefangenen sehen, um zu erkennen, dass die Defensive mehr litt als die Offensive. Die Erschöpfung mancher Männer war von einer Art, die eine Woche Schlaf oder ein Monat Ruhe nicht heilen kann; etwas, das tief in ihrem Wesen verankert war.

Für die Deutschen war es eine neue Art des Kampfes. Sie litten darunter, sie waren es gewohnt, die Oberhand zu behalten. In der Anfangsphase des Krieges hatte ihre Artillerie ihre wohlgeordneten Angriffe gedeckt; sie hatten den Feind mit Gewehrfeuer getötet. Jetzt revanchierten sich die Alliierten für das Kompliment; der Spieß war umgekehrt. In der Tat eine bemerkenswerte Veränderung gegenüber dem alten Schlachtruf der Anführer: „Auf nach Paris!", die diese Männer nun zu äußerster Ausdauer und Aufopferung antrieben, indem sie ihnen sagten, wenn sie dem unerbittlichen Hämmern der britischen und französischen Kanonen nicht standhielten, würde ihren eigenen Dörfern das Gleiche widerfahren, was den französischen Dörfern angetan worden war.

Gefangene sprachen davon, dass ihre Offiziere ihnen den Frieden als nahen Zeitpunkt versprochen hatten. Im Juli wurde das Datum auf den 1. September festgelegt. Später wurde es auf den 1. November festgelegt. Der Deutsche war wie ein Schwimmer, der versucht, das Ufer zu erreichen, in diesem Fall den Frieden, mit der Zusicherung derjenigen, die ihn anspornten, dass er mit ein paar weiteren Schwimmzügen dort ankommen würde. So werden Armeen seit Jahren angespornt.

Den Kämpfenden war nicht bewusst, dass hinter den britischen Linien gewaltige Vorbereitungen für die Offensive getroffen wurden, wie den Gefangenen. Die Gefangenen waren meist liebenswürdig, ganz anders als die stolzen Männer, die in den ersten Kriegstagen gefangen genommen wurden, als das Vertrauen in ihr „System" als unfehlbar am größten war. Doch es gab Ausnahmen. Eines Tages sah ich einen Offizier an der Spitze der

Überlebenden seines Bataillons die Straße von Montauban entlangmarschieren, mit erhobenem Kopf, einer Zigarre in aggressivem Winkel im Mundwinkel, sein unrasiertes Kinn und seine staubigen Kleider verstärkten seine Haltung, die ihm sagte: „Geht nach ——, ihr Engländer!"

Der Hass auf die Briten war ein stärkender Faktor in der Verteidigung. Sollten sie, die Preußen, von den Männern der Neuen Armee geschlagen werden? Nein! Stirb zuerst!, sagten die preußischen Offiziere. Der deutsche Stab mochte so gut sein wie immer, aber unter den gemischten Truppen – den Alten und den Jungen, den Hohlbrüstigen und den Breitschultrigen, den Mundatmern mit Brillen und den gebeugten Familienvätern, den kräftigen Jungen in ihren späten Teenagerjahren mit dem Flaum auf den Wangen und den abgehärteten Veteranen, die viele Schlachten im Osten und im Westen überlebt hatten – verfielen sie trotz der eisernen Disziplin zusehends in ihre natürlichen menschlichen Neigungen.

war es Skobeloff , der sagte, dass von hundert Männern zwanzig geborene Kämpfer waren, sechzig Durchschnittsmänner, die impulsiv oder unter guter Führung kämpften, und zwanzig schüchterne Männer; und Armeen wurden auf der Grundlage des Durchschnitts von sechzig Männern organisiert, um sie zu einem Ganzen mit gleicher Effizienz im Kampf zu machen. Der deutsche Stab hatte zu diesem Zweck höchste Finesse geliefert. Sie hatten eine Armee, die eine Maschine war ; doch ihre Einheiten waren aus Fleisch und Blut, und das donnernde Artilleriefeuer und die verbissenen Kämpfe auf dem Höhenrücken mussten eine Wirkung haben.

Während dieser zwei Monate schrittweisen Vorrückens wurde deutlich, dass die sechzig Durchschnittsmänner nicht mehr so gut waren wie früher. Die zwanzig „Funksticks", wie es in der Armee hieß, gaben sich gerne selbst auf, wenn sie ohne Offizier waren, aber die zwanzig Naturkämpfer – nun ja, die menschliche Psychologie ändert sich nicht. Sie waren der Typ, der die Berufsarmeen früherer Tage ausmachte, die Räuber ebenso wie die Leute aus jeder Gesellschaftsschicht, für die die patriotische Pflicht zu einer an Fanatismus grenzenden Erregung geworden war. Mehr Kämpfe ließen sie noch härter kämpfen.

Diese wurden Mitglieder des Maschinengewehrkorps, das einen Eid ablegte, sich niemals zu ergeben. Sie führten Bombenabwehrkommandos an und postierten sich in Granattrichtern, um Angriffen standzuhalten, während um sie herum dichte Granaten einschlugen, oder sie blieben im Schützengraben und versuchten ihr Glück gegen Feuervorhänge, die einen Infanterieangriff deckten, in der Hoffnung, kurz ihre eigene Kugelsalve einschalten zu können, bevor sie getötet wurden. Manchmal wurden ihre Leichen an ihre Gewehre geschnallt gefunden, häufiger wahrscheinlich auf ihren eigenen Wunsch, als Absicherung gegen Desertieren von ihren Posten, als auf Befehl.

Granatfeuer war die Theatralik des Kampfes, das Dröhnen der Gewehre sein Donner; doch Tag und Nacht schien das Stakkato des kleinen Erzteufels des Tötens, des Maschinengewehrs, das vom Ridge kam, ein ebenso wahrer Ausdruck dessen zu sein, was dort immer vor sich ging, wie das Rasseln einer Klapperschlange seinen Charakter ausdrückt. Delville und High Woods und Guillemont und Longueval und der Switch Trench – das sind symbolische Namen dieser Zermürbung, des Heldentums der britischen Beharrlichkeit, die kein Nein als Antwort akzeptierte.

Man hätte meinen können, man hätte nur Ruinen gesehen, bis man die von Guillemont nach der Einnahme sah. Es handelte sich um eine Körnung aus Ziegeln, Mörtel und Erde, vermischt durch die Granateneinschläge, die feste Stoffe zu Staub und zersplitterten Splittern zermahlten. Guillemont lag jenseits des Waldes von Trônes , auf einer offenen Fläche, wo die deutschen Kanonen freie Bahn hatten. Am Stadtrand befand sich ein Steinbruch, und ein Steinbruch, der nicht weniger als ein Bauernhof wie Waterlot im Norden und Falfemont im Süden und flankierend das Dorf bot, bot Schutz. Es war kein richtiger Steinbruch, aber es war ein Loch, das Reserven und Maschinengewehren als Unterschlupf dienen konnte. Die beiden Bauernhöfe, klare Ziele für die britischen Kanonen, hatten tiefe Unterstände, deren Dächer durch die auf sie fallenden Ruinen gegen das Durchschlagen selbst großkalibriger Granaten verstärkt waren. Wie die Deutschen um die Verteidigung von Falfemont kämpften ! Einmal führten sie zwischen Mauern aus Granatfeuer einen Bajonettangriff auf einen britischen Angriff aus, und dort konnte man durch den Nebel das Aufblitzen des Stahls und verschwommene ringende Gestalten sehen.

Guillemont und die Bauernhöfe siegten, und Ginchy , das dahinter lag, siegte, und die Briten hatten ihre Flanke auf einer Anhöhe. Zweimal waren sie in Guillemont , konnten aber nicht bleiben, obwohl sie wie üblich einige ihrer Gewinne behielten. Es war ein Kampf von Unterstand zu Unterstand, von Unterstand zu Unterstand jeglicher Art, der in Schutt oder auf Feldern vergraben war, wobei die Briten weder hier noch anderswo aufhörten, ihren Druck aufrechtzuerhalten. Und der Schutt eines Dorfes hatte einen besonderen Reiz; er gab dem Spaten nach, seine Haufen boten natürlichen Schutz.

Ein britischer Soldat, der von einem der Angriffe zurückkehrte und durch den Wald von Trônes humpelte , brachte mir die grundlegende Feldherrenhaftigkeit der Schlacht zum Ausdruck. Er wirkte äußerlich so emotionslos, als käme er von seinem Arbeitstag nach Hause, respektvoll und gut gelaunt, obwohl er in beiden Armen ein Loch vom Maschinengewehrfeuer und eine Granatsplitterwunde in der Ferse hatte und ein wenig verärgert schien über die zusätzliche Qual einer weiteren Granatsplitterwunde in seiner Schulter, nachdem er die Schusslinie verlassen hatte und auf dem Weg zur Verwundeten-Sammelstelle war. Er bestand darauf, dass er die Zigarette, die ich ihm anbot, an seine Lippen nehmen und auch anzünden könne, und sagte:

„Wir müssen einfach dranbleiben, Sir. Sie werden gehen."

Also blieben die Briten an ihnen dran und die Franzosen taten das an jedem Punkt. War Delville Wood schlimmer als High Wood? Dieser Unterschied in den Qualen ist zu fein, um ihn zu ziehen. Nimmte man einen von beiden vollständig in Besitz, hatte man die Kontrolle über den Höhenrücken in diesem Abschnitt. Der Waldrand auf der dem Feind abgewandten Seite war am einfachsten zu halten. Wegen der eingeschränkten Sicht ist es schwierig, dort Artillerie in Stellung zu bringen, und die darauf gezielten Granaten des Feindes treffen die Bäume und explodieren vorzeitig unter den eigenen Männern. Andere leicht, relativ leicht zu haltende Stellen waren die toten Räume von Schluchten und Klammen. Dort war man außer Schussweite und dort nicht; dort konnte man halten und dort nicht. Maschinengewehr- und Granatfeuer waren verlässlichere Schiedsrichter der Topographie als Karten.

Warum nicht alle Bäume durch die fortwährenden Bombardierungen beider Seiten gefällt wurden, war mir schleierhaft. Am Horizont in der Nähe von Longueval stand ein einsamer Baum , den ich wochenlang beobachtet hatte. Als ich ihn das letzte Mal sah, hatte er noch einen Ast, ja, den Luxus eines Astes, und zeigte mit einer Art Trotz in seine Unempfindlichkeit. Natürlich war er viele Male getroffen worden. Stahlstücke steckten in seinem Stamm, aber nur ein direkter Treffer auf den Stamm kann einen Baum umstürzen. Bäume können zerschnitten und geschnitzt und eingekerbt und zerfetzt werden und trotzdem stehen; und wenn Dörfer bis auf das Holz der Häuser pulverisiert sind, bleibt ein vernarbter Schattenbaum übrig.

So überlebten Bäume in Delville Wood, nackte Äste zwischen umgestürzten und gesplitterten Stämmen und umgedrehten Wurzeln. Wie ein Mensch überleben konnte, war ein Rätsel. Keiner hätte es geschafft, wenn er sich ständig dort aufgehalten und sich der Gefahr ausgesetzt hätte; aber der Mensch ist das schlauste aller Tiere. Mit Gasmaske und Augenschutz bereit, Stahlhelm auf dem Kopf und seinem treuen Spaten, mit dem er sich bei jeder Bewegung ein neues Loch grub, gelang ihm eine unglaubliche Selbstverteidigung. Erde, die hinter einem Baumstamm aufgehäuft wurde, hielt Kugeln auf und schützte seinen Körper vor Granatsplittern. Dort lag er und dort lag ihm gegenüber ein Deutscher, außer wenn Angriffe stattfanden.

Da sie den nördlichen Rand des Waldes nicht erreichten, begannen die Briten, Schützengräben nach Osten in Richtung Ginchy auszuheben , wo die Kartenkonturen den höchsten Punkt der Gegend einzeichneten. Auf der Karte tauchten ständig neue Schützengräben auf, oft mit Gruppennamen wie Coffee Alley, Tea Lane und vielleicht Beer Street. Draußen im Freien entlang des unregelmäßigen Plateaus waren die Granaten nicht gnädiger, die Bombenangriffe und die Untergrabung nicht weniger fleißig bis hin zur Windmühle, wo die Australier dasselbe Spiel spielten. Nachdem der eigentliche Gipfel an bestimmten Punkten erreicht war, mussten diese gehalten werden, bis das Ganze eingenommen war oder genug, um einer Welle von Männern einen Generalangriff zu ermöglichen, ohne ihre Linie durch den Widerstand starker Punkte zu durchbrechen, was Verwirrung bedeutete.

Vor jedem Angriff müssen die Maschinengewehre „zerstört" werden. Keine Initiative eines Pioniers oder Indianer-Scouts übertraf die beim Erobern von Maschinengewehrstellungen. Wenn Ihnen ein Großwildjäger erzählt, dass er Tiger verfolgt hat, fragen Sie ihn, ob er jemals ein Maschinengewehr bis zu seinem Versteck verfolgt hat.

Was die Art des Verstecks angeht, so hat sich hier ein Brite „eingegraben", um bereit zu sein, jeden Gegenangriff abzuwehren und soeben erobertes Gelände zurückzugewinnen. Einige Lagen Sandsäcke sind ebenerdig in die Erde eingelassen, mit einer Aushöhlung dahinter, die groß genug für eine Maschinengewehr-Standarte und zum Schwingen des Laufs war, und für den Schützen, der sich dahinter einen vier bis fünf Fuß tiefen Brunnen mit ausreichendem Durchmesser gegraben hatte, um sich bei „stürmischem Wetter" am Boden zusammenkauern zu können. Er war General und zugleich Soldat seines kleinen Hauses. Inmitten von Granaten und Grabenmörsern, mit Kugeln, die um seinen Kopf sausten, musste er ein kühles Ziel bewahren und jedes Schrotkügelchen, das er aus der Mündung seines Gewehrs feuerte, gegen die auf ihn zukommende Welle von Männern einsetzen, die ihm ausgeliefert waren, wenn er ein paar Minuten am Leben blieb und seinen Kopf behielt.

Er durfte seine Position nicht preisgeben, bevor sich seine Gelegenheit bot. Rund um die Stelle, an der dieser Brite das Fort gehalten hatte, waren Granattrichter wie die Punkte eines Nahschusses um eine Zielscheibe herum; diesmal keine verräterischen Blutflecken, sondern ein Haufen von zwei- oder dreihundert Patronenhülsen, die dort lagen, wo sie hingefallen waren, als sie aus ihren Bleihülsen entleert wurden. Der Insasse hatte Glück, aber nicht ein anderer Mann, der nicht weit entfernt dasselbe Spiel spielte. Geschützsplitter und mit Erde vermischte Stofffetzen erklärten das Schicksal eines deutschen Maschinengewehrschützen, der sein Gewehr auf die gleiche Weise platziert hatte.

Kriechen Sie vor einem Angriff nachts von Granattrichter zu Granattrichter und orten Sie die Maschinengewehre des Feindes. Wenn Ihre eigenen Gewehre und die Grabenmörser sie dann nicht erreichen, schleichen Sie mit Bombenvorräten auf die Pirsch und denken Sie daran, Ihre Bomben zu werfen, bevor der MG-Schütze, der für solche Notfälle ebenfalls einen Vorrat hat, seine wirft. Wenn bei einem Angriff ein Maschinengewehr in die Front einer Kompanie rattert, gehen die Männer in Deckung, während die Offiziere überlegen, wie sie dem Teufel die Stoßzähne ziehen können. Arnold von Winkelried , der die Speere an die Brust legte, um seinen Kameraden einen Weg freizumachen, erwarb seinen Ruhm, weil die Streitkräfte zu seiner Zeit klein waren. Aber angesichts der enormen Streitkräfte, wie sie heute im Einsatz sind, und des so weit verbreiteten Heldentums betrachten wir den Offizier, der hinausging, um ein Maschinengewehr zum Schweigen zu bringen, und tot quer über dem Gewehr liegend aufgefunden wurde, mit dem toten Schützen neben ihm.

Diejenigen, deren Aufgabe es war, zu beobachten, die sechs Korrespondenten Robinson, Thomas, Gibbs, Philips, Russell und ich, gingen und kamen immer mit einem Gefühl der Unfähigkeit und manchmal mit dem Gefühl, dass das Schreiben eine sinnlose Angelegenheit sei, wenn andere kämpften. Die Vormarschlinie auf der großen Karte in unserem Quartier verlängerte sich, während jeden Morgen die kurzen Armeeberichte anhand von Zahlen und Ziffern in die Quadrate eingelesen wurden, mit einer Detailliertheit, die jeden kleinen Schützengraben, jedes Wäldchen, jede Landmarke umfasste, und dann wählten wir aus, wohin wir an dem Tag gehen wollten. Im Korpshauptquartier gab es Karten mit noch mehr Einzelheiten, und Offiziere erklärten uns die Arbeit des Vortages. Wir kannten jeden Wald und jedes Dorf, jeden Aussichtspunkt, jede Verletztensammelstelle und jeden Gefangenenhof ... In den Bataillonslagern in Sichtweite des Höhenrückens und in Schussweite der Geschütze, wo ihre Decken ihnen Schutz vor der Sonne boten, konnte man sich mit den Männern unterhalten, die nicht im Kampf waren, und zu Mittag essen oder sich mit den Offizieren unterhalten, die auf das Kommando zum Wiedereinrücken warteten oder vielleicht auch darauf warteten, zu hören, dass ihr Einsatz beendet war und sie sich im relativ ruhigen Sektor von Ypern ausruhen konnten.

Sie hatten vor dem Schlafengehen ihre Briefe und Pakete von zu Hause bekommen und nach dem Aufwachen Antwortbriefe geschrieben. Jetzt blieb ihnen nichts anderes übrig, als sich zu entspannen und durchzuatmen und die Lebenskraft zu erneuern, die bei der harten Arbeit dort verbraucht worden war, wo Granaten noch immer die Erde zerfetzten, die in Staubwolken aufstiegen, um sich in anhaltendem, passivem Widerstand wieder niederzulassen.

Zu Beginn des Krieges wurde viel über die britische Fröhlichkeit gesprochen; so sehr, dass Offiziere und Soldaten anfingen, sich darüber zu ärgern, weil sie den Eindruck erweckten, sie betrachteten einen Krieg wie diesen als eine Art Urlaub, obwohl dies das Letzte war, was ein vernünftiger Mensch sich außerhalb der Hölle wünschen würde. Ich selbst fragte mich manchmal, ob die Hölle nicht eine angenehme Abwechslung gewesen wäre. Doch diese Beschreibung ist wahr, besonders wahr, sogar inmitten der Kämpfe auf dem Ridge. Fröhlichkeit ersetzt Emotionalität als Rüstung gegen Not und Tod; ein gutmütiges Gleichgewicht zwischen Hochgefühl und Depression, das Lächeln mit Lächeln begegnet und eine Atmosphäre schafft, die allen Wechselfällen überlegen ist. Warum sollten wir niedergeschlagen sein? Warum eigentlich, wenn es nichts nützt. Nicht „Fröhliches England!" Krieg ist keine lustige Angelegenheit; aber ein Engländer kann für sich selbst und seine Kameraden fröhlich sein.

Natürlich sprachen diese Bataillone, Offiziere und Mannschaften, darüber, wann der Krieg vorbei sein würde. Sogar die Eskimos mussten inzwischen eine Meinung zu diesem Thema haben. Die Meinung der Männer, die den Krieg führen, deren Leben die Leben sind, die aufs Spiel gesetzt werden, war vielleicht mehr wert als die der Menschen, die Tausende von Meilen entfernt leben; denn sie sind es, die kämpfen, die aufhören werden zu kämpfen. Für sie wäre der Krieg vorbei, wenn er gewonnen wäre. Die dafür benötigte Zeit war von Mann zu Mann unterschiedlich – ein Jahr, zwei Jahre; und wieder wurden sie satirisch und diskutierten, ob das sechste oder das siebte Jahr das schlimmste wäre. Und sie sprachen über die neuesten Entwicklungen im Kampf; wie man am besten vermeidet, dass Männer durch Granatenexplosionen verschüttet werden; den Wert von Gas- und Tränengasgranaten; das Verhältnis von Sprengstoff zu Granatsplittern; Methoden, Unterstände zu „säubern" oder Maschinengewehre „einzuschmeißen", all dies war eine Routine, die zu einem akzeptierten Teil des Lebens geworden war, wie die Einzelheiten des mitgeführten Lagerbestands und die Verkaufsmethoden in einem Kaufhaus.

Unauslöschlich sind die Erinnerungen an diese Gespräche, die oft Beispiele rassischer Temperamente ans Licht brachten. Eine Kompanie war mehr entsetzt darüber, einen Deutschen an einem Schützengraben festgebunden vorgefunden zu haben, der *als* Feldstrafe durch britisches Granatfeuer getötet werden sollte, als über die Schrecken anderer Männer, die ebenso zerquetscht und zerfetzt wurden, oder darüber, über die feuchten Körper der Toten gekrochen zu sein, oder zwischen ihnen geschlafen zu haben, oder mit Blut- und Fleischspritzern bedeckt worden zu sein – denn dieser Vorfall weckte in ihnen ein Gefühl des brutalen Militarismus, gegen den sie in ihren Köpfen kämpften.

Mit Stahlhelmen und Gasmasken über den Schultern ließen wir unser Auto an der Ziellinie stehen und machten uns auf den Weg, um „etwas zu sehen", während die Kämpfe inzwischen in den Bodenfalten oder Wäldern verborgen waren oder sich am Horizont verloren, wo die Frontlinie einer dieser beiden großen Armeen mit ihrer immensen Konzentration an

Menschen und Material und den mit Transportmitteln und Tausenden von schießenden Geschützen vollgestopften Straßen von ein paar Männern mit Maschinengewehren in Granattrichtern gehalten wurde, deren Positionen manchmal ineinander verwoben waren. Alte Hasen in der Schlacht an der Somme werden Granaten-erfahren. Sie sind diejenigen, die die Franzosen „lackiert" nennen, was bedeutet, dass Projektile von ihrer Anatomie abprallen. Sie halten sich aus Gewohnheit oder aufgrund wissenschaftlicher Artillerie von Punkten fern, auf die der Feind sein Feuer richten würde, und denken immer daran, dass die Deutschen nicht genug Granaten haben, um sie über das gesamte Schlachtfeld zu verteilen.

Es ist nicht ungewöhnlich, dass man sich ein paar hundert Meter von einer Artilleriekonzentration entfernt ziemlich sicher fühlt. Diese Ecke eines Dorfes, dieser Rand eines zerklüfteten Wäldchens, diese Kurve auf der Landstraße, diese versunkene Straße – halten Sie sich von ihnen fern! Jede Art von Schützengraben für Granatsplitter; legen Sie sich flach hin, es sei denn, es ist ein ausreichender Unterstand in der Nähe, der Sie vor Sprengstoff schützt, der in der Erde explodiert. Wenn Sie an der Front sind und hinter Ihnen eine Feuersperre aufgebaut wird, warten Sie, bis sie vorbei ist, oder gehen Sie darum herum. Wenn vor Ihnen eine Feuersperre aufgebaut wird, warten Sie bis zum nächsten Tag – vorausgesetzt, Sie sind Zuschauer. Denken Sie immer daran, wie unwichtig Sie sind, was für eine kleine Figur auf dem großen Feld Sie sind und dass, wenn jede abgefeuerte Granate einen Soldaten getötet hätte, auf dem europäischen Kontinent kein einziger wehrfähiger Mann in Uniform am Leben wäre. Wenn Sie diese einfachen Regeln beachten, können Sie überraschend viele Menschen mit Überlebenschance sehen.

Eines Tages wollte ich in die alten deutschen Unterstände unter einem formlosen Trümmerhaufen gehen, den ein britischer Oberst zu seinem Bataillonshauptquartier gemacht hatte; aber als ich die Situation begriff, wollte ich nicht so weit gehen, dass ich weitermachte. Früher war meine Vorstellung von einem guten Unterstand – und ich bin immer gern in Reichweite eines solchen – eine sechs Meter tiefe Höhle mit einer Decke aus vier oder fünf Schichten Granit, Schutt und Holz; aber jetzt fühle ich mich sicherer, wenn die Trümmer eines Rathauses darauf gestapelt sind.

Die Deutschen feuerten jede Minute mit der Regelmäßigkeit eines Uhrwerks eine Granate auf das „glückliche Heim" des Obersten ab und in Abständen vier Granaten in einer Salve. Man musste zwischen den Granaten davonlaufen, und wenn man den genauen Standort des Unterstands nicht kannte, musste man möglicherweise schon eine ganze Weile danach suchen. Boten, die Nachrichten überbrachten, gingen sowohl auf dem Hin- als auch auf dem Rückweg ihr Glück und zwei Männer wurden getroffen. Der Oberst war zwanzig Fuß unter der Erde, mit einer Mattierung aus Trümmern, darunter auch einem eingestürzten Schornstein über ihm, ziemlich sicher, aber er war ein äußerst unbeliebter Gastgeber. Am nächsten Tag verlegte er sein Hauptquartier und da er nicht rücksichtsvoll genug war, die Deutschen darüber zu informieren, hämmerten diese weiterhin systematisch auf das Dach des unbewohnten Gebäudes.

Nach jedem „Spaziergang" auf dem Schlachtfeld war ich froh, in das Auto zu steigen, das an der „toten Linie" wartete, wo die Chauffeure oft mehr Pech hatten, unter Beschuss zu geraten, als wir weiter vorn. Doch ich kenne keinen schlimmeren Ort als ein Auto, wenn man den ersten lauter werdenden Schrei hört, der einem anzeigt, dass man sich in der Gegend befindet, die von einer oder zwei deutschen Batterien ausgewählt wurde, um einen Teil ihrer Munition zu verfeuern. Wenn man in Gefahr ist, ist man gern auf den Beinen und hat alle seine geistigen Fähigkeiten. Ich pflegte mir Watte in die Ohren zu stecken, wenn ich durch die Gegend der Geschützstellungen ging, um meine Trommelfelle vor den Explosionen zu schützen, aber ich nahm sie immer heraus, sobald ich jenseits der großen Kaliber war, denn ein scharfes Gehör warnte einen nach einiger Erfahrung sofort vor jedem „ Krump " oder Fünf-Komma-Neun, der auf einen zukam, und gab einem Hinweise, in welche Richtung man ausweichen sollte, und ersparte einem auch das unnötige Rennen in einen Unterstand, wenn die Granate weit über einem oder zu kurz vorbeiflog.

Ich war auch froh, als der Wagen das Feld hinter sich gelassen hatte und über die Hügel in friedlicher Gegend war. Aber man kann nie wissen. Fünfzehn Meilen von der Front entfernt war es nicht immer sicher. Einmal, als eine plötzliche Salve von fünfzehn Zoll großen Marinegranaten die Menschen in einer Stadt in Deckung trieb und Splitter über den Platz verstreute, schnitt eine Granate dem Chauffeur den Hinterkopf auf, gerade als wir in unseren Wagen stiegen.

"Werden Sie unter Beschuss genommen?" wurde in der Messe zu einer Frage in der Art von "Werden Sie sich heute einen Nachmittag freinehmen, um Golf zu spielen?" Das einzige Mal, dass ich das Gefühl hatte, meinen Kameraden in Sachen Schleim einen Vorteil zu verschaffen, war, als ich zwei Stunden lang einen Bombenangriff aus der Luft verschlafen habe, während in der Nachbarschaft Flugabwehrgeschütze im Einsatz waren, was, wie ich erklärte, nicht bemerkenswerter war, als zu Hause in einem Hotel zu schlafen, während unter dem Fenster platte Wagen und Motorhupen kreischen. Ein U-Bahn-Mitarbeiter oder ein Verkehrspolizist in New York sollte niemals unter einem Kriegsneurose leiden, wenn er in den Krieg zieht.

Der Bericht über das persönliche Risiko, der in anderen Kriegen vielleicht einen Zeitschriftenartikel oder ein Buchkapitel ergeben hätte, schmolz dahin, sobald man sich hinsetzte, um ihn zu schreiben, da das Ego auf seinen angemessenen Platz im Kosmos reduziert wurde. Individuen waren noch nie so undurchsichtig atomar gewesen. Bei Hunderttausenden im Kampf war persönliche Erfahrung nur dann wertvoll, wenn sie die des Ganzen zum Ausdruck brachte. Jede Geschichte, die man ins Schlachtfeld mitbrachte, war ähnlich wie die anderen, spannend für den Erzähler und Wiederholung für den höflichen Zuhörer, nur dass es ein Offizier war, der gerade frisch aus dem Kommunikationsgraben kam und Neuigkeiten über die Arbeit des Tages mitbrachte.

Somit war die Schlacht statisch geworden; ihre Vorfälle waren wie das Produkt einer mächtigen Mühle. Die Öffentlichkeit, die fälschlicherweise erwartete, dass die Frontlinie durchbrochen würde, wollte Symbole des Sieges an wechselnden Fronten auf der Landkarte und wurde der Berichte allmählich überdrüssig. Dem verstorbenen Charles A. Dana wird das Zitat zugeschrieben: „Wenn ein Hund einen Menschen beißt, ist das keine Neuigkeit, aber wenn ein Mensch einen Hund beißt, ist das eine Neuigkeit."

Wenn die Männer mit Äxten und im Abendkleid angreifen würden, würde das im ganzen Land Schlagzeilen machen, denn die Leute würden an ihren Frühstückstischen sagen: „Hier ist etwas Neues im Krieg!" Dass Männer Männer töten, war keine Neuigkeit, aber ein Bataillon ausgebildeter Bluthunde, die ausgesandt wurden, um die Deutschen zu beißen, wäre eine Neuigkeit gewesen. Ich habe immer versucht, einige der „Neuheiten" aufzuspüren, die die Gunst der Veröffentlichung erhielten, aber obwohl sie im Ausland wohlbekannt waren, hatte der Mann in den Schützengräben nichts davon gehört.

Kugeln, Granaten, Bajonette und Bomben blieben die erprobten und praktischen Methoden dort auf dem Gebirgskamm mit seiner überwältigenden Dramatik, dessen jede Aktion an fast jedem Tag größer war als die von Spionkop oder Magersfontein , was eine Welt in Aufruhr versetzte, in der damals noch keine Kriegserinnerungen lauerten; und sein hervorstechendes Merkmal war immer jene Entschlossenheit, die wie eine Art Schicksal war, in ihrem Fortschreiten an einem steinernen Fundament zu nagen, das nachgeben musste.

Der Höhenrücken war in die eigene Existenz eingedrungen. Man konnte ihn in der Vorstellung ebenso deutlich sehen wie in der Realität, mit seinem Horizont unter Granateneinschlägen und dem Hang mit seinem Labyrinth aus Höhlen und seinen zertrümmerten Schützengräben. In diesen ruhigen Armeeberichten konnte man viele Hinweise lesen: die vielsagende Tatsache, dass die deutschen Verluste beim Abdrängen vom Höhenrücken genauso groß, wenn nicht sogar größer waren als die der Briten, dass ihre Leiden unter einem schwereren Granatenhagel noch schlimmer waren, die zunehmende

Geschicklichkeit der Offensive und das Scheitern deutscher Gegenangriffe nach jedem Vorstoß.

Niemand zweifelte daran, dass der Höhenrücken eingenommen werden würde, und das wurde er auch, oder zumindest alles, was für den Vorstoß nötig war, der alle noch offenen Punkte säubern sollte, und der sich bis ins Tal erstreckte. Dieser Sieg war nicht an der Territorialstärke zu messen; denn in einem einzigen Tag des Ansturms wurde mehr Boden gewonnen als in zwei Monaten Belagerung. Ein Sieg der Position, des Willens, der *Moral*! Indem die Neue Armee in jeder Art von Kampf ihren Stahl und Verstand an dem Stahl und Verstand des Feindes schärfte, hatte sie sich in der höchsten Prüfung aller Qualitäten bewährt.

Achtzehntes Kapitel

EINE WAHRHAFT FRANZÖSISCHE ANGELEGENHEIT

Ein französischer Leutnant Arm in Arm mit zwei einfachen Soldaten – Ein Mittagessen an der Front – Französische Regimentsoffiziere – Drei und vier Streifen auf den Ärmeln für die Zahl der Verwundungen – Dreiundzwanzig Mal über die Brustwehr – Kameradschaft unter Soldaten – Wieder Monsieur Élan – Baby *soixante-quinze* – Ein wahrhaft französischer Vorfall.

Dies war ein weiterer französischer Tag, ein ultrafranzösischer Tag, an dem Monsieur Élan die menschliche Natur spielerisch dazu animierte, beim Anblick explodierender Granaten Urlaub zu machen. Es hatte viele andere Mittagessen mit Generälen und Stäben in ihren Schlössern gegeben, die entzückende und erhellende Anlässe waren, aber dieses war nicht nur in seiner Gesellschaft, sondern auch in seiner Umgebung etwas ganz Besonderes.

Mon Lieutenant , der mich eingeladen hatte, riet mir, ein leichtes Frühstück zu mir zu nehmen, um genügend Raum für die materielle Wertschätzung der Gastfreundschaft seines eigenen Bataillons zu haben, in dem er in den Reihen gekämpft und sich Beförderungen und sein *Croix de guerre* auf eine Weise verdient hatte, die ihm mehr Freude bereitete als der Besitz eines Vermögens, von Schlössern und Hochleistungsautos. Ich habe ihn in den Straßen unserer Stadt Arm in Arm mit zwei französischen Soldaten neben den Franzosen „wandern" sehen, obwohl er Offizier war. Er stellte sie als Angehörige „meines Bataillons" vor, mit so viel Stolz, als wären sie die Generäle Joffre und Castelnau .

Was für eine Kulisse für ein „tolles Mahl", wie er es scherzhaft nannte! Ein Tisch aus Kisten mit Kisten als Sitzgelegenheiten und Blechtellern unter Apfelbäumen mit Blick auf ein Tal, wo die Transport- und blau gekleideten Regimenter sich ihren Weg an den Wirbeln der Männer des Bataillons in einem Rastlager vorbei bahnten, während die *Soixante-quinze* in Abständen von den Hängen dahinter feuerte und eine deutsche Batterie versuchte, einen britischen Wurstballon zu erreichen, der träge in der stillen Luft vor dem blauen Himmel hing und ihn nie erreichte. Ein Wirbel von Figuren, nachdem an einer anderen Stelle einige „ Krumps " geplatzt waren, bedeutete, dass einige Männer getötet und verwundet worden waren.

Da der Oberst und der zweite Kommandant nicht anwesend waren, gab es keine Einschränkungen hinsichtlich der Dienstaltersverteilung bei der Feier, obwohl ich glaube, dass sich die Dienstaltersverteilung, die wusste, was vor sich ging, in ihrer Isolation einsam gefühlt haben könnte. Wir hatten viele Gänge, Suppe, Fisch, Hauptgericht und Braten, Salat und Käse, was Käse war in einem Land, in dem man Käse isst, und köstliche Trauben und Birnen; alles, was der Markt hergab, wurde in Sichtweite der Front serviert. Warum nicht? Frankreich glaubt, dass nichts zu gut für seine Kämpfer ist. Wenn ein Mann jemals das Beste haben sollte, dann, wenn er morgen an die Schusslinie zurückkehrt und harte Rationen bekommt – wenn er morgen für Frankreich sterben könnte.

Den Vorsitz führte der ranghöchste Hauptmann. Er war ein Mann aus anderen Kriegen, verbrannt von der Sonne Marokkos, mit einem militärischen Schnurrbart, der sein temperamentvolles Wesen betonte. Als mein Freund , der Leutnant, dem Regiment als einfacher Soldat beitrat, war er glattrasiert, und sein Oberst fragte ihn, ob er Priester oder Buchmacher sei oder Soldat werden wolle. Am nächsten Morgen ließ er der Natur ihren Lauf, denn der Hinweis des Obersts war für diejenigen, die unter ihm dienten, in allen Dingen Gesetz.

Jeder Offizier in diesem Kolonialbataillon hatte sein *Croix de guerre , dessen Ränge für alle offen standen, unabhängig von ihrem Rang, und Beförderungen für diejenigen, die es sich trotz der Maschinengewehre verdienen konnten, mit denen die einfachen Soldaten der Neuen Armee ihrs verdienten. Ein Offizier mit der Brust eines Herkules, der dem wildesten Preußen oder dem größten Pommerschen ebenbürtig war und noch dazu mindestens einem kleinen* Germanen , erwähnte, dass er in Peking gewesen sei. Ich fragte ihn, ob er einige Offiziersfreunde von mir kenne, die zur gleichen Zeit dort gewesen seien. Er antwortete, dass er damals einfacher Soldat gewesen sei und dass ihm das amerikanische YMCA gefalle.

Auf seiner Brust prangten zahlreiche Medaillen. Darunter die der Ehrenlegion, während sein *Croix de guerre* alle Sterne trug, Bronze, Silber und Gold, und, soweit ich mich erinnere, zwei Palmen, was bedeutete, dass ihm zweimal irgendeine seiner Leistungen in der Hölle offizielle Erwähnung eingebracht hatte, vom Bataillon über die Brigade, Division und das Korps bis zum Oberkommando. Das amerikanische YMCA in Peking sollte stolz auf seine gute Meinung sein.

Der Architekt, groß, gut gebaut, lächelnd und blond, mit einem intellektuellen Gesicht, saß dem kleinen Edelsteinhändler gegenüber, der in seinem Beruf die ganze Welt bereist hatte. Es gab auch einen Künstler, der mit dem Architekten über Kunst stritt, was *mon capitaine* für oberflächlich und haarspalterisch hielt, da er davon überzeugt war, dass sie nur eine wortreiche Anmaßung an den Tag legten und in Wirklichkeit kaum mehr von dem verstünden, wovon sie sprachen als er. In der Politik hatten wir einen Republikaner, einen Sozialisten und einen Royalisten, die laut *mon capitaine* , der nur ein Soldat war, ebenfalls plapperten, ohne einen Unterstand zu erobern. Es war klar, dass der Sozialist und der Royalist beide beliebt waren, ebenso wie mein Freund, obwohl er zum Stab befördert worden war.

Ein weiteres Mitglied war der „Admiral", ein Marineoffizier, der die monströsen Kanonen von zwölf bis siebzehn Zoll befehligte, die auf Eisenbahnwaggons montiert waren. Er schrieb Sonette, während er zweitausendpfündige Geschosse auf ihren Auftrag lenkte, deutsche Unterstände zu zertrümmern. Er mochte es nicht, wenn er sein Ziel nicht sah, aber er hatte es so gut gemacht, dass er dabei blieb. Sein letztes Sonett war an ein abstraktes Mädchen irgendwo in Frankreich gerichtet, das der Sozialist, ein Mann mit kritischem Urteilsvermögen und ausgelassenem Gemüt, sehr lobte und mit der Redekunst eines Coquelin laut vorlas .

Während andere bis zu drei oder vier goldene Streifen auf ihren Ärmeln trugen, die die Anzahl ihrer Verwundungen anzeigten, war der Sozialist dreiundzwanzig Mal bei Angriffen über die Brustwehr gegangen, ohne getroffen zu werden, was er als sicheres Zeichen dafür wertete, dass er die richtige Politik machte, während der Royalist und der Republikaner anderer Meinung waren und *mon capitaine* sagte, Politik sei reine Geschmackssache und Verwundungen seien Glückssache. Daraufhin hielt der Sozialist eine kurze, humorvolle Rede, die er zu sehr von der Ernsthaftigkeit der Tribüne in der Abgeordnetenkammer befreite, wo er eines Tages wahrscheinlich seine Periode donnern wird, wenn er es schafft, weiterhin über die Brustwehr zu gehen, ohne getroffen zu werden.

Ein Mann war, was er als Mann war, und nichts weiter in dieser angesehenen Gesellschaft, die ihre Auszeichnung durch die Auslöschung der Deutschen erlangt hatte. Die Kameradschaft machte alle Meinungsverschiedenheiten, Geburts- und Vermögensunterschiede nur zum Vorwand für Geplänkel in dieser Vielfalt von Typen, vom großen Architekten mit seinem charmanten Auftreten bis zum sachlichen Experten für Diamanten und Opale, vom großen einfachen Soldaten der Kolonialtruppen, der sich seine Schulterklappen verdient hatte, bis zum Kerl mit dem blauen Blut des aristokratischen Frankreichs in seinen Adern. An den Architekten erinnere ich mich besonders, denn er wurde beim nächsten Angriff getötet, und an den Edelsteinhändler, denn eine Granate, die ihm ins Gesicht geschossen hatte, erlaubte seinen Augen nie wieder, das Funkeln eines Diamanten zu sehen.

Aber lasst die Jugend essen, trinken und fröhlich sein im Schatten des Kriegsglücks, das einige von ihnen morgen das Leben kosten könnte, und unten im Lager freie Stellen für Beförderungen von einfachen Soldaten schaffen. Wo bei den Briten Fröhlichkeit die Dienerin der *Moral war* , war es bei den Franzosen Monsieur Élan. Jeder sprach nicht nur mit den Lippen, sondern auch mit den Händen und Schultern, in jener Abwesenheit von Selbstbewusstsein, die der freien Meinungsäußerung Anmut verleiht. Sie sprachen an einer Stelle mit nüchternem und anhaltendem Verlangen und einem Kloß im Hals von ihrer Heimat und berührten die Probleme nach dem

Krieg, den sie gewinnen oder für immer bekämpfen würden, und kamen zu dem Schluss, dass die Männer aus den Schützengräben, die das Sagen hätten, ein neues und besseres Frankreich schaffen und jede Behinderung des Vormarsches ihrer Zahl und ihres Patriotismus beiseite schieben würden.

Wir aßen, bis die Kapazität erreicht war, und trödelten bei schwarzem Kaffee herum. Der Soldat, der alle Gänge mit der Magie des Kaninchens aus dem Hut aus dem Unterstand gezaubert hatte, beteiligte sich gelegentlich an der Unterhaltung, ohne die Fesseln der Disziplin zu brechen. Schließlich wurde auch der Koch vorgeführt, um als wahrer Zauberer gelobt zu werden. Dann gingen wir, um dem Oberst und dem Stellvertreter des Befehlshabers unseren Respekt zu erweisen. Der Oberst war ein kräftiger kleiner Mann, ein Stammmann von seiner ordentlichen Feldmütze bis zu den Sohlen seiner polierten Stiefel, aber mit einem menschlichen Funkeln durch seine Brillengläser, das viel Weisheit im Umgang mit Menschen aller Art widerspiegelte, was zweifellos der Grund war, warum er dieses Bataillon befehligte.

Danach besuchten wir die Männer, die in ihren Quartieren herumlungerten oder eine lächelnde Gruppe bildeten, und jeder von ihnen hatte schnell eine Antwort parat, wenn man ihn ansprach, Männer aller Art, von Apachen aus Paris bis hin zu den Söhnen von Prinzen, vielleicht, während der Washington Post March für die Amerikaner gespielt wurde. Später sahen wir auf der anderen Straßenseite die damals neuen Baby- *Soixante-quinze* -Geschütze für den Grabeneinsatz, die mit freudiger Anerkennung der Tatsache herumgerollt wurden, dass gerade eine Batterie von Father *Soixante-quinze* vorbeikam.

Schließlich kam es zu einem wahrhaft französischen und in seiner Jungenhaftigkeit entzückenden Zwischenfall, als *mon capitaine* andeutete, ich solle *mon colonel fragen, ob er mon capitaine* erlauben würde , in die Stadt zu fahren und mit meinem Freund, dem Admiral und mir zu Abend zu essen und rechtzeitig im Auto meines Freundes zurückzukehren, um morgen mit dem Bataillon an die Schusslinie zu gehen. Also sprach ich mit dem Colonel und das Augenzwinkern, als er seine Zustimmung gab, deutete vielleicht darauf hin, dass er wusste, wer mich dazu angestiftet hatte. *Mon capitaine* aß zu Abend, und zwar gut, und war im Morgengrauen kampfbereit zurück.

Es ist nicht so, dass sich Frankreich verändert hätte; nur dass einige Leute, die es besser hätten wissen müssen, ihre Meinung über das Land geändert haben, als sie nach 1970 in Begleitung anderer Ausländer die Sehenswürdigkeiten von Paris besichtigten.

Neunzehntes Jahr

Mit der Luftfähre

Das Büro des „Überführungspiloten" – Beim Royal Flying Corps sind alle jung – Jede Art von Flugzeug zur Auswahl – Eine fabrikneue Flugmaschine – „Ein guter alter Bus" – Zwanzig Flugzeuge täglich von England nach Frankreich – England aus den Wolken gesehen – Ein Wegweiser aus der Luft – Zwischenstopps – Der Kanal aus 4.000 Fuß Höhe – Außer Sicht in den Wolken auf halbem Weg zwischen England und Frankreich – Rodeln aus den Wolken – Frankreich aus der Luft – Ein guter Flug.

Bei der Beantwortung der Frage, woher all die Flugzeuge kommen , die die verlorenen oder abgenutzten ersetzen, muss ich mich jetzt auf meine persönliche Erfahrung berufen. Diese wurde mir klar, als ich für ein paar Tage Abwechslung von den Kämpfen auf dem Höhenrücken in London war und einen General im Kriegsministerium um die Erlaubnis bat, an die Front zurückzufliegen.

„Warum nicht?", sagte er. „Wann gehst du?"

"Montag."

Er rief einen anderen General an und innerhalb weniger Worte wurden die Vorbereitungen getroffen.

„Und mein Gepäck?", fragte ich.

„Wie viel davon?"

"Ein Koffer."

"Die Maschine müsste das schaffen, wenn man bedenkt, dass sie 150 Pfund Bomben transportiert."

Am Montagmorgen ging ich zur verabredeten Zeit an einer Reihe von Flugzeugen vorbei, die ein Flugplatzgelände flankierten, zwischen denen sich noch andere befanden, die gerade gelandet waren oder gerade aufsteigen wollten, und erkundigte mich nach dem Weg zum Büro des „Fährpiloten". Ich fand es, gekennzeichnet durch ein Schild mit weißen Buchstaben auf einer Tafel, die Hauptstraße hinunter, die von provisorischen Gebäuden umgeben war, die von den Fliegern als Quartier genutzt wurden.

"Ja, in Ordnung", sagte der junge Offizier am Schreibtisch, "aber wir machen heute Morgen keine Überfahrten. Über dem Kanal herrscht ein Sturm."

Wettervorhersagen waren schon vor langer Zeit aus den englischen Zeitungen verschwunden, weil man befürchtete, sie würden den Zeppelinen

Informationen liefern. Sie waren nun das Vorrecht derjenigen, die mit dem Flugzeug reisten oder Luftangriffe abwehrten.

„Vielleicht klart es heute Nachmittag auf", fügte er hinzu. „Warum gehen Sie nicht in die Messe, machen es sich bequem und kommen gegen drei zurück? Vielleicht können Sie dann gehen."

Um drei war ich wieder in seinem Büro, wo fünf oder sechs junge Flieger auf ihre Befehle warteten, so wie Jockeys warten, bis sie an der Reihe sind, ihre Pferde auszuladen. Beim Royal Flying Corps sind alle jung, und jeder denkt und spricht in der Sprache der Jugend.

„Sie können sofort loslegen!", sagte der Beamte am Schreibtisch.

Natürlich musste ich einen Pass haben, eine vervielfältigte Kopie, auf der mein Name als Passagier anstelle von „Maschinengewehrschütze" stand; oder anders ausgedrückt, ich war ein Spritztourist, der offiziell von einem Flugplatz in England zu einem Flugplatz in Frankreich gebracht werden musste. Die Jugend lachte, als ich diese Ansicht vertrat. War ich schon einmal geflogen? Oh ja, eine Tatsache, die die Situation noch entspannter machte.

„Was für einen Bus möchten Sie?", fragte der Pilotenmeister. „Wir haben heute alle möglichen Typen im Angebot. Treffen Sie Ihre Wahl."

Ich ging ins Feld, um mein Ross auszuwählen, und entschied mich für einen großen „Pusher", bei dem Pilot und Passagier vorne sitzen und den Propeller und das Dröhnen des Motors hinter sich haben. Sie war am Tag zuvor von der Fabrik über England geflogen und war nach der Probefahrt bereit für die Kanalpassage.

„Sie übernehmen sie", sagte der Flugkapitän zu einem der Wartenden aus der Gruppe.

Dann fiel jemandem ein, dass ein weiteres offizielles Detail übersehen worden war, und ich musste meinen Namen und meine Adresse sowie meine nächsten Angehörigen angeben, um Formalitäten zu erledigen, die Neulinge beeindrucken sollten, während die Jugend mit 43 lächelnd zusah, was klug, wenn nicht leichtsinnig war. Sie steckten mich in eine Fliegerausrüstung mit zusätzlichem Rettungsring für den Fall, dass wir im Kanal untertauchen sollten, und ich kletterte in meine Position für die lange Fahrt, einen geräumigen Platz im halbrunden Bug des Ungetüms, der normalerweise von einem Maschinengewehr und einem Schützen besetzt war.

„Das ist ein guter alter Bus, sehr stabil. Sie wird Ihnen gefallen", sagte einer aus der Gruppe der zuschauenden Jugendlichen.

Es gab keine Gurte, da diese völlig unnötig waren, aber auch keinen Sitz.

„Was ist *à la mode* ?", fragte ich.

„Steh auf, wenn du willst!"

„Oder setzen Sie sich auf die Kante und lassen Sie die Füße darüberhängen!"

Wir lachten alle, denn die Fliegertruppe ist nie trübsinnig. Sie steigt auf und landet, kämpft und stirbt lächelnd.

„Ich schätze Ihre Gastfreundschaft, aber da ich keine Ausbildung im Trapeztraining habe, spiele ich lieber den Türken", antwortete ich und hockte mich mit gekreuzten Beinen hin. In dieser Position konnte ich über das Geländer nach rechts, nach links und nach vorne schauen. Die Welt gehörte mir.

Da das Fliegen im Jahr 1916 nichts Neues war, werde ich mich nicht in Rhetorik ergehen. Die Relevanz dieser Erfahrung lag ganz und gar darin, dass ich die Luftfähre nahm, die im Durchschnitt zwanzig Flugzeuge pro Tag nach Frankreich schickte, und vielleicht fünfzig, wenn das Wetter den Verkehr am Vortag aufgehalten hatte. Ich sollte auf einem überfüllten Dampfer die Wolken statt der Wellen durchkämmen und einen Blick hinter die Vorhänge der militärischen Geheimhaltung der Wunder der Ressourcen und der Organisation werfen, die für die Wundertäter selbst eine Selbstverständlichkeit sind.

Es sollte ein direkter, geschäftlicher Flug werden, eine Routineangelegenheit, ein Flug ohne Verweilen auf dem Weg oder unnötige Distanzen, um das Ziel zu erreichen. Es würde für das Flugzeug schon riskant genug sein, wenn es mit seinem Maschinengewehr in Stellung in feindliches Gebiet eindrang. Der Glanz zweier Stahllinien einer Eisenbahnlinie bestimmte unseren Kurs. Nachdem wir eine Höhe von drei- oder viertausend Fuß erreicht hatten, peitschte uns gelegentlich ein Regenschauer ins Gesicht und dann wieder der sanfte Nebel einer Wolke.

Es war echtes englisches Wetter, bedeckt; und England entfaltete sich vor unseren Augen, ein riesiger Garten mit Hecken, Feldern und ruhigen Dörfern, der noch nie in seinem satten Grün so vollständig zur Geltung gekommen war. Wir überholten Züge, die in unsere Richtung fuhren, und fuhren an Zügen vorbei, die in die entgegengesetzte Richtung fuhren, unter ihren Dampfschwaden. Nur ein gelegentliches Zeltlager ließ vermuten, dass das Land im Krieg war. Das sanfte Licht ließ die verschiedenen Farbtöne der Landschaft zu einem verträumten Ganzen zusammenschmelzen, und immer war der Eindruck eines Landes, das für seine Hecken, seine Weiden und seine Inselabgeschiedenheit geliebt wird, geliebt wie ein Garten. Um es zu sichern, flog dieses Flugzeug, und die große Armee in Frankreich kämpfte.

Nach vierzig Minuten des nie endenden Flugrauschs schlug der Pilot mit einem der Flügel, der wie ein Trommelfell klang, um meine Aufmerksamkeit zu erregen, und deutete auf einen riesigen weißen Pfeil auf einer Weide, der auf die Nebelbank zeigte, die den Kanal verbarg. Dies war der Wegweiser der Luftfähre. Er drehte sich um ihn herum, um mir eine bessere Sicht zu geben, was seine einzige Abweichung von der Routine war, bevor er auf der Pfeillinie seinen Kurs einschlug und die Eisenbahn hinter sich ließ, während vor ihm der grüne Teppich in einem dunstigen Horizont zu enden schien.

Normalerweise stiegen die Piloten beim Aufsteigen zur Kanalüberquerung auf eine Höhe von 10.000 Fuß auf, damit sie im Falle eines Motorschadens genügend Spielraum für einen langen Gleitflug hatten, der es ihnen ermöglichen würde, das Ufer zu erreichen oder, falls sie im Meer landen müssten, in der Nähe eines Schiffes abzusteigen. Sowohl in England als auch in Frankreich gibt es entlang der etablierten Luftroute bestimmte Zwischenstationen, die Gummireifen einen sanften Empfang bieten und Benzin bereithalten, falls Nachschub benötigt wird. Mein Pilot, der früher bei der Marine gewesen war und aus Südafrika gekommen war, um „seinen Beitrag zu leisten", war stolz darauf, dass er bei zwanzig Überquerungen nie einen Zwischenstopp einlegen musste. Heute hielten uns die Wolken auf einer Höhe von nur 4.000 Fuß.

Hügel und Täler gibt es nicht, da die Landschaft für das Auge eines Piloten, wie wir wissen, flach ist. Doch entgegen aller Vernunft kam ich aufgrund einer geistigen Schwäche zu dem Schluss, dass dieses optische Gesetz nicht für die Kreidefelsen gelten sollte, als wir an die Küste kamen. Dort war nur die grüne Grasnarbe zu sehen, die sie krönte, und dahinter eine graue Linie, der Strand, dessen Saum aus weißer Spitze sich bewegte – die Brandung.

Soldaten, die auf dem üblichen Weg aus dem Urlaub zurückkehrten, hatten eine holprige Überfahrt, was man an den Schaumkronen erkannte, die wie kleine weiße Blumen auf einem Zinntuch aussahen; nur wenn man eine fest ansah, verschwand sie und andere tauchten an ihrer Stelle auf. Ansonsten war der Kanal bei schwerem Seegang so still wie ein gemalter Ozean mit gemalten Schiffen, die, wie schnell sie auch fuhren, uns nicht entgegenkamen, da wir in unserem Bus so ruhig fuhren wie ein Motorboot auf einem glasklaren See.

Ich schaute auf meine Uhr, als wir die Spitzenkante auf der englischen Seite überquerten und noch einmal, als wir sie auf der französischen Seite überquerten. Die verstrichene Zeit betrug siebzehneinhalb Minuten, was selbst für den breiteren Teil des Kanals, den wir wählten, keine schnelle Fahrt ist. Das schnellste Flugzeug, so wurde mir gesagt, hat die engste Stelle in achteinhalb Minuten geschafft. Da er nicht so hoch wie üblich flog, gab der Pilot nicht so viel Gas, da ein Motorschaden für seinen Passagier umso unangenehmer sein könnte, je niedriger die Höhe war.

Jetzt jedoch stiegen wir auf halber Strecke der Überfahrt in die graue Uferböschung über uns auf; in der einen Sekunde war der Kanalboden da und in der nächsten nicht. Unter uns war Nebel und vor uns und hinter uns und über uns nur Nebel, weich und kühl im Gesicht. Wir waren völlig außer Sichtweite von Land und Wasser, über den Wolken, losgelöst von der Erde, verloren im Himmel zwischen England und Frankreich.

Das war für mich der große Augenblick. Ich war weg vom Lärm der Gewehre, weg von den Schlagzeilen der Zeitungen, die die neuesten offiziellen Meldungen verkündeten, weg von Gefangenenlagern und Verwundetensammelstellen, weg von Unterständen und Schützengräben und dem Höhenrücken. Hier herrschte echter Frieden, der Frieden der Unendlichkeit – und niemand konnte einen fragen, wann man glaubte, der Krieg würde zu Ende sein. Man war ein Niemand, und doch war man wieder einmal die ganze Weltbevölkerung, man und der Pilot und das Flugzeug, in einem Sinne vollkommen hilflos und in einem anderen herrlich sicher. Sogar er schien ein Teil der Maschine zu sein, die einen schnell vorwärts trug, ohne jedes Gefühl von Geschwindigkeit außer der treibenden Frische der Luft in einem Gesicht. Ich hatte das Gefühl, dass es mir nichts ausmachen würde, ewig weiterzumachen. Die Zeit war unbegrenzt. Es gab nur Raum und das Summen des Motors und den schwach schimmernden Lichtkreis des Propellers und diese beiden starren Flügel mit ihrem Maßwerk aus Streben.

Wir waren nicht lange außer Sichtweite von Land und Wasser, aber lange genug, um in uns den Wunsch zu wecken, den Kanal noch einmal zu überfliegen, das nächste Mal in 3.000 Metern Höhe, wenn er nur ein schimmernder Streifen war, der zeitweise von Flecken leuchtender Heiligenscheine verdeckt wurde.

Der Motor stoppte. Es herrschte die Stille der Wolken, gedämpfte Stille, gedämpft durch den Nebel. Dann fuhren wir auf einem geräuschlosen Schlitten, und als wir das Ende einer Gleitstrecke von über 300 Metern erreicht hatten, tauchte vor uns Frankreich auf mit seinem Geflecht aus Brandung und einer weiten Fläche aus Kreidefelsen in einem Winkel und einer Landschaft, die aus dem Dunst aufstieg. Noch ein paar Minuten und der Salzfaden, der Napoleon von England fernhielt und Deutschland von England fernhielt, lag hinter uns. Wir waren über dem europäischen Kontinent.

Ich hatte den Charakter Englands und Frankreichs noch nie so gut verstanden. England bestand aus vielen kleinen Gärten, die durch Straßen und Wege miteinander verbunden waren; Frankreich war ein einziger großer Garten. Majestätisch in ihrer Anmutung von Weite waren diese breiten, hecken- und zaunlosen Felder, deren Anbauflächen so scharf gezogen waren wie alle Linien einer Ebene, Felder zwischen den Waldstücken und den Dörfern und Städten, die ein Land enthüllten, in dem der ganze Boden bestellt war.

Bald überquerten wir Lager, die ich kannte, und lange, gerade Autobahnen, die ich auf meinen Wegen oft befahren hatte. Aber wie leer schienen die Straßen, auf denen man ständig an Lastwagen und Kanonen vorbeifuhr! Lange, graue Streifen mit gelegentlichen Flecken, die sich mit zunehmender Höhe auflösten wie verstreute Perlen, die zu einem Band verschmelzen! Reservegräben, die ich ebenfalls kannte, waren weiße Markierungen auf einer flachen Oberfläche in ihrer üblichen Traversenkontur. Da war das Schloss, in dem ich monatelang gelebt hatte. Ja, das konnte ich erkennen, und da war die Stadt, in die wir zum Markt gingen.

Wir flogen um den Turm einer Kathedrale herum, tief genug, um die Menschen auf den Straßen zu sehen, und dann, in einem letzten langen Gleitflug, nach einer Stunde und fünfzig Minuten in der Luft, berührten die Gummiräder den Boden, stiegen auf und berührten ihn erneut, bevor der stabile alte Bus nicht weit von einem anderen Flugzeug, das erst wenige Minuten zuvor angekommen war, langsamer wurde. Wenn auf einen Tag mit schlechtem Wetter ein Tag mit gutem Wetter folgt und die Landungen häufig sind, flattern die Flugzeuge wie Pinguine auf diesem Flugplatz herum, bevor sie von den geschäftigen Flugbegleitern in einer Reihe am Rand des Feldes oder im Schutz der Hangars eingeteilt werden.

Wir hatten keine dieser aufregenden Erfahrungen gemacht, die man bei Luftbeförderungsflügen machen sollte, sondern hatten eine vollkommen sichere, normale Reise hinter uns, was, ich wiederhole, der eigentliche Sinn dieser wunderbaren Sache mit der Luftfähre war. Ich ging ins Büro und meldete meine Ankunft offiziell, während der Pilot gleichzeitig die Auslieferung seines Flugzeugs meldete.

„Gute Nacht", sagte er. „Ich muss los, um morgen den Dampfer zu erreichen, der einen weiteren Bus herüberbringt."

In der Nähe wartete mein Wagen mit seinem Chauffeur, der mich in seiner ruhigen englischen Art fragte, ob ich „einen guten Flug gehabt hätte, Sir". Bald befand ich mich wieder in der Atmosphäre des Militärs, während der Wagen die Straße entlangraste, vorbei an Lagern, Dörfern und Lastwagen, bis wir über einen Hügel kamen und im Mondlicht der Turm der Kathedrale von Amiens über der dunklen Masse der Stadt vor dem trüben Horizont auftauchte.

XX

DIE IMMER MÄCHTIGEN GEWEHRE

Tausend Kanonen auf den Ruf des Meisters – Lehrmeister der Kanonen – Immer mehr Kanonen, aber nie zu viele – Das Können des Kanonenschützen, bei dem es um Leben und Tod geht – „Großmutter", die erste der 15-Zoll-Haubitzen – Soldatenmechanik – Im Krieg geht es immer noch um Raketen – Verbesserungen in der Artillerie – Dritte Schiene des Schlachtfelds – Das Spiel der Kanonen, die Kanonen Schachmatt setzen – Ein Niagara des Todes – Ein riesiges Stahlrohr, bemalt mit Froschflicken.

Wie versöhnlich war dieser weltgewandte Artilleriegeneral, ein Genie unter Fachleuten, wie man sagte, mit dem Meister einer donnernden Magie, die ihre tödlichen Blitze über das deutsche Gebiet schoss! Er ließ eine rote Stecknadel auf der Karte verschieben, und ein Traktor schleppte eine Neun-Zoll-Kanone an eine neue Position; eine schwarze Stecknadel und eine Batterie von Achtzehnpfündern machten sich auf den Weg. Tausend Kanonen antworteten seinem Ruf mit hunderttausend Granaten, wenn es ihm gefiel. Ich hatte Ehrfurcht vor ihm, denn das Chaos schien auf Knopfdruck seinen Befehlen zu gehorchen.

Wirbelwindvorhänge aus Feuer und kriechende und springende Vorhänge waren seine vertrauten Diener, und er setzte mit seinen Verbesserungen den neuesten Trend. Hatten die Franzosen oder die Deutschen etwas Neues? Das verwendete er. Hatte er etwas Neues? Er gab die Methode an die Franzosen weiter und ließ die Deutschen von ihren Ergebnissen profitieren.

Beobachter, die in den Körben von Beobachtungsballons saßen, Flugzeuge , die tief kreisten und Gefahr liefen, von Flugabwehrfeuer getroffen zu werden, Männer, die in Baumkronen saßen, und andere, die in Schützengräben an vorderster Front Granaten beobachteten, waren die Augen für die Wissenschaft, die er auf seiner Karte ausarbeitete. Jene Geschützstellungen und -reihen, die scheinbar einfach Granaten aus ihren Verstecken ins Blaue abfeuerten, spielten unter seinem Taktstock fortissimo und pianissimo. Er korrelierte ihre Bemühungen, gab ihnen Ziel und System in ihrem tosenden Geschoßverkehr.

Sir Douglas Haig war der Schulmeister des Ganzen, aber er war der Schulmeister der Kanonen. Nach den grausamen Tagen des Frontvorsprungs, als er mit Relikten aus Festungen und allem, was man gegen die deutsche Artillerie improvisieren konnte, arbeitete, kam das neueste Wort in Sachen schwarzkehlige, feurig-züngige Monster aus England, wo die neuen Kanonenschützen ihr ABC gelernt hatten und er und seine Assistenten ihnen Stereometrie und Differential- und Integralrechnung beibringen und ihnen eine mühsame Erfahrung vermitteln sollten, die noch nützlicher war.

Seine Schar wurde immer größer, je mehr Geschütze eintrafen, aber nie zu viele. Es kann nie zu viele sein. Pflanzen Sie sie so dicht wie Bäume in einem Wald, und zwar zehn oder zehn Meilen tief, und es würde nach dem Kriterium der Infanterie nicht genug sein, für die das Kriegsglück immer mehr von der Artillerieunterstützung abhing. Er muss mit der Genugtuung eines Bauern über eine große Ernte gelächelt haben, die den Kornspeicher füllte, während sich der Granatenstapel eines Munitionsdepots über das Feld ausbreitete, und er konnte mit dem Stolz eines Landbesitzers zu seinen Geschützen gehen, der seine Herde hütete. Er kannte alle Krankheiten, die Geschütze erben konnten, und ihre Charakterschwächen. Ein Geschützendoktor gehörte zur Einrichtung. Dieser Spezialist ging zu den Geschützen, fühlte ihren Puls, hörte sich ihre Symptome an und entschied, ob sie in einem Feldlazarett behandelt werden konnten oder zum Stützpunkt zurückkehren mussten.

Temperament? Eine alte 8-Zoll-Haubitze, die bei einem Dutzend Feuervorhängen geholfen und in zahlreichen Unterständen gesprengt hat, kann ein Virtuose in Sachen Temperament sein. Viele Dinge spielen bei der Beherrschung der Magie des Donners eine Rolle, vom klaren Sehvermögen der Beobachter, die genau sehen, bis zur Präzision der Fähigkeiten des Schützen, des Pulvers, der Zündschnur und hunderter Kleinigkeiten, die nie genau genug beobachtet werden können. Ein Fehler des Munitionsinspektors weit weg in Übersee kann das Leben vieler Soldaten kosten oder das Schicksal eines Angriffs ändern.

Vergleichbar nur mit der Fertigkeit des Chirurgen, bei der es um Leben und Tod geht, ist die des Schützen. Der Chirurg versucht, ein Leben zu retten, das durch ein Ausrutschen des Messers zerstört werden kann; der Schütze versucht, Leben zu retten und zu nehmen. Auf die Fertigkeiten des Schützen muss ein junges und kräftiges Leben, gestählte Muskeln durch Training und Drill, ein Mann in seiner reinsten Form vertrauen. Eine kleine Unachtsamkeit oder der kleinste Fehler, und Monster mit ihrer langen, feurigen Reichweite können Sie in den Rücken treffen, statt den Feind vor Ihnen, und statt Toten und Verwundeten und Kapitulation zwischen zertrümmerten Unterständen und Maschinengewehrstellungen können Sie von einem Bombenhagel empfangen werden. Kein Wunder, dass Schützen hart arbeiten! Kein Wunder, dass die Disziplin durch die Schraube der furchtbaren Verantwortung angezogen wird!

An der Front hatten wir eine Art Ehrfurcht vor Großmutter, der ersten der 15-Zoll-Haubitzen, die als verspätete Antwort des „vorbereiteten England“ eintraf, das dem „unvorbereiteten Deutschland“ den Krieg aufzwang, auf die berühmten 42-Zentimeter-Haubitzen, die Lüttich und Maubeuge bombardierten . Sanft wurde Großmutter mit ihrem hässlichen Mund und kurzen Hals und den riesigen Stahlrippen, die sie stützten, bewegt und gepflegt; denn auch sie war temperamentvoll. Danach kamen Großvater und Onkel und Cousin und Tante und viele erwachsene Söhne und Töchter, bis die Briten die Stadt Lille in Ruinen hätten verwandeln können, wenn sie gewollt hätten; aber sie beschränkten ihre Zerstörung auf die Dörfer an der Somme, die einen bemerkenswert geringen Sachverlust darstellen, da ein durchschnittliches Dorf für nicht mehr als zweihunderttausend Dollar wieder aufgebaut werden konnte.

Auch andere Kinder kleineren Kalibers kamen in überraschender Zahl. Täuschen Sie sich nicht über diese Neun-Zoll-Haubitze, die nur wie ein monströses Stahlrohr aussieht, das eine monströse Granate abfeuert, und kein fein abgestimmtes Stück Mechanismus ist. Der Schütze, dessen Kleidung ölgetränkt ist und deren Verschluss auseinandergenommen hat, schenkt dem Geschützfeld um ihn herum oder der Explosion einer Granate hundert Meter entfernt keine Beachtung, ebenso wenig wie der Mann mit einer Motorpanne dem vorbeifahrenden Verkehr. Ist er ein Soldat? Ja, seiner Uniform nach zu urteilen, aber in erster Linie ist er ein Mechaniker, dieser Mann aus Birmingham, der dieses schwere Stück Stahl poliert, das, wenn es im Verschluss einrastet, die Granate fest an ihrem Platz hält und die gesamte Kraft der Explosion durch die Mündung leiten lässt, während der Rückstoßzylinder den Stoß so gut aufnimmt wie bei einem Schlachtschiff, ohne dass die Basis in den Trümmern eines Dorfes erzittert. Er schüttelt den Kopf, dieser beschäftigte Mechaniker . Es könnte notwendig sein, den Waffenarzt zu rufen. Sein „How" ist schon lange im Einsatz, zeigt aber noch nicht die Anzeichen allgemeiner Schwäche der Acht-Zoll-Batterie in der Nähe . Sie haben dreimal so viel abgefeuert wie erlaubt und sind immer noch für verschiedene Zwecke gut zu gebrauchen, wenn der Generalartillerist auf seiner Karte mit roten und schwarzen Stecknadeln spielt. Die Lebensdauer der Geschütze hat alle Erwartungen übertroffen; aber die kleineren Kaliber vorn und die *Soixante-quinze* dürfen nicht unter allgemeiner Schwäche leiden, wenn sie sich auf einen Feuervorhang legen, um einen Angriff abzudecken.

Im Krieg geht es immer noch um Geschosse, um mit Pulver abgefeuerte Raketen, egal ob mit Kanonen oder Gewehren, wie zu Napoleons Zeiten, wobei sich die Reichweite, Präzision und Zerstörungskraft geändert haben. Die einzige Neuerung ist das Flugzeug , denn der Gasangriff ist eine andere Form des chinesischen Stinktopfs, und unser alter, mysteriöser Freund, das griechische Feuer, dürfte einen Vorgänger des *Flammenwerfers* haben. Der Panzer mit seinen Maschinengewehren wendete das Prinzip der Geschosse aus Kanonen hinter einer Panzerung an. Stahlhelme würden mittelalterliche Ritter kaum als Neuerung betrachten. Bomben, Handgranaten und Mörser sind ebenfalls alte Formen der Kriegsführung, und der Nahkampf mit dem Bajonett wird, wie allen praktischen Beobachtern vor dem Krieg klar war, so lange bestehen, wie die einzige Möglichkeit, eine Position einzunehmen, die Anwesenheit von Männern vor Ort ist, und solange die Verteidiger um ihre Position in einer Arena kämpfen, in der sie frei von Störungen durch Kanonen sind, die ihr Feuer aus Angst vor Verletzungen der eigenen Soldaten wie auch des Feindes einstellen müssen.

Trotz aller europäischen Erfindungsgabe, die in diesem Krieg zum Einsatz kam, wurden weder Hitzestrahlen noch andere revolutionäre Tötungsmittel entwickelt, die Gewehre und Pistolen wirkungslos machen würden. Es geht immer noch darum, Geschosse zielgenau auf den Gegner zu schießen, nur dass man heute, wo früher Speere, Lanzen oder Pfeile zum Einsatz kamen, mit Granaten eine Reichweite von einer bis zu dreißig Kilometern erreichen kann. Und je mehr Treffer man mit Speeren oder Pfeilen und je mehr Treffer man mit Granaten erzielen kann, desto wahrscheinlicher ist es, dass man den Sieg davonträgt. Wo Pfeilsalven die Sonne verdeckten, bedecken jetzt Sperrfeuer die Erde.

Die Verbesserung des Granatfeuers ist an sich schon revolutionär genug. Die Leistung der Geschütze hat stetig zugenommen. Was sie leisten können, wird durch den Bericht eines deutschen Bataillons an der Somme gut veranschaulicht. Als es 16 Kilometer von der Front entfernt war, schlug eine 15-Zoll-Granate in seinen Quartieren ein, kurz bevor es vorrücken musste. Unterwegs war das Glück auf jeder Stufe des Vorrückens nicht auf seiner Seite und es wurde abwechselnd von 9-Zoll-, 8-Zoll- und 6-Zoll-Granaten getroffen, ganz zu schweigen von den Bomben eines tieffliegenden Fliegers und später von 18-Pfündern. Als es die Schützengräben erreichte, war ein vorbereitender Beschuss der Schicksalsschlag, der zur sofortigen Kapitulation von etwa 200 Überlebenden vor einem britischen Angriff führte. Die übrigen tausend Männer waren praktisch alle Opfer von Granatexplosionen, was, wenn man eine gewisse Übertreibung in der Geschichte eines Gefangenen zugibt, veranschaulicht, was es anrichten kann, wenn die Geschütze zerstört werden, wenn das Ziel unter ihren Geschossen liegt.

Die Artillerie von 1915 erscheint im Vergleich zu der von 1916 fast amateurhaft, eine Tatsache, die der Öffentlichkeit durch das Lesen von Bulletins und einer solchen Menge an verschiedenen Informationen kaum bewusst wird, dass ihre Bedeutung unklar wird. Zu Beginn des Krieges hatten die Deutschen den Vorteil, viele mobile Haubitzen und riesige Vorräte an Sprenggranaten zu haben, während die Franzosen auf ihre *Soixante-quinze* und Schrapnelle angewiesen waren; und trotz dieses Nachteils war die hervorragende Arbeit ihrer Arbeit mit diesem wunderbaren Feldgeschütz an der Marne und in Lothringen der wichtigste Beitrag zur Rettung Frankreichs, neben dem entscheidenden französischen Mut und der Organisation. Die Alliierten mussten dem deutschen Beispiel mit Haubitzen und Sprenggranaten folgen, und der Ruf nach immer mehr Geschützen und immer mehr Munition, um den Feind und seine Stellungen in Stücke zu sprengen, wurde allgemein laut.

Das erste Sperrfeuer oder der erste Feuervorhang, der meines Wissens jemals eingesetzt wurde, war ein schwacher deutscher Versuch im Ypern-Frontbogen im Herbst 1914, obwohl das über ein bestimmtes Gebiet verteilte französische Trommelfeuer in gewissem Sinne eine ähnliche Wirkung hatte. Um Klarheit über die Grundlagen zu schaffen, die den Frontsoldaten bekannt sind, für die breite Öffentlichkeit jedoch nur ein Symbol für etwas sind, das sie nicht verstehen: Ein Feuervorhang ist eine Schwade aus Splittern und Kugeln explodierender Geschosse, die einen Angriff stoppen oder verhindern können, dass Reserven zur Unterstützung der Frontlinie heranrücken. Es ist eine Todesbarriere, die dritte Schiene des Schlachtfeldes. Vom Himmel fallen Granatsplitter mit ihren Kugelhageln herab, während die Sprengstoffe den Boden unter den Füßen aufwirbeln. Granatsplitter kamen in der Zeit, als Sprengstoffe in Schützengräben und Unterständen einschlugen, weitgehend aus der Mode; die Antwort waren jedoch tiefere Unterstände, deren Dächer zu dick waren, um ein Eindringen zu ermöglichen, und Granatsplitter spielten wieder eine Hauptrolle, wie wir in der Beschreibung eines Angriffs unter einem modernen Feuervorhang in einem anderen Kapitel sehen werden.

Die Gegenbatteriearbeit ist eine weitere Aufgabe des Artilleriegenerals, die sozusagen die Unterstützung der Detektivabteilung erfordert. Bevor Sie kämpfen können, müssen Sie die Kanonen des Feindes in ihren Verstecken finden oder den wahrscheinlichen Standort seiner Batterien riskieren, die normalerweise jedes Gehölz, jeden Hohlweg und jeden Abhang absuchen. Der interessante, hier abgedruckte Aufsatz über britische Kampfmethoden von General von Arnim , dem General, der die den Briten gegenüberstehenden Deutschen an der Somme befehligte, mit seinen detaillierten Anweisungen, die zeigen, wie ernst er die Neue Armee nahm, erwähnt die überlegenen Mittel der britischen Flugzeuge zur Meldung von Beobachtungen an die Kanonen und warnte die deutschen Kanonen davor, sich in Deckung zu begeben, da die britische Artillerie sich stets auf diese Stellen konzentrierte – mit verheerenden Folgen.

Während Flugzeuge Linien, seien es Straßen oder eine Infanteriekolonne, wie ich bereits sagte, leicht erkennen können, ist bei einer Batterie im Freien mit Kanonen und Kanonenschützen die Landschaftsfärbung in der großen Höhe, auf die die Flieger durch das Flakfeuer beschränkt sind, nicht ohne weiteres erkennbar. Wenn eine Konzentration auf eine Batterie beginnt, müssen die Kanonenschützen entweder in ihre Unterstände gehen oder aus der Reichweite der Granaten laufen, bis das „Beschussfeuer" vorbei ist. Wenn A alle Kanonen von B orten könnte und über zweitausend eigene Kanonen verfügte, um die zweitausend von B durch Gegenbatteriearbeit zum Schweigen zu bringen, und über zweitausend zusätzliche, um die Infanteriestellungen von B anzugreifen, wäre es nur eine Frage fortgesetzter Angriffe unter dem Schutz von Feuervorhängen, bis die Überlebenden unter den Granatenböen ohne Unterstützung durch ihre eigenen Kanonen dieser grauenhaften, hoffnungslosen Übermacht nachgeben würden.

So groß ist die Macht der Kanonen - und so groß ist das Spiel, bei dem Kanonen Schachmatt gegen Kanonen setzen - in ihrem Bemühen, die Feuerlinie des Feindes zu stoppen und gleichzeitig die eigene aufrechtzuerhalten, dass dem Genie, das eine Wünschelrute findet, mit der es aus einem Wurstballon die Position jeder feindlichen Batterie anzeigen kann, ein Ruhm zuteilwird, der nur von dem des Erfinders eines Systems zur Destillation tödlicher Hitzestrahlen aus der Sonne übertroffen wird.

Und das erbeutete Geschütz! Es ist eine Trophäe, die der Infanterie heute nicht weniger am Herzen liegt als vor hundert Jahren. Unser Bataillon hat eine Batterie erobert! Es ist ein Nervenkitzel für jeden Offizier und jeden Mann und alle Freunde zu Hause. Die Mündung ist durch einen Volltreffer zerbrochen, der Rückstoßzylinder ist gebrochen, die Räder stecken im Brennholz, der Schild ist zerbrochen – da haben Sie eine Trophäe, die allen Kanonenschützen als Beweis ihrer Treffsicherheit dient und auf dem Stadtplatz ein ewiges Denkmal für die Tapferkeit der Männer dieser Gegend darstellt.

In der Artillerieabteilung des Korps- oder Divisionsstabs (die neben der Telefonzentrale liegen kann, wo „Hallo!"-Soldaten den ganzen Tag damit beschäftigt sind, Geschütze, Infanterie, Transport, Stab und Einheiten, ob groß oder klein, in Verbindung zu halten) wird der Besucher verweilen, während er dem Fachsimpeln dieser Experten für mechanische Zerstörung zuhört. Allgemeine Diskussionen darüber, welches Geschützkaliber für diesen oder jenen Zweck am wirksamsten ist, finden statt, wenn das Ergebnis einer kürzlich erfolgten Aktion kein frischeres Thema liefert. Natürlich gibt es auch Modefanatiker und alte Knacker, wie in jeder anderen Expertengruppe. Die Berichte der Infanterie aufgrund ihrer Erfahrung mit Granatenexplosionen, die das Evangelium sein sollten, können unterschiedlich ausfallen; denn die Infanterie hält viel von den Geschützen, wenn der Angriff mit geringen Verlusten nach Hause geht, und wenig von ihnen, wenn es schlecht läuft.

Jeden Tag werden den Kommandeuren Tabellen vorgelegt, die den Munitionsverbrauch und den Vorrat an verschiedenen Kalibern zeigen; denn die Armee ist ein äußerst penibler Buchhalter. Für Notfälle müssen immer riesige Reserven vorhanden sein, und an der Somme war eine Tagesration, als die Schlacht noch „dröhnte", ein Monat im Jahr davor. Wenn der General ein Wort sagt, werden am Donnerstag fünfzigtausend Granaten mehr abgefeuert als am Mittwoch. Er schaltet den Niagarafall des Todes ein und aus. Die Infanterie ist der Oliver Twist der unaufhörlichen Nachfrage. Sie hätte gern zwanzig Batterien, die auf ein Maschinengewehr gerichtet sind, alle Batterien der Armee gegen eine Bataillonsfront und eine Granatenlawine Tag und Nacht in der Luft, wie Sie es sich selbst wünschen würden, wenn Sie in der Schusslinie stünden.

Die Kanonen sind Wächter der kostbaren Leben ihrer eigenen Männer und Zerstörer der feindlichen. Jede Nacht erinnern die Blitze am Horizont die Menschen in der Ferne daran, dass die Schlacht niemals endet. Ihre Stimmen sind wie keine anderen außer den Kanonen; das Blitzen aus ihren Mündungen ist so vielsagend wie der Funke eines Dynamos, der sagt, dass der Tod da ist, wenn man ihm die Hand reicht. Etwas Sanftes liegt in ihrer Kraft, wie die Antwort der Elefantenmasse auf den Befehl des Mahouts, in ihrem geräuschlosen Auf- und Absteigen, und je größer sie sind, desto sanfter erscheint ihr Rückstoß, wenn sie sich wieder in Position bringen, bereit für einen weiteren Schuss. Die Täler, in denen sich die Kanonen verstecken, spielen der Akustik Streiche. Ich saß auf einem Hügel, unter dessen Kuppe ein Dutzend Batterien feuerten, und ihr Krachen war kaum zu hören.

"Nur Artillerievorbereitung, Sir!", sagte ein Artillerist, als wir steif und mit Kanonen, wie die Engländer sagen, feuernd einen Abhang hinaufgingen. Man wartete auf seine Chance, vorbeizulaufen, nachdem eine Batterie gefeuert hatte, und war auf dem Weg zur nächsten, bevor die nächste eine weitere Kugel über den Kopf schoss.

Das tiefe Dröhnen der großen Kaliber ist nicht so hart für die Ohren wie das Krachen der kleineren Kaliber. Auf dem Rückweg sieht man sich den Explosionen gegenüber, und wenn man schon einmal einer davon ausgesetzt war, hat man die unangenehme Möglichkeit im Hinterkopf, dass einem eine Granate vorzeitig ins Gesicht explodiert, obwohl das selten vorkommt. Schilder sagen einem, wo diese schwarzen Münder versteckt sind, die man vielleicht nicht sieht, damit man nicht direkt in einen hineinläuft, der Flammen spuckt. Wenn man Tausende von Kanonen so weit das Auge von einem Hügel reicht feuern gesehen hat; wenn man jedes Kaliber in Aktion gesehen hat und einem der Lärm Kopfschmerzen bereitet, wird das Ganze überwältigend und eintönig. Und doch kommt man wieder, angezogen von der unheimlichen Faszination der Artilleriekraft.

Als ich eines Tages nach Feierabend nach Hause fuhr, während die Geschütze im Angriff waren, sah ich zum ersten Mal eines der riesigen

Eisenbahngeschütze feuern, als ich auf der Straße vorbeifuhr. Würde ich aussteigen, um es mir anzusehen? Ich zögerte. Ja, natürlich. Aber es war nur ein weiteres Geschütz, ein riesiges Stahlrohr, das mit Froschflecken bemalt war, um es vor der Beobachtung aus der Luft zu verbergen; nur ein weiteres Geschütz, obwohl es ein 2000-Pfund- Projektil auf ein 16 Kilometer entferntes Ziel abfeuerte, von dem ein Mann aus einem Wurstballon sagte, es sei „an".

XXI

ÜBRIGENS

Die Somme – Kathedrale von Amiens – Spaziergänger am Sonntagnachmittag – Frauen, alte Männer und Jungen – Eine wohlhabende Altstadt – Madame vom kleinen Restaurant des Huîtres – Der alte Kellner im Hotel – Der Storch und die Möwe – Hohe Besucher – Pferde und Hunde – Wasserkarren – Schlachtenklatsch – Die Esel.

Welch ein Kontrast! Es gab keinen schöneren als den, wenn man nach einem Einsatz die Flussstraße nach Hause nahm. Wenn man den Höhenrücken und den zerfurchten Hang und die dicht gedrängten Lastwagen in ihrer Staubwolke hinter sich ließ, befand man sich in einer grünen Welt, die den Augen, die vom Anblick der Granatenexplosionen schmerzten, wohltuend war. An den Ufern der Somme konnte man an einem heißen Tag weiße Gestalten von jungen Männern in Muskelpanzern sehen, die sich den Schmutz der Schusslinie abgewaschen hatten, in der Erheiterung von Minuten, Sekunden, die ohne Rücksicht auf den nächsten Tag glühend gelebt wurden, wie sie nach einem Sprung ins kühle Wasser im Schatten von Bäumen, die von Granaten unberührt geblieben waren, Wassertropfen von ihrer weißen Haut schüttelten. Von einem Hügel aus, von dem sich ein Panorama frei vor dem Auge ausbreitete, hielt die Somme zu Ihren Füßen Inseln des Friedens in ihrem glänzenden Netz, während sie sich von den einengenden grünen Mauern löste und sich über die Ebene nach Amiens schlängelte.

Die Somme ist von Natur aus freundlich und neigt dazu, das gesamte umliegende Land zu umarmen, und Amiens hat seine natürliche Neigung in den Dienst des Menschen gestellt.

Er federte sanfter als jeder Krankenwagen für die großen Motorboote, die Schwerverletzte von der Front an den reichen Gemüsegärten vorbeibrachten, die ihre Produkte in anderen Booten zum Markt schickten. Unter Brücken teilte sich die Strömung immer weiter, bis niemand mehr sagen konnte, wo die Somme und wo der Kanal war. Der Kanal war geschäftig, während die Bauern und Ladenbesitzer der Menschheit etwas Gutes taten, hier Weizen mahlten und weiter hinten einen Webstuhl drehten, um den kostbaren Samt zu weben, für den Amiens berühmt ist, und zwischen seinen Einsatzphasen einen venezianischen Eindruck machte, wo Balkone über eine der Unterteilungen ragten, hinter deren Rückseite sich ein Viertel mit alten Häusern an krummen, kurzen Straßen mit einer Art alter Ehrfurcht in der Nähe der großen Kathedrale drängte.

sehenswert in Betracht ziehen . Ich bin oft hineingegangen, und der Drang dorthin war am stärksten, nachdem ich eine Aktion gesehen hatte. Als ich auf dem Steinboden stand, auf dem in achthundert Jahren französischer Geschichte Prinzen und Krieger gestanden hatten, sah ich französische Poilus in ihrem verblichenen Blau , mit Helmen in der Hand, von denen vielleicht noch das Weiß eines Verbandes zu sehen war, und wie sie zu dem unvergleichlichen Kirchenschiff mit seiner majestätischen Symmetrie aufblickten; adrette Generäle, die ein paar Stunden von ihren Kommandos entfernt waren, staubbedeckte Meldereiter, jungenhafte Offiziere mit dem Stück des blauen Bandes auf der Brust, das sie für Tapferkeit gewonnen hatten, und Gruppen von einfachen Soldaten in abgenutztem Khaki. Der Mann, der Arbeiter gewesen war, bevor er die Uniform anzog, war von derselben Ehrfurcht erfüllt wie derjenige, der durch Geburt und Erziehung begünstigt war. Ein schwarzgekleideter Priester, der mit leisen Schritten vorbeiging, konnte sich optisch kaum von einem Priester unterscheiden, der dabei war, als der Schwarze Prinz in Frankreich kämpfte oder als die Soldaten von Jeanne oder Condé kamen, um sich das Kirchenschiff anzusehen.

Die Kathedrale und die Somme halfen einem, sich mit der Welt und der Zeit zu verbinden. Nach Wochen hörte man auf, das Äußere kritisch zu beurteilen. Die Kathedrale war einfach die Kathedrale. Wenn ich vom Feld zurückkehrte, wusste ich, wo ich auf jeder Straße den ersten Blick auf ihre heitere, selbstbewusste Masse über dem Meer von Dächern erhaschen würde – immer da, immer dieselbe, unsterblich; während der Höhenrücken von den Gewehrschüssen der Alliierten erschüttert wurde, die die Feuerlinie der Polizei zu ihrem Schutz bildeten.

Ich ging gern den Treidelpfad am Kanal entlang, wo die Stadtbewohner sonntags nachmittags ihren Spaziergang machten. Das Blau der französischen Soldaten auf Urlaub mischte sich mit dem Schwarz der Zivilisten – Soldaten mit Frauen oder Müttern am Arm, die vorerst in Sicherheit waren. Während ich schreibe, kommt mir eine Szene wieder in den Sinn: Ein junger Mann, der aus den Schützengräben zurückkommt und seinen kräftigen, zweijährigen Sohn auf der Schulter trägt, und die schwarzäugige junge Mutter, die neben ihm geht, und beide haben nur Augen für den Jungen.

Die alten Fischer erzählten einem, während sie auf einen Biss warteten, dass der Deutsche ein *Fichu sei* , und ihr Glaube an die Kreditwürdigkeit Frankreichs war ungebrochen, da sie von den Ersparnissen ihrer Industrie lebten, bevor sie in Rente gingen. Man fragte Gärtner nach dem Geschäft, und man wusste, dass es bei der immer hungrigen und verschwenderischen britischen Armee, die den Markt „bulling" (aufmischte), gut lief. Eines Tages sahen Beach Thomas und ich bei einem Spaziergang einen Taucher, der sich darauf vorbereitete, hinabzutauchen, um das Widerlager einer Brücke zu untersuchen, und wir setzten uns hin, um mit lebhaftem Interesse zuzuschauen, während wir Hunderte von Kanonen feuern sahen. Es war eine Abwechslung. Abends, nachdem die Berichte geschrieben waren, gingen Gibbs und ich, alles andere als blutrünstig, in der Stille spazieren, hatten den Treidelpfad für uns allein und kamen nach einer gemeinsamen Vereinbarung, über alles andere als den Krieg zu reden, wieder auf dasselbe alte Thema zurück.

An anderen Tagen, wenn auf dem Bergrücken nur „geknabbert" wurde, konnte man querfeldein über die Stoppeln ziehen und Rebhühner aus dem Klee aufscheuchen. Und die Frauen, die alten Männer und die Jungen ernteten alles. Wie, weiß ich nicht, außer indem man früh aufsteht und bis zum Einbruch der Dunkelheit dabei bleibt, was die Art ist, wie die meisten lohnenden Dinge in dieser Welt erreicht werden. Diese Jungen zwischen zehn und sechzehn, die den Pflug für die Aussaat im nächsten Jahr lenkten, waren durch ihre Standhaftigkeit zu Männern geworden.

Amiens erinnerte sich glücklich an die Enttäuschung, die hätte eintreten können, wenn die Bürger die Plakate betrachtet hätten, die von Klucks Armee aufgehängt worden waren, als sie auf dem Weg zu ihrer Kehrtwende an der Marne hier vorbeikamen. Diese waren bereits wertvolle Reliquien. Die Altstadt, die außerhalb des Kampfgebiets und außerhalb der Reichweite von Muscheln lag, hatte außerordentlichen Wohlstand erlangt. Ladenbesitzer, insbesondere diejenigen, die Austern, frischen Fisch, Obst, Käse und alle möglichen Delikatessen an Opfer der eisernen Ration in den Schützengräben verkauften, konnten sich von ihren Gewinnen zur Ruhe setzen, sofern sie nicht vor Erschöpfung starben, weil sie immer mehr davon anhäuften. Sie nahmen Ihr Geld so höflich an, dass es ein Vergnügen war, sich davon zu trennen, ganz gleich, wie die Preise waren, obwohl sie für frische Eier immer niedriger waren als in New York.

Wir lernten alle mit der Vertrautheit kennen, die der Krieg mit sich bringt, aber was Charakter und Energie angeht, geht das blaue Band an Madame vom kleinen Restaurant des Huîtres . Sie brauchte keinen galanten Ehemann, um sie zur Frau eines Marschalls zu machen, wie im Fall von Sans- Gêne , denn sie war selbst Marschallin. Sie sollte das Kriegskreuz mit allen Sternen und einen Palmenzweig dafür bekommen , *dass* sie kochen konnte. Ein kleiner Herd, der mit seinen brutzelnden Pfannen so beschäftigt war wie ein Bombenkommando, stand am Fuß einer engen Treppe, deren Aufstieg zu einigen Tischen führte, an denen keiner für zwei Personen war und alle sozusagen Seite an Seite in dem kleinen Speisezimmer saßen. Es gab genügend und sauberes Geschirr und blitzsaubere Servietten, aber eine Zurschaustellung von Porzellan und Silber war nicht nötig, denn das Essen war eine ausreichende Attraktion. Madame war ganz auf Tatendrang aus. Wenn man nicht schnell bestellte, tat sie es für einen, da sie es als selbstverständlich ansah, dass ein schwankender Geist auf einen Gaumen hinwies, der nach willkürlicher Behandlung verlangte.

Gelegentlich hatte sie eine Maschinengewehrzunge. Wenn einem ihr Restaurant nicht gefiel, war klar, dass andere Gäste auf einen warteten, und Generäle kapitulierten ebenso schnell wie Leutnants. Ihre dynamische Präsenz und ihre gelegentlichen Artilleriekonzentrationen, die kurz und entschieden waren, da sie keine Zeit zu verlieren hatte, sorgten bei Tisch für Kameradschaft. Gegrillter Hummer und Seezunge, Austern, Filets und Koteletts, brutzelnde Bratkartoffeln, knackige Salate, Berge von Walderdbeeren mit Töpfen voll Sahne und köstlicher Kaffee wanderten aus ihren Händen, ohne Fehler bei der Bestellung oder Verzögerung bei der prompten Abfolge der Gänge, auf das Tischtuch vor einem, begleitet von einigen Taschenspielertricks in den engen Räumen, begleitet von ihren schlagfertigen Antworten. Es war unbegreiflich, wie sie auf diesem einzigen Herd mit Hilfe eines Gehilfen, der ihr anscheinend manchmal im Weg war, solche Ergebnisse in Quantität und Qualität erzielen konnte; denn die Gehilfin wich zurück, wie jemand, der seinen Finger in einen elektrischen Ventilator steckt, während seine Herrin beginnt, mit Töpfen und Pfannen herumzuhantieren.

ob Madame des Huîtres nach New York kommen würde – ja, sie würde von Leuten überwältigt werden, die so etwas wie einen Grabenhunger hätten. Bald wäre sie kapitalisiert, mit Niederlassungen des Huîtres im ganzen Land, während sie keine Bratpfanne mehr anrühren, sondern in einer Limousine fahren und fett werden würde, und ich würde sie nicht mehr mögen.

Huîtres hineinkamen oder nicht in das Geheimnis eingeweiht waren, das, wie ich fürchte, von denen, die es waren, selbstsüchtig gehütet wurde, mussten im Hotel speisen, wo ein gewisser alter Kellner – vorne waren nur junge Leute –, obwohl er für verrückt gehalten wurde, zum Ziel von Methoden gemacht werden konnte, wenn er nicht Methoden im Wahnsinn hatte. Wenn er vor Erschöpfung zusammenzubrechen drohte, sagte man ihm, dass es auf dem Ridge eine große Menge deutscher Gefangener gegeben hatte, und das Aufblitzen der Freude in seinen dunklen Augen würde ihn aufrütteln. Wenn er wieder ins Stocken geriet, rief er: „ *Vive l'Entente cordiale! En avant !* " schickte ihn mit Rockschößen im rechten Winkel zu seinem Körper los, während er mitten in das Getümmel der Kellner vor der Küchentür sprang, aus der er triumphierend mit dem nächsten Gang hervortrat. Er erlaubte einem auch nicht, einen Gang auszulassen. Man musste sie alle nehmen, sonst musste man als Strafe für die Unterbrechung des Systems hungern.

Draußen im Hof, wo man Kaffee trank und ihn manchmal bekam, wenn man dem Oberkellner gute Nachrichten von vorne überbrachte, posierten ein Storch und eine Möwe mit gestutzten Flügeln am Brunnen. Welche

Schlachtgeschichten wurden beim Anblick dieses ungleichen Paares erzählt, dessen Mätzchen die Anspannung des Krieges linderten! Wenn der Storch ein oder zwei Schritte machte, trottete die Möwe hinter ihm her, und wenn die Möwe sich bewegte, bewegte sich auch der Storch, wobei die beiden nie mehr als drei oder vier Fuß voneinander entfernt waren. Doch jeder behielt eine distanzierte Haltung bei, als ob er nicht die geringste Zuneigung für den anderen zugeben wollte. Dumme Vögel, wie viele sagten und über sie lachten; und wieder sagten Helden aus der Hölle auf dem Ridge, die sich ihres Heldentums überhaupt nicht bewusst waren, dass die beiden die Weisheit der Jahrhunderte besaßen, insbesondere der Storch, obwohl die Artillerieexperten der Meinung waren, dass der praktische Möwe dachte, nur seine eigene Wachsamkeit verhindere, dass die Weisheit der Jahrhunderte in einem geistesabwesenden Moment im Brunnen ertränkt werde, obwohl das Wasser nicht bis zum Knöchel eines Storchs stand. Wenn eine Reaktion auf das gewaltige Drama gefordert war, wurde um diese Entertainer von Männern, die nicht ins Theater gehen konnten, mehr Unsinn gesponnen, als für Leute, die offizielle Bulletins lesen, glaubhaft wäre; gesponnen von Essensgruppen von Offizieren, die bei Einbruch der Dunkelheit ins Haus gingen und sich um das Klavier versammelten, bevor sie am nächsten Tag zum Angriff übergingen.

In Abständen erschienen Männer in Zivilkleidung, mit weichen Hüten, Gamaschen über Alltagshosen, Golfanzügen, Jagdanzügen im Hotel oder wurden gesehen, wie sie in eroberten deutschen Schützengräben herumschlenderten. Ihre Kleidung wirkte in dieser geordneten Khaki-Welt ebenso seltsam wie gepuderte Perücken, Kniehosen und Silberschnallen, wenn sie Piccadilly oder die Fifth Avenue hinaufschlenderten. Premierminister, Kabinettsmitglieder, große Finanziers, Potentaten, Journalisten, Dichter und Künstler vieler Nationalitäten kamen, um die Stadt zu besuchen. Sie sahen den Bergrücken unter seiner Granatenrauchdecke, die mächtigen Transportkolonnen, die ganze komplexe, enorme Organisation dieser geheimen Welt, spähten in deutsche Unterstände und schätzten gemeinsam mit allen Beobachtern die Entfernung der nächsten Granatenexplosion von ihrer eigenen Person ab.

Viele waren erstaunt, als sie feststellten, dass Generäle in Schlössern über Karten arbeiteten und per Telefon Anweisungen gaben, anstatt auf Hügeln zu stehen und ihre Befehle zu erteilen, und dass der Krieg ein systematisches Geschäft war, was diejenigen, die an der Front waren und immer wieder schrieben, beweisen ließ, dass es ein Wunder war, wenn niemand las, was sie schrieben. Ein Amerikaner, der sagte, er verstehe nicht, warum all die Lastwagen und Pferde und Wagen und Männer nicht die Orientierung verloren, deutete auf die ersten lebhaften Eindrücke hin, die der „neue Blick" auf die Szene brachte. Ein anderer lobte mein erstes Buch dafür, wie es das

Leben an der Front klar gemacht hatte, und fuhr dann fort, seine Überraschung darüber auszudrücken, dass die Schützengräben nicht gerade, sondern in Querrichtung verliefen, dass die Soldaten in Häusern statt in Zelten lebten und dass die Kanonenschützen ihre Ziele nicht sahen. Jetzt hatte er diese mächtige Armee selbst bei der Arbeit gesehen. Es ist die einzige Möglichkeit. Ich gebe die Hoffnung auf, es anderen zeigen zu können.

Die Kampfhandlungen waren so grausam und so wenig pittoresk, dass man jedes der alten Symbole des Krieges gern sah. Ich bedauerte, freute mich aber auch, dass das Pferd immer noch eine Rolle spielte. Es war schön zu wissen, dass der Benzinmotor den Lasttieren früherer Tage die Rückenschmerzen erspart hatte, den Schrecken toter Pferde am Straßenrand und von Pferden, die durch die Dringlichkeit der bitteren Notwendigkeit bis zur Erschöpfung getrieben wurden, beseitigt hatte und dass eine Granate im Transport einen zertrümmerten Kühler statt zerfetztem und zerstreutem Fleisch bedeutete. Doch das Pferd diente dem Mann an der Front immer noch, und der Hund schmeichelte ihm immer noch. Ich habe tote Hunde auf dem Feld liegen sehen, wo das Maskottchen eines Bataillons bei einem Angriff mit den Männern mitgerannt war; Hunde wurden in deutschen Unterständen gefunden, und ein Hund, der von einem Korpsstab adoptiert worden war, hatte sich geweigert, von der Seite seines gefallenen Herrn, eines deutschen Offiziers, zu weichen, bis die Leiche weggebracht worden war.

Das Pferd brachte vierbeiniges Leben in die tote Welt des Abhangs, indem es geduldig seine Last zog, ohne Rücksicht auf Gewehrschüsse und das Kreischen von Granatsplittern, nachdem es sich daran gewöhnt hatte. Da es unwegsames Gelände befahren kann, gelangt es in Gebiete, in die kein Kraftfahrzeug außer den Panzern fahren darf. Es muss nicht auf die Straßenbauer warten, bevor es die Achtzehnpfünder an ihre neuen Positionen bringt oder ihnen mit Munition folgt. Weit draußen auf dem Feld habe ich Gruppen von Artilleriepferden gesehen, die in einer Bodensenke warteten, während ihre Geschütze 500 Meter von der Schusslinie entfernt waren, und die über tote Felder zu einer isolierten Batterie zogen, während die Artilleriepferde trabten, während um sie herum Granaten explodierten.

An Augusttagen, wenn die Brise über uns hinwegstrich und die Männer in den Verbindungsgräben, die Munition und Bomben nach oben transportierten, nur eine Qual war, wenn Unterstände Öfen waren und die Sonne die Stahlhelme in heiße Bratpfannendeckel über den pochenden Schläfen verwandelte, schlängelten sich die von Pferden gezogenen Wasserkarren den Hang hinauf, um ihren brennenden Durst zu stillen und wieder zurück, zwischen den Toren der Hölle und der Wasserleitungsstation, und machten dabei nicht mehr Aufhebens als ein Landbriefträger auf seiner Runde.

Praktisch alles Wasser, das die Kämpfer hatten, abgesehen von dem, was in ihren Feldflaschen war, musste auf diese Weise heraufgebracht werden, denn die Dorfbrunnen waren mit den Überresten von durch Granaten zerstörten Häusern gefüllt. Die Wassermänner und die Krankenträger, beide Nichtkombattanten, die unter den Granaten zur Kampflinie gingen und kamen, erzählten Gefechtsgerüchte, aber besonders die Wassermänner, die sich die Zeit mit jeder Abteilung vertrieben, wobei jeder in seinem eigenen Abteil arbeitete. Bei schlechtem Wetter lief es für die Wassermänner schleppend, und das Los der Krankenträger wurde im Schlamm noch schlimmer. Was für Geschichten die Krankenträger mitbrachten, von Verwundeten, die durch Granaten von Tragen gerissen wurden, von der Notwendigkeit, den Mann auszuwählen, der am wahrscheinlichsten überlebte, wenn nur einer von zweien getragen werden konnte, von geflüsterten Botschaften der Sterbenden, und wie sie selbst mit heiterem britischen Phlegma ihre Arbeit fortsetzten; und die Wassermänner erzählten von neuen Geschützstellungen, davon, wo die Granaten am dichtesten waren, davon, wie der Kampf verlief.

Es ärgerte die Wassermänner, die in ihrer prosaischen Missachtung der Gefahr ganz nüchtern waren, wenn auf dem Hinweg ein Panzer getroffen wurde. Wurde er auf dem Rückweg getroffen, als er leer war, war das weniger schlimm, denn neue Panzer warteten in Reserve. Eine Tragödie war für sie, wenn ein Pferd getötet wurde, und oft kehrten sie mit verwundeten Pferden zurück. Der Mann dachte nicht daran, dass er getroffen werden könnte; es war der Verlust eines Pferdes oder eines Panzers, der ihm Sorgen bereitete. Einem wurde der Karren von einer Granatensalve umgeworfen und von dem nächsten wieder aufgerichtet, woraufhin er, so der Bericht, zu seiner Stute sagte: „Komm schon, Mary, ich habe dir immer gesagt, dass die Boches schlechte Schützen sind!“ Aber es gibt zu viele Geschichten über die Wassermänner, um sie ungeprüft zu wiederholen.

Wir dürfen die kleinen Esel nicht vergessen, die die Franzosen aus Afrika mitbrachten, um die Männer beim Transport von Vorräten in die Schützengräben zu ersetzen. Sie trotteten in einer Reihe und hatten ihre eigenen Krankenhäuser für Verwundete. Es wird gesagt, dass sie, wenn sich vor ihnen ein Feuervorhang bildete, fragend ihre langen Ohren nach vorne streckten und sich zur Deckung dicht an die Seite des Schützengrabens schmiegten und sich sogar mit den Männern in einen Unterstand drängten, die so viel Esel wie möglich Platz machten, oder im Freien Schutz in Granattrichtern suchten. Damit ihre Scharfsinnigkeit nicht unterschätzt wird, schrieben französische Soldaten den weisen Ältesten unter ihnen sogar die Fähigkeit zu, zwischen verschiedenen Kalibern von Granaten zu unterscheiden.

XXII

Die Beherrschung der Luft

„Sturzflüge" und „Abstürze" – Die erbittertsten Duelle der Geschichte – Flieger, der Stolz der Nationen – Beauchamp – Der D'Artagnan der Lüfte – Beherrschung der Lüfte – Der Aristokrat des Krieges, die goldene Jugend des Abenteuers – Der Unsterblichkeit näher als jeder andere lebende Mensch – Die Briten sind rücksichtslose Flieger – Der Einfluss der Luft auf die Psyche des Soldaten – Die verschiedenen Flugzeuge – Unzählige Flugzeuge in den Luftschlachten.

Flügelspitze an Flügelspitze, zwei Phantome zogen im Nebel 15.000 Fuß über der Erde vorbei, und britische und deutsche Flugzeuge, die sich gestreift hatten, verloren sich in der Wolkenbank. Die dunkle Masse, die ein Pilot über dem Schlachtfeld herankommen sieht, erweist sich als eine 15-Zoll-Granate am Scheitelpunkt ihrer Parabel, die 10 Fuß über seinem Kopf vorbeifliegt. Ein deutscher Pilot, der glaubt, er sei in der Nähe seiner Heimat, kreist an einem bewölkten Tag nach unten in Richtung eines britischen Flugplatzes, bemerkt seinen Fehler jedoch zu spät und steigt aus seiner Maschine, um von seinen Entführern gefragt zu werden, ob er nicht hereinkommen und Tee trinken wolle. Wahre Berichte über die Fliegermesse machen es also unnötig, seine Fantasie an der Front mit sich zu tragen.

Sie sprechen von „Nose Dives" und „Crashern", womit sie die Art und Weise meinen, wie ein feindliches Flugzeug zum Absturz gebracht wurde, und obwohl sie weder Posen noch Theatralik zeigen, fehlt ihnen das Bewusstsein, zu den Wundertruppen der modernen Kriegsführung zu gehören. Einer kehrt von einem Flug zurück und stellt fest, dass eine drei Zoll große Flugabwehrgranate den Rumpf seines Flugzeugs durchschlagen hat.

„Das war es also! Ich habe es kaum gespürt!", sagte er.

Wenn die Granate explodiert wäre? Na ja, das ist nun mal die Angewohnheit von Granaten; und in diesem Fall wäre der Pilot nach einem „Absturz" in den deutschen Linien unkenntlich zwischen den Trümmern seiner Maschine.

Während im Wilden Westen Schützen für jeden getöteten Mann eine Kerbe in den Griff ihres Revolvers machten, wird heute in den Aufzeichnungen jedes Piloten die Zahl der feindlichen Flugzeuge verzeichnet, die er abgeschossen hat. Wenn ein Franzose zehn abgeschossen hat, wird sein Name in das offizielle Bulletin eingetragen. Alles trägt dazu bei, den kämpfenden Piloten zu immer mehr Opfern zu treiben, bis er eines Tages selbst ein Opfer ist. Nie waren Duelle so distanziert oder so intensiv. Kein Klirren von Stahl, keine Blutflecken, nur zwei Männer mit Flügeln. Während der Soldat spürt, wie seine Waffe ins Ziel geht, und der Bomber seine Bombe im Flug sieht, wartet der Pilot darauf, dass sein Gegner in seinem Sitz nach vorne fällt als erstes Zeichen dafür, dass er die Kontrolle über sein Flugzeug und den Sieg verloren hat, und er hört nicht die Kugeln, die auf die Kugeln seines eigenen Maschinengewehrs antworten. Ein Held nimmt den Platz eines anderen ein, der verloren gegangen ist. Ein lächelnder englischer Jugendlicher war verlegen, als er gefragt wurde, wie er den großen Immelmann, den berühmtesten deutschen Piloten, zur Strecke gebracht habe.

Nelsons "Tod oder Westminster Abbey" wurde umschrieben mit "Tod oder *Kommuniqué*". Während ein Divisionsgeneral mit 21 Jahren nur in der Armee bekannt ist, kann der Name eines Fliegers der Stolz einer ganzen Nation sein. In ihm drückt sich die nationale Vorstellungskraft aus, das Gefühl der Heldenverehrung, das die Menschen so gerne verkörpern. Das britische Fliegerkorps blieb anonym, bis eines Tages die Verleihung des Victoria-Kreuzes enthüllte, dass Leutnant Ball sein 26. deutsches Flugzeug abgeschossen hatte.

Bald nach der Einnahme von Fort Douaumont , als ich in Verdun war, sagte Beauchamp, blond, blauäugig und von sanftem Wesen, der ganz Frankreich mit der Bombardierung von Essen in Aufruhr versetzt hatte: „Jetzt erwarten sie von mir, dass ich noch weiter gehe und etwas Größeres tue." Und ich war nicht überrascht, als ich einen Monat später erfuhr, dass er getötet worden war. Etwas in der Art, wie er sprach, überzeugte mich davon, dass er den Tod voraussah und ihn als etwas Selbstverständliches hinnahm; und er war sich auch der Strafe bewusst, die es mit sich bringt, ein Held zu sein. Er war über Essen geflogen, hatte seine Bomben abgeworfen und sie explodieren sehen, und das war seine ganze Geschichte.

Die Begeisterung der Öffentlichkeit für solche Heldentaten ist umso größer, weil sie so einfach sind. Ein Pilot hat keine Erfahrungen auf Reisen; er kann nicht anhalten, um mit jemandem zu sprechen. Es gibt Fliegen; es gibt einen Hebel, der eine Bombe abwirft; es gibt ein Maschinengewehr. Er darf sich nicht mit Psychologie beschäftigen, was ein Hirngespinst wäre, wenn jede Fähigkeit objektiv beschäftigt ist. Er ist seltsam hilflos, ein Mensch, der von einer Maschine durch den Weltraum getragen wird, und wenn er in das Chaos zurückkehrt, hat er wirklich wenig zu erzählen, außer in Bezug auf Mechanismus und Technik.

Dem Royal Flying Corps, so der offizielle Name, mangelt es nie an Freiwilligen. Stets übersteigt die Zahl der Piloten die der Maschinen. Junge Männer mit gestickten Flügeln auf der Brust, die ihre Qualifikation beweisen, warten auf Fabriken, die Flügel zum Fliegen herstellen. Fliegen an sich ist einfach, aber die Initiative, die großen Taten gleichkommt, ist eine andere

Sache. Hier greift man auf eine angeborene Gabe des Einzelnen zurück, der in der Gefahr die Lust am Ruhm, die Neugier, den Tatendrang, den klaren Blick, die ruhige Hand und die blitzschnelle Reaktion auf das Denken findet und zum D'Artagnan der Lüfte wird. Man kann nicht vorhersagen, welcher junge Neuling eine ruhige Hand zeigt, wenn er sich leichten Herzens in die größten Gefahren wagt, oder welchem Mann, von dem seine Freunde dachten, er sei für die Luftfahrt geboren, vielleicht der Hauch des Genies fehlt.

Hoch oben in der Luft gibt es eine imaginäre Grenzlinie, die über der Kampflinie verläuft; und es gibt eine weitere, die auf Ihrer Seite oder auf der anderen Seite der Kampflinie liegen kann. Die Lage der zweiten Linie zeigt, wer die Luftherrschaft hat. Ein Wort mit einer reinen und eindrucksvollen Bedeutung ist dies für die Herrschaft im Krieg, die uneingeschränkte Kraft darstellt; der andere Mann ist unten und Sie sind oben, der andere wehrt ab und Sie stoßen zu. Ruhmreicher als der schnelle Angriff eines Zerstörers auf ein Schlachtschiff waren die britischen Flugzeuge, deren Bomben sechs deutsche Wurstballons in Flammen aufgehen ließen, bevor die Großoffensive begann.

Ich musste nie einen Flugplatz an der Somme besucht haben, um zu wissen, ob Brite, Franzose oder Deutscher die Herrschaft über die Lüfte innehatte. Die Antwort war immer da, wenn man in den Himmel blickte, in der Abwesenheit von Eisernen Kreuzen auf den schwebenden, dahinjagenden oder sich drehenden Flugzeugflügeln und der Vielzahl von Zielscheiben; in der unbekümmerten Art, wie sowohl britische als auch französische Wachposten über dem feindlichen Gebiet flogen, als ob ihnen der Raum gehörte und sie jede Einmischung wagten. Wenn man ein deutsches Flugzeug auftauchen sah, konnte man drei oder vier alliierte Flugzeuge zählen, die aus verschiedenen Richtungen auftauchten, um es zu umzingeln. Der Deutsche musste weg, oder er geriet ins Kreuzfeuer und wurde in den Tod manövriert .

Die Beherrschung der Luft ist ein weiteres wesentliches Kriterium für die Überlegenheit bei einer Offensive; eines der entscheidenden Merkmale im organisierten Gesamtsystem eines Angriffs. Wenn Sie Männer und Geschütze vorrücken, dürfen feindliche Flugzeuge Ihre Bewegungen nicht orten. Ihre Flugzeuge müssen sich, wenn sie von Kampfflugzeugen gestört werden, einen Weg erzwingen, damit Ihre Beobachter Granateneinschläge auf neue Ziele erkennen, den Fortschritt von Angriffen melden und ihre angemessene unterstützende Rolle im komplexen System der Armeeaufklärung spielen können.

Vor der Offensive entstanden an der Front neue Flugplätze, während gleichzeitig neue Straßen gebaut wurden. Eine Armee, der es zu Beginn an

Flugzeugen und Geschützen gefehlt hatte, hatte nun beides. Jeder Flieger wusste, dass von ihm erwartet wurde, die Oberhand zu gewinnen und zu behalten; seine Rolle war nicht geringer als die der Infanterie. Wo sollte „der lebendige Geist " wohnen, wenn nicht bei den Fliegern? Keine müden Beine behindern ihn; er muss nicht über Tote kriechen, sich in Granattrichtern verstecken oder bis zu den Knien im Schlamm stehen. Er ist der verwöhnte Aristokrat des Krieges, die goldene Jugend des Abenteuers.

Er verlässt ein bequemes Bett mit Bad, ein gutes Frühstück, die Kameradschaft einer angenehmen Kantine und die Fürsorge der Diener, um auf sein Ross zu steigen. Wenn er zurückkommt, braucht er nur seinen Sitz zu verlassen. Mechaniker kümmern sich um sein Flugzeug und Erfrischung und Schatten im Sommer und Wärme im Winter erwarten das verwöhnte Kind der bevorzugten, abenteuerlustigen Korps, das nicht die Gabe hat und sich nie ganz an große Gefahren heranwagt, ebenso wie denjenigen, der sie bis zu seinem sicheren Ende wagt. Alles hängt vom Mann ab.

In 3.000 bis 4.500 Metern Höhe, zwischen Wolken hindurch und wieder hinaus, atmet der Flieger reines Ozon auf einer staubfreien Straße, die Welt ein Teppich unter ihm; und obwohl der Tod an seiner Seite ist, ist er kein schmutziger Gefährte wie der Tod in den Schützengräben. Er ist oben oder unten, und wenn er oben ist, lässt die Erregung, die ihn bei Kräften hält, keine Befürchtungen aufkommen. Grausige Wunden, die das Überleben als Krüppel vorwegnehmen, sind keine halben Sachen. Lebendig ist er der Unsterblichkeit näher als jeder andere lebende Mensch; tot verlässt ihn sein Geist, während er im Himmel ist. Der Tod kommt herrlich und schnell, und bis zum letzten Moment versucht er, die Kontrolle über seine Maschine zu behalten. Er sollte die Tage der Kavallerieangriffe nicht beneiden . Er ist nicht auf die Kameradschaft anderer Männer angewiesen, um weiterzukommen, sondern ist der Alleinherrscher seines eigenen Schicksals, der Herrscher seiner eigenen Träume. Alle Stunden des Tageslichts sind für ihn gleich. Er kann jederzeit in die Flucht geschlagen werden und vielleicht sterben. Zwischen Sonne und Erde gehört ihm die Herrlichkeit des Sonnenauf- und -untergangs.

Man erwartet von den Briten, dass sie coole Flieger sind, aber mit ihrem Phlegma geht, wie wir gesehen haben, diese einzigartige Liebe zum Risiko und zum Abenteuer einher, die sie dazu treibt, Tiger zu schießen und Berge zu besteigen. Tatsächlich ist das Phlegma der Engländer eine Art Leine, die eine gewisse Rücksichtslosigkeit in Schach hält, die ihre scheinbare Lässigkeit verbirgt. Nachdem es fast schon ein Gesetz geworden war, dass kein Flieger tiefer als zwölftausend Fuß sinken sollte, sanken britische Flieger an der Somme auf dreihundert Fuß, feuerten ihre Maschinengewehre auf den Feind ab und entkamen dem Gewehrfeuer, das die überraschten deutschen

Soldaten kaum begonnen hatten, bevor das Flugzeug mit zwei Meilen pro Minute oder mehr außer Reichweite war.

Als Lord Kitchener 1914 einen Flugplatz in Frankreich inspizierte, sagte er: „Eines Tages werden Sie in Staffeln wie die Marine fliegen und sich weiterentwickeln ." Die Piloten, die sich dann Schritt für Schritt vortasteten, lächelten zweifelnd, überzeugt davon, dass „K" Fantasie hatte. Ein paar Monate später war die Prophezeiung wahr geworden und die Flugzeugtypen hatten sich so weit vermehrt, dass sie so zahlreich waren wie die Waffentypen.

Der schnelle Falke, der in 15.000 Fuß Höhe auf seine Beute wartet, um eine weitere zu seiner Liste im *Kommuniqué hinzuzufügen* , unterscheidet sich von dem Falken, mit dem ich den Kanal überquerte, so sehr wie der Zerstörer vom Kreuzer und von einigen noch größeren Typen, wie der Kreuzer vom Schlachtschiff. Während der Feind niedergekämpft wurde, wurden Bomben nicht kiloweise, sondern tonnenweise auf Dörfer und Unterkünfte, auf Munitionslager und Gleisköpfe abgeworfen, wodurch sie zusätzlich zu den Granaten Zerstörung anrichteten.

Meisterschaft war wertvoller als Zerstörung oder freie Beobachtung, denn sie beeinflusste die *Moral des Feindes* . Ein Soldat sieht gern, wie seine eigenen Flugzeuge in der Luft sind und die des Feindes vertrieben werden. Der Einfluss der Luft auf seine Psyche ist enorm, denn er kann die Flugzeuge beobachten, während er mit seinem Maschinengewehr in einem Granattrichter liegt oder im Schützengraben Wache steht; zwischen den Granatensalven kann er flüchtige Blicke auf vorbeifliegende Flügel über sich erhaschen. Zu wissen, dass seine Geschütze nicht ausreichend reagieren und jedes Mal, wenn eines seiner Flugzeuge auftaucht, in Deckung getrieben wird, schwächt seine Initiative, seinen Mut und seine Disziplin und führt zu dem Groll, dass er behindert ist.

Deutsche Gefangene sagten an der Somme immer, ihre Piloten seien „Funks", obwohl die alliierten Piloten wussten, dass der Hauptfehler nicht der Mangel an Mut ihrer Gegner war, auch wenn diese als Unterlegene die Moral *verloren hatten* und es ihnen an britischer und französischer Initiative mangelte, sondern an Zahl und Material. Es war wieder einmal ein Kampf zwischen Ressourcen; ein Kampf in dem heiklen Geschäft der Herstellung des zerbrechlichen Rahmens, der wunderbaren Motoren mit ihrer kurzen Lebensdauer und der qualifizierten Bataillone von Arbeitern in Fabriken. Die Deutschen mussten mehr Flugzeuge von einer anderen Front herbeischaffen, um das Gleichgewicht wiederherzustellen. Die Alliierten, die dies voraussahen, brachten selbst noch mehr, bis die Zahl so gewaltig war, dass, als ein Kampf zwischen zwanzig Flugzeugen auf beiden Seiten stattfand, niemand die Meinung wagen durfte, dass die Grenze erreicht sei –

nicht, solange es so viel Platz in der Luft gab und Freiwillige für das Fliegerkorps so zahlreich waren.

XXIII

Ein patentierter Feuervorhang

Thiepval – Taktikdirektor eines Armeekorps – Absolventen der Stabsakademien – Armeejargon – Das Büro eines Armeedirektors – „Ich hoffe, Sie werden eine gute Show sehen" – „Diese Straße wird beschossen; für Fahrzeuge gesperrt" – Ein perfekter Sommernachmittag – Der Blick über das Niemandsland – Nester von Erdwächtern, die schlauer sind als alle Nagetiere – Männer – Ruhiges Vorspiel eines Angriffs – Der offensichtliche Feuervorhang – Registrierung durch Übungsschüsse – Rennen, wie Männer nur vor dem Tod davonlaufen – Der große Offizier, der zusammenbrach – „Der Todesregen."

„Wir hatten vorgestern eine gute Show", sagte Brigadegeneral Philip Howell, als ich ihn eines Tages besuchte. „Schade, dass Sie nicht hier waren. Sie hätten es hervorragend sehen können."

Das Korps, dessen Generalstabsoffizier er war, hatte einen Abschnitt des vordersten Schützengrabens bei Thiepval eingenommen und dabei mehr Gefangene als Verluste erlitten, was die Art von Nachrichten sind, die man im Hauptquartier gerne hört. Thiepval war der Armee immer im Gedächtnis, das Symbol der bitteren Erinnerung, die die britische Sturheit reizte und den Feind über seine Niederlage vom 15. Juli und seinen allmählichen Verlust des Höhenrückens hinwegtröstete. Die Deutschen in der Defensive waren der Ansicht, dass die gescheiterte Einnahme von Thiepval zu Beginn der Schlacht an der Somme dessen Uneinnehmbarkeit bewiesen hatte; die Briten in der Offensive hielten keinen Ort für uneinnehmbar.

Von den Hügeln um Albert aus, deutlich von dem Beobachtungsposten in einem hohen Baum aus, waren die Überreste des Dorfes kaum zu erkennen. Sie sahen aus wie ein Kohlenstaubfleck, der in einer Falte der Anhöhe verschmiert war. Als britische 15-Zoll-Granaten ihr Ziel trafen, wirbelte ein Teil des Staubs wie ein großer Geysir auf und fiel wieder an seinen Platz zurück. Doch es gab Keller in Thiepval , in die selbst 15-Zoll-Granaten nicht eindringen konnten.

„Wir werden den Deutschen dort jedoch die Gewohnheit beibringen, in ihren Häusern zu bleiben", sagte ein Schütze.

Howell, der die Thiepval- Aufgabe in der Hand hatte, hatte ich zum ersten Mal in Uskub in Mazedonien kennengelernt, in den Tagen der mazedonischen Revolution, als Hilmi Pascha mit den Mächten Europas und der Autonomie jonglierte – Tage, die weit weg zu sein scheinen. Howell war damals Leutnant und hatte während seines Heimaturlaubs aus Indien einen Auftrag von *der Times erhalten, die Situation auf dem Balkan zu studieren. Bei unseren*

Spaziergängen um Uskub , bei denen wir über Politik und die Armeen der Welt diskutierten, stellte ich fest, dass ihm alles, was ihm in den Sinn kam, Stoff zum Kochen war. Seine Ideen über das Soldatenleben waren klar und praktisch. Es waren so hart arbeitende, aufmerksame Offiziere wie er, die meisten von ihnen irgendwann einmal Studenten an der Stabsakademie gewesen , die, als die Krise kam, aufgrund ihrer Anstrengungen in Friedenszeiten die Organisatoren und Kommandeure der Neuen Armee wurden. Der Leutnant, den ich in Uskub kennengelernt hatte , war jetzt, mit 38 Jahren, der Taktikchef eines Armeekorps, das das Problem der Vernichtung der furchterregendsten Feldformationen löste.

Wenn ich an das Staff College denke, muss ich daran denken, dass gegen Ende des amerikanischen Bürgerkriegs die Kommandeure aller Armeen und der meisten Korps Absolventen von West Point waren. Das beweist, dass ein fähiger Mann mit einer guten militärischen Ausbildung einen Vorsprung gegenüber jemandem ohne diese Ausbildung hat, auch wenn für Genies keine Gesetze gelten. Und falls wir jemals wieder einen großen Krieg führen müssen, erwarte ich, dass unsere Generäle in Leavenworth studiert haben und dass die Anführer nach Kriegsende Männer sein werden, die die Öffentlichkeit zu Beginn des Krieges noch nicht kannte.

„Wir werden morgen eine weitere Show haben und ich denke, die wird auch gut“, sagte Howell.

Alle Angriffe sind „Shows“; große Shows über eine Front von drei bis vier Kilometern oder mehr, kleine Shows über etwa 1000 Meter, während 500 Meter lediglich „das Säubern eines Schützengrabens“ sind. Das mag eine leichtfertige Ausdrucksweise sein, aber es ist einfach die Anwendung von Fachjargon auf die alltägliche Arbeit einer Organisation. Ein fehlgeschlagener Angriff ist ein „Ausrutscher“, denn nicht alle Angriffe sind erfolgreich. Wären sie erfolgreich, wäre der Fortschritt eine Frage des Marschierens.

„Null ist um vier, komm um zwei“, sagte Howell, als ich ging.

Am nächsten Nachmittag um zwei Uhr war er weniger mit letzten Einzelheiten beschäftigt als mit den Routinearbeiten eines Menschen, der seinen Schreibtisch für einen Wochenendurlaub aufräumt. An der Wand seines Büros, das einst das Schlafzimmer des führenden Bürgers der Stadt gewesen war, stand ein improvisierter Buchhalterschreibtisch, auf dem die Pläne der Nachmittagsarbeiten lagen, die er mit der Sorgfalt und professionellen Ernsthaftigkeit eines Architekten über seinen Blaupausen ausgearbeitet hatte. Er war vor Ort und hatte es mit der Sorgfalt eines Landschaftsgärtners studiert, der Verbesserungen vornehmen will.

„Dort entlang eine Nebelwand", erklärte er und deutete auf die Linie eines deutschen Schützengrabens, „aber hier entlang ein richtiger Angriff" – das klang vertraut von Stabsoffizieren in Schlössern.

Jedes Detail der deutschen Stellungen war genau umrissen, Yard für Yard, und ihre Maschinengewehre waren eindeutig lokalisiert.

„Da sind wir uns nicht sicher", bemerkte er und legte seinen Bleistift auf das Kartensymbol für ein MG.

Grabenmörser hatten ein anderes Symbol, tiefe Unterstände ein anderes. Es war die Aufgabe von irgendjemandem, all diese Informationen zu erhalten, ohne seine Methoden preiszugeben. Er bezog sich auf einen Abschnitt von hundert Metern oder mehr und bemerkte, dass ein eifriger Kompaniechef gedacht hatte, er könne dort ein Stück deutschen Graben einnehmen, und dies auch getan hatte, was bedeutete, dass die Artilleristen informiert werden mussten, um das Sperrfeuer oder den Feuervorhang neu zu ordnen, was neue Beobachtungen und eine neue Registrierung der Übungsschüsse erforderlich machte. Ich urteilte, dass Howell nicht wollte, dass die Männer zu eifrig waren; er wollte, dass sie gerade eifrig genug waren.

Dieses Spiel, das an der gesamten Front gespielt wird, wird natürlich mit Schach verglichen, bei dem die Figuren Gewehre und Männer sind. Ich hatte die Schauspielfiguren und Kulissen im Sinn, mit denen die Bühnenmeister ihre Stücke ausprobieren, nur dass in diesem Fall nie eine Probe auf der echten Bühne mit der echten Kulisse stattfand, es sei denn, ein erster Angriff war gescheitert, da die Deutschen solche Freiheiten nur unter Maschinengewehrfeuer zulassen. Ein oder zwei Anrufe gingen über das Telefon wegen einiger kleinerer Einzelheiten ein, die wichtigsten waren bereits geklärt.

„Es ist Zeit zu gehen", sagte er schließlich.

Der Korpskommandeur war unten im Speisezimmer und rauchte nach dem Tee gemütlich seine Pfeife. Bis die Nachricht vom Angriff eintraf, gab es für ihn nichts zu tun. „Ich hoffe, Sie werden eine gute Show sehen", bemerkte er als *Abschiedsgruß*.

Wie sehr er es hoffte, muss hier nicht erwähnt werden. Es wird als selbstverständlich vorausgesetzt. Sorgfältig durchdachte Pläne, unterstützt von Hunderten von Kanonen und dem Leben von Menschen, das auf dem Spiel stand – und das gegen die Thiepval -Befestigungen!

"Ja, wir werden es gut schaffen", schloss Howell, als wir die Stufen hinuntergingen. Ein Mann, der es gewohnt war, zehn Meilen zu fahren, um den Zug um neun Uhr dreißig in die Stadt zu erwischen, konnte sich seiner Zeiteinteilung nicht sicherer sein als dieser Soldat auf dem Weg zu einem

Angriff. Sein wartender Wagen hatte Vorfahrt, wie sie nur der Leiter der Werke auf seinem eigenen Gelände genießt. Natürlich schenkte er dem Schild "Diese Straße ist beschossen; für Fahrzeuge gesperrt" am Anfang eines unbenutzt und verlassen wirkenden Straßenabschnitts keine Beachtung.

"Neulich wurde ein Auto vor mir von einem Krump direkt getroffen und Auto und Insassen verschwanden praktisch vor meinen Augen", bemerkte er, ohne näher auf den Vorfall einzugehen; denn die Deutschen waren wiederum verärgert über die Behauptung der sturen Briten, sie könnten Thiepval einnehmen .

Drei Gefangene in dem Stacheldrahtzaun , an dem wir vorbeikamen, sahen einsam aus. Sie mussten bei einem kleinen Bombenangriff in einem Feldzug aufgeschnappt worden sein.

„Ich glaube, sie werden heute Abend jede Menge Gesellschaft haben", sagte Howell. „Wie sehr werden sie ihr Abendessen genießen!" Er lächelte, als er sich an den vertrauten Anblick essender Gefangener erinnerte, genau wie ich. Nichts macht hungriger als eine Schlacht oder weckt den Appetit so sehr wie das Wissen, dass man außer Gefahr ist . Ich weiß, dass das stimmt, und das weiß jeder an der Front.

Da sein Auto keine Vorschriften kannte, außer seinen Wünschen, konnte er so weit fahren, wie es ging, ohne Gräben überqueren zu müssen. Ich frage mich, wie lange ich gebraucht hätte, um den Weg zu dem Sitzplatz auf der Tribüne zu finden, den Howell für den Anblick der Show ausgewählt hatte, wenn ich eine Karte gehabt und keine Fragen gestellt hätte. Nachdem wir an Kanonen vorbeigekommen waren, von denen nur eine von zehn gemächlich feuerte, aber alle ihre Abdeckungen abgenommen hatten, die Schützen bei ihren Geschützen waren und reichlich Munition zur Hand hatten, liefen wir geradewegs den Hang hinauf, wobei Howell auf seine Armbanduhr blickte und fragte, ob er zu schnell für mich ginge. Wir bogen an einer Stelle in einen Verbindungsgraben ein, die erfahrungsgemäß der richtige Ort war, um in Deckung zu gehen.

„Das ist ein guter Platz", sagte er schließlich, und wir rieben unsere Helme an einigen Kreideklumpen der Brustwehr, so dass der schwarze Fleck auf unserem Fernglas das einzige war, was nicht mit der Umgebung harmonierte.

Es war ein perfekter Spätsommernachmittag, ohne Wind oder übermäßige Hitze, der blaue Himmel makellos ; ein Nachmittag, wie man ihn sich wünschen würde, um in einer Hängematte zu lümmeln und ein Buch zu lesen. Im Vordergrund war ein Abhang zu einem kleinen Tal zu sehen, wo die üblichen astlosen Baumstämme in einem Wäldchen standen, das gründlich mit Granaten beschossen worden war. Niemand war dort zu sehen, und ab und zu explodierte eine deutsche 5,9-Granate in dem Gemisch aus Splittern und Erde.

Auf der anderen Seite des Tals war ein Einschnitt, ein Graben, der britische Schützengraben der ersten Linie, der, soweit ich sehen konnte, unbesetzt war. Dahinter lag das alte Niemandsland, wo seit zwei Saisons Gras und Unkraut wild gewachsen waren und die zahlreichen Granattrichter und die sterblichen Überreste des britischen Angriffs vom 1. Juli verbargen, der abgewehrt worden war. Auf der anderen Seite erstreckte sich ein 200 Yards langer öder Abschnitt bis zu der welligen, kalkigen Ausgrabung des tiefen Einschnitts des deutschen Schützengrabens der ersten Linie, die so deutlich zu erkennen war wie eine weiße Linie auf dunkelbraunem Papier. Auch hier gab es kein Lebenszeichen, ebenso wenig wie weiter hinten, wo sich das Netzwerk weiterer Ausgrabungen als Ergebnis der fast zwei Jahre dauernden deutschen Grabungsarbeiten verlief. Das Ganze zeichnet sich am Hang bis zu den kahlen Stämmen zweier oder dreier Bäume ab, die aus dem Schmutz der Ruinen von Thiepval emporragten .

Nur ein Hügel in hügeliger Landschaft, das war alles; aber er verbarg Höhlen über Höhlen von Gräbern, die schlauer waren als jedes Nagetier – der Mensch. Seit dem 1. Juli waren die Deutschen nicht untätig gewesen. Sie hatten Zeit gehabt, aus den Lehren des Angriffs zu lernen und Anbauten und Verbesserungen vorzunehmen. Sie hatten Unterstände vertieft und durch Galerien verbunden; sie hatten Box- und Cox-Verstecke angelegt; von allen Seiten verteidigbare Nester, die als Mystery Works und Wonder Works bekannt wurden. Die Botschaft dieses zerklüfteten und umgegrabenen Hügels war eine tödliche Trotzreaktion.

Gelegentlich explodierte ein britischer Sprengsatz in einem der deutschen Schützengräben, und soweit das Auge reichte, ging dieser unkontrollierte Granatenbeschuss weiter, ohne dass man erahnen konnte, woher der nächste Angriff kommen würde, was Teil des Plans war.

„Es ist zehn vor vier!", sagte Howell. „Wir waren rechtzeitig hier. Ich hoffe, wir bekommen sie bei der Ablösung", was bedeutete, dass ein Bataillon, das im Dienst war, von einem Bataillon abgelöst wurde, das in Ruhe war.

Er legte seine Karte auf die Brustwehr und der Ort und der Plan des Angriffs wurden als Teil der umfangreichen Operationen im Sektor Thiepval-Mouquet Farm deutlich. Die Briten umgingen die Flanke dieser Thiepval-Stellungen, als sie von der Nahtstelle des Bruchs vom 1. Juli bis zum Pozières- Kamm vordrangen . Ein Engpass hier und ein Engpass dort; ein Angriff auf dieser Seite und dann auf jener; ein Biss nach dem anderen.

„Ich hoffe, Ihnen gefällt unser patentiertes Sperrfeuer", sagte der Artilleriegeneral, als er auf dem Weg zu einem nahegelegenen

Beobachtungsposten einen Moment innehielt. „Wir selbst denken in letzter Zeit ziemlich gut darüber." Er musste nicht einmal einen Druckknopf berühren, um den Strom einzuschalten. Er hatte vier auf Null eingestellt.

Ich werde nicht von der Spannung vor dem Angriff sprechen, die in der Luft lag usw. Ich habe sie persönlich gespürt, aber die Deutschen spürten sie nicht, oder zumindest wollten die Briten nicht, dass sie sie spürten. Beim Blick auf das Schlachtfeld gab es keine Anzeichen eines aufziehenden irdischen Sturms, genauso wenig wie beim Blick in den Himmel eines Gewitters. Abgesehen von Granateneinschlägen herrschte vollkommene, einschläfernde Ruhe , und deren spärliche Ausprägung verstärkte seltsamerweise den Eindruck auf diesem Schlachtfeld, auf dem ich seit Beginn der Somme-Offensive nie einen ruhigeren Nachmittag erlebt hatte. Man konnte sich nichts Besseres wünschen, als dass die Ruhe die Deutschen einschläfern sollte. Für den Stabsexperten jedoch lebte die tote Welt auch ohne den Anblick von Menschen. Jeder Quadratzentimeter Boden hatte eine Botschaft.

Natürlich wusste ich um vier Uhr, was kommen würde, aber ich war erstaunt über die Kraft und Genauigkeit, als es dann kam – diese verbesserte Methode der Artillerievorbereitung, dieser patentierte Feuervorhang. Ein Ausbruch kreischender Granaten über mir, der zu einem ununterbrochenen, dröhnenden Schwall wurde, wie der einer endlosen Anzahl von Eisenbahnzügen in der Luft, bedeutete, dass die Geschütze, die untätig gewesen waren, alle sprachen. Jeder einzelne hatte durch vereinzelte Übungsschüsse den deutschen Schützengraben an der Stelle getroffen, wo seine Granatensalven das Glied in der Salvenkette bilden würden. Über der wellenförmigen Kreidelinie der Angriffsfront blitzten die Blitze knackender Granatsplitterjacken, deren Kugeln Kreidewolken aufwirbelten wie Staubwolken auf einer Straße, die von einem Hagelsturm niedergehen.

Als die Schüsse begannen, sah ich einige Gestalten hinter dem deutschen Schützengraben aufstehen. Ich nahm an, dass es sich um die herannahende Ablösung oder um eine Arbeitsgruppe handelte, die in Deckung gewesen war. Diese Deutschen mussten eine schnelle Entscheidung treffen: Sollten sie einen Sprung in die Unterstände oder einen Sprung nach hinten versuchen? Sie entschieden sich für die Flucht. Ein hundert Meter langer Sprint und sie wären aus dieser mörderischen Schneise heraus, die so präzise auf einem schmalen Streifen gezogen wurde. Sie rannten, wie Männer nur vor dem Tod davonlaufen. Kein Stechschritt oder „Nach Ihnen, Sir" bremste ihre Begeisterung. Ich musste über ihre Eile lächeln und als einige zu Boden gingen, war es schwer zu erkennen, dass sie vor Tod oder Wunden gefallen waren. Sie schienen nur Puppen in einer Pantomime zu sein.

Dann trat eine einsame Gestalt aus einem Verbindungsgraben direkt hinter der ersten deutschen Linie hervor. Dieser große Offizier, der zwischen den Erdwällen, wo er sich befand, nichts sehen konnte, stand in voller Sicht auf und sah sich um, als ob er die Lage einschätzen wollte, vielleicht um zu entscheiden, ob der Rauchschwaden, der jetzt rechts von ihm aus dem britischen Graben rollte, der tatsächlichen Angriffslinie entsprach oder nur zur Täuschung diente; er beobachtete und schloss daraus, was seine Männer, so schätze ich, nie erfahren sollten, denn wie es ein Mann tut, der einen harten Schlag in die Kniekehlen bekommt, brach er plötzlich zusammen und die Erde verschluckte ihn, bevor die Splitterrauchwolken sich über dem Graben so dicht angesammelt hatten, dass sie einen Vorhang bildeten.

Jede Minute musste eine Granate den Hof erreichen. Granatsplitter zischten in die Öffnungen der Unterstände, der Tod lauerte in jeder Ritze und sagte den Deutschen:

„Bleiben Sie unten! Passen Sie auf, dass es nicht regnet! Wenn Sie versuchen, mit einem Maschinengewehr herauszukommen, werden Sie getötet! Unsere Infanterie kommt!“

XXIV

EINE AUFLADUNG BEOBACHTEN

Der britische Schützengraben erwacht zum Leben – Die Linie marschiert vorwärts – Ein moderner Angriff, keine Chance für Heldentaten – Maschinenartige Vorwärtsbewegung – Das bösartigste Geräusch einer Schlacht – Das erste Maschinengewehr – Ein wunderschönes Sperrfeuer – Die gefürchteten „Shorts" – Das Sperrfeuer erreicht die zweite Linie – Der Sprung in die Schützengräben – Gestalten in Grün mit erhobenen Händen – Gefangen in Unterständen – Ein Mann, der seine Wahl traf und den Preis dafür bezahlte – Deutsches Antwortfeuer – Zweiter Teil des Programms – Wieder das schützende Sperrfeuer – Erfolg – Wellen von Männern rücken hinter Wellen von Granatfeuer vor – Gefangene in guter Verfassung – Brigadegeneral Philip Howell.

Jetzt erwachte der britische Schützengraben zum Leben. Aus dem Erdgraben auf der anderen Seite des Tals erhob sich etwas, das aussah wie eine Reihe khakifarbener Waschbecken, mit der Unterseite nach oben und an einer straff gespannten Schnur befestigt. Und hinter ihnen kamen die Schultern und Körper britischer Soldaten, die über die Brustwehr zu klettern begannen, so wie ein Mann die Kellertreppe hinaufsteigen würde. Das war der Angriff.

Fünf Minuten sollte das Sperrfeuer bzw. der Feuervorhang dauern, und fünf Minuten war die Zeit, die den englischen Soldaten zur Verfügung stand, um von ihrem Schützengraben in den deutschen Schützengraben zu gelangen, den sie einnehmen sollten. Auf diese Anzahl von Schritten pro Minute wurde ihr Vormarsch durch dieses schreckliche Niemandsland berechnet, wo Maschinengewehre und deutsche Feuervorhänge beim vorangegangenen Angriff am 1. Juli für Tod gesorgt hatten.

Jedes Detail der Ausrüstung der Männer war deutlich zu erkennen, als ihre Gestalten in voller Größe vor dem Hintergrund des graugrünen Abhangs auftauchten. Sie waren dem Feuer aus dem deutschen Schützengraben völlig ausgesetzt. Jeder Anfänger mit einem Gewehr auf der deutschen Brustwehr hätte mit jedem Schuss einen Mann niederstrecken können. Doch keiner fiel; alle gingen vorwärts.

Ich beobachtete die über hundert Meter breite Linie direkt vor mir, war entschlossen, meine Aufmerksamkeit nicht von anderen Teilen des Angriffs ablenken zu lassen und diese einmalige Gelegenheit zur Beobachtung vor Ort optimal zu nutzen.

Der durchschnittliche Laie stellt sich einen Angriff als Ansturm vor. Das ist auf dem Übungsgelände auch so, aber nicht dort, wo die Bewegung so getimt ist, dass sie eine Sekunde vor einem zischenden Todessturm eintrifft, und die

Angreifer dürfen nicht außer Atem sein, wenn sie in Nahkämpfen an Traversen und an den Eingängen von Unterständen heiße Arbeit erwartet. Keiner sprintete vor seinen Kameraden her; keiner rief „Los, Jungs!", keiner schwang seinen Stahlhelm hoch, denn er brauchte ihn zum Schutz vor plötzlichen Granatsplittereinschlägen. Alle rückten mit schnellem Tempo vor und hielten Linie und Abstände ein, außer dort, wo sie Granattrichter umfahren mussten.

Auch wenn dieser Angriff nichts von der Pracht anderer Tage hatte, war er doch umso spannender, weil er handwerklich und geregelt ablief. Kein „sechs Tage die Woche betrinken und sonntags wie verrückt kämpfen"- Geschwätz aus dem verwegenen Zeitalter vor Thiepval . Jeder Mann muss seinen Teil so kühl tun, als würde er auf einem Seil balancieren, ohne dass ihn ein Netz auffangen könnte, und im Laufe einer systematischen Entwicklung muss mit dem Tod gerechnet werden.

„Sehr gut! Ein bisschen eifrig dabei! Ausgezeichnet!" Howell, der mit seiner Brille über das Feld blickte, sprach mit der fachmännischen Wertschätzung eines Footballtrainers, der seiner Mannschaft beim Training zusieht. „Noch keine Maschinengewehre", sagte er zum zweiten Mal und ließ die Befürchtungen erkennen, die in ihm lauerten.

Auch ich hatte auf das Stakkato des Maschinengewehrs gelauscht, das meiner Meinung nach das durchdringendste, mechanischste und bösartigste aller Instrumente des schrecklichen Schlachtorchesters ist, so unheilvoll wie das Klicken eines Schalters, von dem man weiß, dass er einen Personenzug entgleisen lässt. Die Männer waren jetzt auf halbem Weg zum deutschen Schützengraben. Zweieinhalb der zugeteilten fünf Minuten waren vergangen. In meinem engen Sichtfeld war noch kein einziger Mann gefallen. Sie könnten sich in einem Manöver befunden haben und ihr Ziel ein verlassener Graben gewesen sein. Wenn ich nach rechts und links blickte, wanderte mein Blick über die Reihe der kräftigen, sich bewegenden Rücken, die weniger besorgt schienen als der Zuschauer. Nicht nur, weil man auf ihrer Seite war, sondern als Belohnung für ihre Standhaftigkeit wollte man, dass sie diesen Abschnitt der vordersten Befestigungslinie eroberten. Jeden Moment erwartete man, die erste Granate des deutschen Antwortfeuers mitten unter ihnen explodieren zu sehen.

Dann kam der erste scharfe, metallische Ton, der unverkennbar war und inmitten von Granatengeschrei und Gewehrsalven zu hören war, von rechts, und er ließ einem das Herz erzittern, weckte eine furchtbare Neugier in der Beobachtung und lenkte die Aufmerksamkeit von den Männern vor einem ab, während man nach Anzeichen dafür suchte, dass ein Maschinengewehr menschliche Beute einholte. Rat-tat-tat-tat in schneller Folge, dann eine Pause vor einer weiteren Serie anstelle von anhaltenden und langsameren

Knallen, und man wusste, dass es kein deutsches, sondern ein britisches Maschinengewehr war, das weiter weg war, als man gedacht hatte.

Mehr als je zuvor freute man sich über jede einzelne der Blitze, die so dicht wie Glühwürmchen in der Rauchdecke über dem deutschen Schützengraben lagen, denn jede einzelne bedeutete einen Kugelhagel, um die feindlichen Maschinengewehre in Schach zu halten. Die Franzosen sagen „ *Belle!* ", wenn sie ein solches Sperrfeuer sehen, und „schön" ist das Wort dafür für jene Männer, die über das Feld auf diesen aus Granaten gebildeten Heiligenschein zugingen, der im hellen Sonnenlicht zu weich aussah, um tödliche Pfeile zu enthalten. Alle Granatensalven schienen in einer Breite von zwanzig oder dreißig Metern zu liegen. Wie konnten Geschütze, die auf eine Entfernung von zwei- bis fünftausend Metern feuerten, eine solche Genauigkeit erreichen!

Die Männer hatten jetzt drei Viertel der Strecke zurückgelegt. Als sie sich dem Sperrfeuer näherten, betäubte eine andere Befürchtung Ihre Gedanken. Sie befürchteten, einen „Kurzschuss" zu sehen – eine der Granaten aus ihren eigenen Geschützen, die nicht weit genug reichte und unter den Männern explodierte – und dies war, wie ein englischer Soldat, der von einem Kurzschuss niedergestreckt worden war, mit trockenem Humor sagte, „sehr entmutigend, Sir, obwohl ich annehme, dass es gut gemeint war". Für die Öffentlichkeit ist es eine schreckliche Sache, die eigenen Männer mit den eigenen Granaten zu töten. Es ist besser, ein paar von ihnen auf diese Weise zu verlieren, als viele durch deutsche Maschinengewehre, indem man das Sperrfeuer zu früh einstellt, aber die Angst vor der öffentlichen Empörung hatte in den frühen Tagen der britischen Artillerie ihren Einfluss. Je besser die Artillerie, desto näher kann die Infanterie herankommen und desto größer ist ihr Selbstvertrauen. Eine Granate, die fünfzehn oder zwanzig Meter zu kurz explodiert, bedeutet nur den geringsten Fehler in der Zünderlänge, den Höhenfehler oder den Ausrichtungsfehler dort, wo die Mündungen ihre Projektile von der anderen Seite des Abhangs ausschütten. Und an diesem Tag gab es keine Kurzschlüsse. Jede Granate, die ich explodieren sah, war „richtig". Es war perfektes Schießen.

Jetzt schien es, als würden die Männer geradewegs in die Decke über den noch immer von Blitzen durchzogenen Schützengräben vordringen. Einige der vordersten Männer, die eifrig geworden waren, befanden sich am Rande des Bereichs, in dem Staubspritzer von Granatsplittern in der weißen Kreide lagen. Wussten sie nicht, dass weitere zwanzig Meter den Tod bedeuteten? War ihr methodischer Phlegma so groß, dass sie ganz nach Vorschrift handelten? Nein, sie kannten ihre Rolle. Sie blieben stehen und warteten. Andere waren in der zweiten der fünf Minuten, die ihnen zur Verfügung standen, als plötzlich alle Blitze aufhörten und über dem Graben nichts als die Rauchschicht zurückblieb. Das Sperrfeuer war von der ersten in die zweite deutsche Schützengräbenlinie gehoben worden, so wie man den Strahl eines Schlauchs von einem Blumenbeet zum nächsten hebt.

Dies war der Moment des Geschehens für die Männer des Angriffs, von denen noch keiner einen Schuss abgefeuert hatte. Jeder Mann zeichnete sich deutlich vor dem weißen Hintergrund ab, als sie mit glänzenden Bajonetten und nach hinten gezogenen Händen mit wurfbereiten Bomben nach vorn sprangen, um an den Eingängen der Unterstände zu sein, bevor die Deutschen herauskamen. Einige sprangen direkt in den Schützengraben, andere liefen ein paar Schritte die Brustwehr entlang, suchten nach einem günstigen Punkt oder warfen dabei eine Bombe, bevor sie hinabstiegen. Es ging schnell, eilig, nach dem Motto „Hit-and-Run", und im Nu waren alle außer Sicht, und es wurde Mann gegen Mann gekämpft, wobei die Gewehre beider Seiten ihre Hände aus dem unterirdischen Konflikt ließen . Der gebannte Blick löste sich für einen Moment von der Kreidelinie und sah eine zweite britische Welle, die auf dieselbe Weise wie die erste aus dem britischen Schützengraben der ersten Linie vorrückte.

"Alle sind auf der ganzen Linie dabei. Sie bomben sich ihren Weg nach vorne frei!", sagte Howell mit sachlichem Verständnis für den Verlauf der Ereignisse.

Ich blinzelte mit müden Augen und schloss sie noch einmal auf die zwölf Durchmesser der Vergrößerung, wobei jeder Durchmesser im klaren Licht voll zur Geltung kam. Ich sah nichts als kleine Rauchwolken, die aus dem schwarzen Streifen in der Kreide aufstiegen, der den Graben selbst bildete. Jede davon stammte von einem Ei hochexplosiver Sprengstoffe, die aus nächster Nähe geworfen wurden, aber nicht zahlreich genug, um Zweifel am Ergebnis zu lassen, und ganz offensichtlich gegen ein paar Widerspenstige gerichtet, die noch durchhielten.

Als nächstes erschien ein britischer Soldat auf der Brustwehr, und seine Haltung war die eines Militärpolizisten, der an einer belebten Kreuzung nahe der Front den Verkehr regelt. Seine Rolle in dem sorgfältig ausgearbeiteten System wurde deutlich, als eine Gestalt in Grün aus dem Schützengraben kam und die Hände in dem weltweit anerkannten Zeichen der Kapitulation hochhielt. Die Gestalt war die erste einer Reihe mit erhobenen Händen – und diese Haltung war auch sehr ernst gemeint, da die Briten und Franzosen diese Haltung als am ehesten für einen Deutschen halten –, die sich auf den britischen Schützengraben in der ersten Reihe zubewegten. Überall an der Front tauchten kleine Gruppen von Gefangenen in derselben Haltung auf. Es hätte etwas Lächerliches gehabt, wenn es nicht so real gewesen wäre.

Die meisten Gefangenen waren aus Unterständen befreit worden, die keinen Ausgang durch Galerien hatten, nachdem die Deutschen durch das Sperrfeuer festgehalten worden waren. Entweder mussten sie sofort herauskommen oder in ihren Löchern durch Bomben zu Tode gebombt werden; also kamen sie heraus.

„Ein lebender Gefangener würde seinem Vaterland eines Tages von größerem Nutzen sein als ein toter, auch wenn er ebenso wenig eine Chance hätte, noch einmal zu kämpfen, wie ein Kaninchen, das an den Ohren hochgehalten wird", sagte einer der deutschen Gefangenen.

„Und für Sie selbst ist es auch von größerem Nutzen", bemerkte sein Entführer.

„Das ist mir auch schon passiert", gab der Deutsche zu.

Während ich die verschiedenen Säcke mit den Gefangenen herausholte, spielten sich vor meinen Augen zwei Vorfälle ab, die mit einem Realismus ein kleines Vermögen für einen Filmmann wert gewesen wären, wenn nicht ebenso dramatische Szenen inszeniert worden wären. Ein Deutscher sprang aus dem Graben, offenbar entweder in der Absicht, Widerstand zu leisten oder in Panik, und ließ sich hinter einen der Kreidehaufen fallen, die bei der Ausgrabung aufgeworfen worden waren. Ein britischer Soldat ging hinter ihm her, und er hob die Hände und wurde zu einer der Gruppen geschickt. Ein anderer, der auf die gleiche Weise Deckung suchte, hatte ein anderes Temperament, oder vielleicht wurde sein Widerstand dadurch ausgelöst, dass er eine Bombe hatte. Er warf sie auf einen britischen Soldaten, der ihr auszuweichen schien und auf allen Vieren zu Boden fiel, wobei die Bombe hinter ihm explodierte. Dann prasselten Bomben aus allen Richtungen auf den Deutschen ein. Es blieb keine Zeit zum Verhandeln; er hatte seine Wahl getroffen und musste den Preis dafür zahlen. Er rollte sich herum, nachdem der Rauch der Explosionen aufgestiegen war, und blieb dann ein regloser grüner Fleck auf der Kreide. Ein britischer Soldat beugte sich in einer hastigen Untersuchung über die Gestalt und sprang dann in den Graben, wo er offensichtlich gebraucht wurde.

„Die Deutschen sind mit ihrem Granatfeuer sehr langsam", sagte Howell im Laufe seiner Ausrufe, während er die Operationen beobachtete.

Es waren Gegenfeuer und ein Besuch unserer eigenen Stellung, die völlig ungeschützt war, angesagt. Howell selbst war hier beim letzten Angriff von einer Granate getroffen worden. Ein deutscher Offizier gab später eine Erklärung für die Langsamkeit der deutschen Kanonen: Das Personal hatte die Briten für zu dumm gehalten, um aus dieser Richtung anzugreifen. Howell war erfreut, da dies den Vorteil des rassischen Rufs als strategisches Hilfsmittel zeigte.

Die deutsche Artillerie reagierte jedoch nicht ganz. Sie feuerte einige „ Krumps " in die Nähe der britischen ersten Linie, und eine der Gefangenengruppen lief in die Salve einer 5,9-mm-Kanonenkugel. „Laufen" ist das richtige Wort, denn sie rannten so schnell sie konnten, um hinter ihren eigenen Feuervorhang zu gelangen, was ihnen die Erfahrung sagte, dass sie bald fällig sein würde. Ich sah diese Gruppe in der Rauch- und Staubwolke versinken, konnte aber nicht sehen, wie viele, wenn überhaupt, getroffen wurden, als der Klang eines Maschinengewehrs meine Aufmerksamkeit über das tote Gras des alten Niemandslandes auf den deutschen – ich sollte sagen, den ehemaligen deutschen – Schützengraben der ersten Linie lenkte, wo ein Engländer sein Maschinengewehr auf den *Parados gerichtet hatte* und das Feld hinüber zum deutschen Schützengraben der zweiten Linie absuchte. Vielleicht hatten sich einige der Deutschen, die zu Beginn vor dem Sperrfeuer geflohen waren, in Granattrichtern versteckt oder Anzeichen von Bewegung gezeigt, oder es gab anderswo Ziele.

So weit, so gut, wie Howell bemerkte. Die angeblich uneinnehmbare deutsche Festung, die den ersten britischen Angriff abgewehrt hatte, war dank des offensichtlichen Feuervorhangs und der durch Kampfübungen erworbenen Fähigkeiten so leicht eingenommen worden wie die Schneefestung eines Jungen. Es war die Vergeltung für die Männer, die am 1. Juli vergeblich gefallen waren. Howell dachte nicht daran, sondern an das zweite Ziel des Nachmittagsplans. Zu diesem Zeitpunkt war nicht mehr als eine Viertelstunde vergangen, seit die erste Ladung „über den Deckel gegangen" war. Aus dem Einschnitt im Kreiderand erhob sich die Reihe der Helme erneut, und England begann über das Feld auf den deutschen Schützengraben der zweiten Linie zuzumarschieren, der eigentlich Teil der Hauptbefestigung der ersten Linie am Hang war, auf die gleiche Weise wie auf die erste.

Was war mit ihrem schützenden Sperrfeuer? Meine Augen waren so beschäftigt gewesen, dass meine Ohren nichts mit mir zu tun hatten, und in einem Aufruhr freudiger Überraschung erkannte ich, dass derselbe höllische Granatenhagel über uns hinwegfegte und weiter oben auf dem Grat Glühwürmchen aus dem Rauchmantel hervorblitzten, der die zweite Linie umhüllte. Jetzt absorbierte der Hintergrund den Khakiton besser und die Gestalten der Männer wurden immer verschwommener, bis sie ganz verschwanden, als die Blitze vor ihnen aufhörten. Howell musste die Ergebnisse der Signale übersetzen, die ich nicht visuell überprüfen konnte. Eine nach der anderen erschienen Nachrichten in Raketenblitzen durch den zunehmenden Dunst, der den Hang selbst zu verdecken begann.

"Ich glaube, wir haben heute Nachmittag alles, was wir zu erobern erwartet hatten", sagte Howell schließlich. "Die Deutschen reagieren sehr langsam. Ich glaube, wir haben sie eher überrascht."

Sie hatten noch nicht einmal mit dem Beschuss ihrer alten ersten Linie begonnen, von der sie eigentlich hätten wissen müssen, dass sie jetzt in britischer Hand war, und die sie ganz selbstverständlich hätten registrieren lassen müssen; oder vielleicht war ihr eigener Geheimdienst mangelhaft und sie hatten keine wirklichen Informationen darüber, was sich am Hang unter den Rauchwolken abspielte, oder ihre Leitungen waren durchtrennt und ihre Melder durch Granatfeuer getötet worden. Sicher war, dass die Briten in der deutschen ersten Schützengrabenlinie eine große Anzahl guter Unterstände als Unterschlupf hatten, da das offene Sperrfeuer die Häuser des Feindes nicht zerstört, sondern die Türen nur mit tödlichen Vorhängen verschließt.

„Ich hoffe, Sie verbessern Ihre Unterstände", riefen britische Soldaten durch das Niemandsland, „denn das ist für uns umso besser, wenn wir sie einnehmen!"

Wir blieben dort, bis Howells geschultes Auge sich an den Einzelheiten sattgesehen hatte, ohne dass eine Granatenexplosion unseren Komfort beeinträchtigte. Den Vorschriften zufolge hätten wir jedoch ordentlich „beschossen" werden müssen, was mich erneut daran erinnerte, was ich dem Deutschen für seine Rücksichtnahme gegenüber dem amerikanischen Korrespondenten an der britischen Front schuldig war.

„Was halten Sie jetzt von unserem offensichtlichen Sperrfeuer?", fragte der Artilleriegeneral, als er von seinem Beobachtungsposten zurückkehrte.

„Wunderbar!" war alles, was man sagen konnte.

„Eine gute Show!", sagte Howell.

Die Freude beider war besser in ihren Augen als in Worten auszudrücken. Gute Nachrichten auch für den Korpskommandeur, der seine Pfeife rauchte und wartete, und für jedes im Einsatz befindliche Bataillon – oh, besonders für die Bataillone!

"Herzlichen Glückwunsch!", riefen wir hin und her, als wir auf dem Weg zum Brigadehauptquartier in einem Unterstand am Hang andere Offiziere trafen. Auf Howells Glückwünsche an den glücklichen Brigadegeneral, als seine Männer einmarschierten, folgten Vorschläge und eine Diskussion über zukünftige Pläne, die ich ihnen überließ, während ich durch das Fernrohr des Brigadegenerals auf den Thiepval -Rücken blickte und die Muster des Granatfeuers eines normalen Tages beobachtete, die bewiesen, dass die Deutschen keinen Gegenangriff unternahmen, um verlorenes Terrain zurückzugewinnen. Ich stellte mir vor, dass das deutsche Personal sprachlos war, als es hörte, dass ihre furchterregende alte vorderste Linie möglicherweise mit so wenig Feuerwerk eingenommen werden konnte.

Als ich auf dem Rückweg zu den Kanonen kam, empfand ich Ehrfurcht, die ich in Anerkennung umsetzen wollte. Sie feuerten jetzt langsam oder gar nicht, und die untätigen Kanonenschützen lungerten herum. Sie hatten weder ihren eigenen Feuervorhang noch den Infanterieangriff gesehen; sie waren so losgelöst vom Geschehen wie die Besatzung eines Schlachtschiffturms. Ihre Genauigkeit und ihre Koordination mit der Infanterie und die Koordination der Infanterie mit dem Sperrfeuer hatten die Möglichkeiten einer Offensive mit Wellen von Männern, die hinter Wellen von Granatfeuer vorrückten, besser zum Ausdruck gebracht als Bände von Berichten, was später bei der Einnahme von Douaumont angewandt wurde und die Lösung des Entscheidungsproblems an der Westfront sein muss.

Über den Schützengräben schaukelten die Stahlhelme der Briten und die grauen Feldmützen der deutschen Gefangenen nach hinten, und am Verletztensammelplatz antwortete der Arzt auf die Frage nach den Verlusten: „Sehr gering!" Die Gefangenen waren in ungewöhnlich guter Verfassung, selbst für Männer, die vor Granatfeuer sicher waren; viele hatten keine Kreide auf der Kleidung, die auf einen Kampf hindeutete. Sie hatten in ihren Unterständen gesessen und gingen hinaus, als ein Engländer an der Tür erschien. Ja, sie sagten, sie seien kurz vor der Ablösung gefangen worden, und die Ablösung sei auf unerwartete Weise erfolgt. Wenn sie schon gefangen genommen werden mussten, gefiel ihnen auch das offene Sperrfeuer.

„Ich werde Sie informieren, wenn es wieder eine Show gibt", sagte Howell, als wir uns im Korpshauptquartier verabschiedeten; doch keine könnte diese jemals an Erfolg oder der Möglichkeit einer genauen Beobachtung übertreffen.

Das war das letzte Mal, dass ich ihn sah. Ein paar Tage später wurde er auf einem seiner Erkundungsgänge für einen Angriff von einer Granate getötet. Der Armeebrauch erlaubt die Erwähnung seines Namens, da er tot ist. Er war ein treuer Freund, ein fähiger Soldat, ein aufrechter, freundlicher, hochgesinnter Gentleman; und als ich gefragt wurde – nicht von der Dame, die sich noch nie so lange für etwas interessiert hatte wie für diesen Krieg, sondern von einer anderen –, ob das Leben an der Front eine große Belastung sei, dann liege die Antwort in der Nachricht, dass ein Mann, den man gerade in voller Lebenskraft und Stärke gesehen habe, gestorben sei.

XXV

KANADA IST STUR

Wofür kämpft Kanada? – Der Kaiser hat die Kanadier zusammengebracht.
– Das Land der riesigen Entfernungen. – Kanadas unerschütterlicher Geist.
– Kanada ist unser nächster Nachbar in geografischer und emotionaler
Hinsicht. – Der Schlamm des Ypern-Frontbogens. – Die Kanadier haben
den Grabenüberfall erfunden. – Ein Ringkampf im Schlamm. – Die
Deutschen „versuchen es mit" den Kanadiern. – „Die Grenze" im
Artilleriefeuer. – Der Geist des Ahornblatts. – Baseball-Gerede an der
Schusslinie. – Eine gute Prise Amerikaner.

Eines Tages sollten die Kanadier ihre Füße aus dem Schlamm des Ypern-
Frontbogens heben und die hohe, trockene Straße zur Somme-Front
nehmen, und jeder mit einem Funken Ritterlichkeit in seiner Seele hätte sich
gefreut zu erfahren, dass sie an der großen Bewegung vom 15. September
teilnehmen würden. Aber lassen Sie uns andere Dinge und andere Kämpfe
betrachten, bevor wir zur Einnahme von Courcelette kommen .

Als ich im Winter 1915/16 zu Hause war, verlief die Grenze zwischen den
Vereinigten Staaten und Kanada zum ersten Mal in scharfen Kontrasten. Die
Zeitungen in Kanada hatten ihre Opferlisten, Eltern ließen ihre Söhne und
Frauen ihre Männer 3.000 Meilen weit gehen, um Entbehrungen zu ertragen
und den Tod für eine Sache zu riskieren, die für sie nichts mit
philosophischem Internationalismus zu tun hatte. Alles war anders.
Opferbereitschaft und Tapferkeit, Leben und Tod und die Worte mit
einfacher Bedeutung beherrschten das Vokabular.

Manche Leute fragen sich vielleicht, warum Kanada sein Blut in Europa
vergießen sollte; was hatte Flandern mit Kanada zu tun? England kämpfte
um seine Insel, Frankreich um die Heiligkeit seines Bodens, aber wofür
kämpfte Kanada? So wie ich es verstand, kämpfte es für Kanada. Es war ein
Schlag gegen Kanada geführt worden, wenn auch über den Atlantik hinweg,
und über den Atlantik hinweg würde es zurückschlagen.

Sie hatte keinen großen prägenden Krieg erlebt. Pardeburg war eine Art
Expedition tapferer Männer, wie die Einnahme von San Juan Hill. Es drang
nicht tief in das Bewusstsein des durchschnittlichen Kanadiers ein, der nur
wusste, dass einer seiner Nachbarn in Südafrika gewesen war. Unser eigener
prägender Krieg war die Revolution, nicht der Bürgerkrieg, in dem Bruder
gegen Bruder kämpfte. Die Revolution schuf eine Form, die, anstatt sich auf
nachfolgende Generationen von Einwanderern einzuprägen, ihnen vielleicht
nur eine Fassade verlieh. Ein Krieg könnte notwendig sein, um sie für eine
weitere Formgebung zu schmelzen.

Kein Land wollte den Krieg weniger als Kanada, aber als der Krieg kam, ließ seine Flamme Kanada vor kanadischem Patriotismus schmelzen. So wie Georg III. die Carolinas und Massachusetts zusammenbrachte, so hat der Kaiser die kanadischen Provinzen zusammengebracht. Die Männer aus dem kultivierten, hügeligen Land im Süden Ontarios, aus New Brunswick und den Ebenen und der Küste und ein Teil der gepflegten Bauernhöfe Quebecs haben sich persönlich getroffen, nicht in Zügen, nicht durch Vertreter im Parlament oder auf Versammlungen, sondern in Unterkünften und Schützengräben. Was auch immer Kanada ist, es ist nicht klein. Es ist vor allem das Land der riesigen Entfernungen; seine Breite ist größer als die der Vereinigten Staaten. In den Gedanken derer zu Hause war die gesamte große territoriale Ausdehnung Kanadas in seiner Männlichkeit auf ein paar Quadratmeilen Flandern konzentriert.

Ich war in Kanada, als gerade die erste Division ihre Probezeit hinter sich hatte und die Rekrutierung auf Hochtouren lief; und dann wieder, als dreihundertfünfzigtausend Soldaten den Fahnen beigetreten waren und Kanada, das nun das volle Ausmaß des Verlustes an Menschenleben zu spüren bekam, unerschütterlich schien, was umso bemerkenswerter war in einem neuen Land, in dem es leicht ist, seinen Lebensunterhalt zu verdienen und die Gelegenheit an die Tür der Jugend klopft, wenn sie nur die Energie hat, sie an die Hand zu nehmen und ihren Weg zu gehen. Ich möchte hinzufügen, dass nicht alle Jugendlichen in Toronto oder einer anderen Stadt, die als Grund für ihre Weigerung, amerikanische Staatsbürger zu sein, tatsächlich amerikanische Staatsbürger waren. Sie waren nicht „zu *stolz* zum Kämpfen", was auch immer ihre anderen Gründe gewesen sein mögen, denn sie hatten keinen Stolz; und wenn sie ehrliche Quäker gewesen wären, hätten sie keine Lügen vorgebracht.

In Frankreich hörte ich, wie diese kanadische Brigade besser sei als jene, und dass ein Mann aus Ostkanada nicht von einem Mann aus Westkanada geführt werden wolle, und dass nicht alle, die Militärkreuze gewannen, mutige Grenzbewohner waren, sondern einige Anwälte und Angestellte in Montreal oder Toronto – oder sollte ich Toronto an die erste Stelle setzen, oder vielleicht Ottawa oder Winnipeg – und noch mehr Gerede über die Rivalität, die laut Generälen gut für den Teamgeist sei. Moose Jaw Street lag gegenüber von Halifax Avenue und Vancouver Road gegenüber Hamilton Place in derselben Gemeinde.

Da ich mit keinem Teil Kanadas verbunden war, waren die Kanadier mit ihrem Ahornblatt-Emblem für mich alle Kanadier; Männer jenseits der Grenze, die wir beim Kommen und Gehen ohne Sprachwechsel, dampfbeheizte Autos oder Eiswassertanks passieren. Manche Kanadier glauben, dass die Vereinigten Staaten mit ihren über hundert Millionen Einwohnern ihren acht Millionen gegenüber herablassend sein könnten, während ich mich nach Courcelette nicht beleidigt gefühlt hätte, wenn ein Kanadier die Vereinigten Staaten bevormundet hätte. Ich habe sogar einige Narren sagen hören, dass die beiden Länder noch in den Krieg ziehen könnten, was zeigt, wie absurd manche Männer sein müssen, um Aufmerksamkeit zu erregen. All diese Denkweisen auf beiden Seiten sollten auf ein Floß mitten auf dem Eriesee gebracht und mit Bomben ausgestattet werden, um ihre Kämpfe unter einem Feuervorhang untereinander auszufechten; und ihre Verwandten sollten eine tiefe Erleichterung empfinden, nachdem die Ausflugsdampfer, die aus Toronto, Cleveland und Buffalo gekommen waren, um sich die Show anzusehen, nach Hause zurückgekehrt sind.

Wenn man gewissen Erzählern zuhört, könnte man meinen, dass die Alliierten im Ypernbogen immer am schlimmsten dran waren, aber die Deutschen mochten den Bogen nicht mehr als sie. Ich habe nie jemanden getroffen, der ihn mochte. Deutsche Gefangene sagten, dass deutsche Soldaten es als Todesurteil betrachteten, in den Bogen geschickt zu werden. Es gibt viele Arten von Schlamm, und dann gibt es den Ypernbogenschlamm, der aus allen möglichen Schlammsorten besteht, zusammen mit einer belgischen Beimischung. Manchmal dachte ich, dass die höllischen Ausbrüche auf beiden Seiten in dieser Region auf denselben Grund zurückzuführen waren, der Hiob vielleicht in den Wahnsinn getrieben hätte, wenn all seine angestaute Wut in einem Sturm ausgebrochen wäre.

Sicher ist, dass die Kanadier ihren Anteil an den Schlammschlachten hatten, nicht aus irgendwelchen Berechnungen der Stabschefs, sondern teilweise aufgrund deutscher Bevorzugung und der Wirkung deutscher Psychologie. Bedenken Sie, dass die ersten freiwilligen Truppen, die Wochen vor Kitcheners Armee in die Schlacht in Frankreich geschickt wurden, die erste kanadische Division waren, die auf ihre eigene Aufforderung hin zum Einsatz kam, was als ausreichende soldatische Anerkennung der kanadischen Tapferkeit durch einen Kommandeur gilt! Diese stolze erste Division geriet, nachdem sie gut mit Schlamm durchtränkt war und ihre Finger im Spiel hatte, in den Gasangriff. Sie weigerte sich nachzugeben, als es nur menschlich war, nachzugeben, und blieb in den Dämpfen zwischen den Deutschen und dem Erfolg standhaft und ging sogar zum Gegenangriff über. Außerdem waren es Kanadier, die den Grabenangriff einleiteten.

Wenn die Kanadier die Deutschen nicht besonders mochten, sehen Sie dann einen Grund, warum die Deutschen die Kanadier mögen sollten? Es war unangenehm, von Truppen aus einem unmilitärischen, neuen Land zurückgeschlagen zu werden. Außerdem ging die deutsche Psychologie davon aus, dass die Männer zu Hause davon abgehalten würden, sich zu melden, wenn die Kanadier an der Front schwere Verluste erlitten. Warum nicht? Was hatte Kanada davon, in Frankreich zu kämpfen? Diese Hypothese erscheint nicht unlogisch, wenn man die Kanadier nicht kennt.

Man darf jedoch nicht davon ausgehen, dass andere Bataillone, Brigaden und Divisionen, englische und schottische, nicht so schwer gelitten haben wie die Kanadier. Das haben sie; und man darf nicht vergessen, dass in dem Gebiet, das die härtesten, blutigsten, gemeinsten, grausamsten und grausamsten Kämpfe der Weltgeschichte erlebt hat, auch die Deutschen ihren vollen Anteil an Verlusten hatten. Die Wahrheit ist, dass, wenn ein normaler Mann im Schlamm des Ypern-Frontbogens feststecken würde und ein anderer seinen Platz einnehmen wollte, er sagen würde: „Nimm ihn! Ich versuche nur, rauszukommen! Wir haben im Oberen Yukon ebenso schlimme Sümpfe" und sich auf einen Hügel zurückziehen und ein Maschinengewehr aufstellen würde.

Als ein kanadischer Offizier gefragt wurde, ob er einige Schützengräben seines Bataillons angelegt habe, antwortete er: „Wie kann man Erbsensuppe anlegen?", was ein lange gehegtes Bedürfnis nach Ausdrucksformen befriedigte, um die Art des Schützengrabenbaus in einem solchen Gelände zu beschreiben. Doch in diesem Meer aus schleimigem und infiziertem Brei kämpften Männer um den Besitz von Kubikfuß der Mischung, als hätte sie die Eigenschaften von Balsam von Gilead – was auch logisch war. Was dem Außenstehenden am unlogischsten erscheint, ist im Krieg manchmal am logischsten. Es war ein Kampf um die Vorherrschaft, und die Vorherrschaft ist der erste Schritt in einem Frontalkrieg.

Die Kanadier mussten viel über Organisation und Stabsarbeit lernen, über Disziplinardetails, die für einheitliche Aktionen sorgen, und die Divisionen, die sich der ersten anschlossen, lernten ihre Lektionen in der Ypern-Frontbogenschule, die harte, aber nachhaltige Ausbildung bot. Ich war weg, als sie in St. Eloi Prüfungen unterzogen wurden, wie sie nur der Frontbogen bieten kann. Es war Winter, wenn kaltes Wasser die Granattrichter füllte und die Erde aus den Sandsäcken sickerte und der Nebel ein kalter, nasser Umschlag war. Männer, die für ein trockenes Klima ausgebildet worden waren, mussten in einem Klima kämpfen, das für Engländer oder Deutsche besser geeignet war als für Kanadier. Es durfte keine Unterstände geben. Heben Sie einen Spaten Erde unter die Erdoberfläche und sie wurde zu einer Pfütze. Es war ein Ringkampf im Schlamm, bei dem man sich an Granattrichtern und den weichen Überresten von Schützengräben festhielt. Die Deutschen hatten gehört, dass die Kanadier nervös , nervös und schnell zur Offensive bereit, aber schlecht organisiert und schlecht im Durchhalten waren. Die Kanadier bewiesen, dass sie hartnäckig sein konnten und dass ihre Soldaten, auch wenn sie nicht über das Führungssystem eines Armeestabs verfügten, der sich 40 Jahre lang vorbereitet hatte, mit zwei Jahren Erfahrung sowohl im Widerstand als auch im Angriff selbstständig handeln konnten. „Unsere Männer! Unsere Männer!", sagten die Offiziere. Das war es: Kanadas Männer lernten Taktiken angesichts der deutschen Taktiken und hielten stand!

Als entlang der gesamten Front alles friedlich war und die Große Offensive einen Monat vor der Tür stand, versuchten die Deutschen es noch einmal mit den Kanadiern im Sektor Hooge und Mount Sorrell, wo die Stellungen alle zu Gunsten der Deutschen lagen und sie Platz hatten, um zwei Kanonen gegen eine um die vorspringende britische Linie zu platzieren. Viele Tage lang hatten sie still und leise registriert, wie sie ihre Artillerie für ihren letzten ernsthaften Einsatz während der Saison 1916 im Norden zusammenzogen.

Alles, was den Kanadiern angetan wurde, ging mir immer nahe; und die Nachricht von diesem Angriff und seiner Brutalität löste bei jedem, der die Stellungen kannte, zwangsläufig Besorgnis aus, die nur so lange anhielt, bis wir erfuhren, dass die Kanadier bereits einen Gegenangriff starteten, was unseren Puls in die Höhe treiben und kleine Freudenglocken in unserem Kopf läuten ließ. Es bedeutete auch, dass die Deutschen zu diesem Zeitpunkt, mitten in den Vorbereitungen für die Somme, keine Offensive starten konnten, die für die Gesamtsituation ernst gewesen wäre. In dieser flachen Region, in der jeder einem Verbindungsgraben folgen muss und nur der Himmel direkt über uns sichtbar ist, war von dem Kampf nichts zu sehen, selbst wenn man gewusst hätte, dass er kommen würde.

Die Geschichte der Ereignisse, die man von den Überlebenden hörte, hatte etwas Episches an sich. Es war ein ganz normaler, ruhiger Morgen in den Schützengräben der ersten Reihe, als der deutsche Hurrikan von allen Seiten losbrach. Aber Schützengräben der ersten Reihe ist nicht der richtige Ausdruck, denn der einzige Schutz, der geschaffen werden konnte, waren mehrere Lagen Sandsäcke, die mühsam gefüllt und so dick aufgetürmt wurden, dass sie eine Kugel aus kurzer Entfernung aufhalten konnten.

Welch ein Luxus an Sicherheit waren die Unterstände der Somme-Hügel im Vergleich zu dem Schutz, den sie hier bieten konnten! Als die erste Serie von Salven den Sturm ankündigte, konnte man nicht eine Treppe zu einer Höhle hinabsteigen, deren Decke selbst für 250-Kilo-Granaten undurchdringlich war. Kleine Häuser aus Sandsäcken mit Wellblechdächern, in manchen Fällen ebenerdig, die jeder direkte Treffer „zerstören" konnte, waren das Beste, was die großzügigen Mittel der Armee hergaben. Sprenggranaten mussten solche Brustwehren in Lumpen und Erdhaufen verwandeln. Es gab nichts, worauf man schießen konnte, wenn jemand versuchte, an der Brustwehr festzuhalten, denn frische Truppen, die für ihre Aufgabe voll ausgerüstet in den deutschen Schützengräben waren, warteten auf die Zerstörung der kanadischen Brustwehren, bevor sie unter ihrem eigenen Sperrfeuer vorrückten. Granatsplitter prasselten herab, während die

Schützengräbenwände in großen Spalten aufgerissen und himmelwärts geschleudert wurden. Die Offiziere kletterten zwischen den Staub- und Rauchwolken über den Haufen und um die Krater herum umher und versuchten, mit ihren Männern in Kontakt zu bleiben, während es darauf ankam, dass jeder Mann jede erdenkliche Deckung suchte.

„Die Grenze!", sagten die Männer. „Die absolute Grenze einer Artilleriekonzentration!"

Aber sie gingen nicht – nicht, bis sie Befehle hatten. Das war ihre Art von Disziplin unter Beschuss; sie „blieben bei der Sache". Eine Gruppe stürmte aus der Schusslinie heraus, um die Deutschen im Freien zu treffen, und kämpfte dort auf Leben und Tod, was ihre typische Initiative zum Ausdruck brachte. Als der Befehl zum Rückzug gegeben wurde, blieben einige widerwillig im Kampf gegen die zahlenmäßig überlegenen Deutschen inmitten der Trümmer und entkamen nur, indem sie durch das deutsche Sperrfeuer zwischen der ersten und zweiten Linie liefen, um den deutschen Vormarsch auf die zweite zu decken. Die Verstärkung selbst diente unter dem sorgfältig angeordneten Muster des Granatfeuers als Sammelpunkt für die Überlebenden, die die Verbindungsgräben so stark zerstört vorfanden, dass es besser war, im Freien zu bleiben. Kleine Gruppen von Männern, deren Verteidigung zerstört war, hielten sich aus dem instinktiven Gefühl individueller Sturheit heraus.

Die ganze Geschichte dieses Tages zu erzählen, wie die vieler anderer Tage, an denen nur wenige Bataillone im Einsatz waren, und dabei jeder Gruppe im Kampf gerecht zu werden, ist nichts für einen Korrespondenten, der die gesamte Kampflinie abdecken musste und das Ganze als Beispiel für den Geist des Ahornblatts betrachtet. Der Rest ist Sache von Bataillonshistorikern, die sich über eine Aktion wundern werden, bei der es nur eine geringe Sicht gab und diese durch Granatenrauch und die Beschäftigung jedes einzelnen Mannes, der versuchte, in Deckung zu bleiben und seinen Teil bis zum Tod beizutragen, verdeckt war.

Als ich später in den Bauernhäusern Gruppen von Offizieren versammelte, um ihre Erfahrungen zu sammeln, hatte ich das Gefühl, mit den Beweisen all dessen in Kontakt zu sein, was ich Monate zuvor in Kanada gesehen hatte. Die Verluste waren für die beteiligten Bataillone hoch gewesen, wenn auch nicht für das kanadische Korps als Ganzes, nicht höher als die britischen Bataillone oder die Deutschen im Frontvorsprung. Diesmal war Kanada zufällig der Haupttreffer.

Nachdem die Männer eine Nacht geschlafen und nach Hause geschrieben hatten, dass sie in Sicherheit waren und wie ihre Kameraden gestorben waren, konnten sie auf den Straßen umherwandern oder Urlaub machen, wie es ihnen beliebt. Sie sprachen nicht beiläufig über den Kampf, sondern offen und ehrlich, wie es in Kanada üblich ist. Sie waren sich bewusst, was sie durchgemacht hatten, und sprachen von ihrem Glück, überlebt zu haben. Von den Feldern ertönte der Ruf: „Überlass das mir!", als eine Fliege vom Schläger aufstieg, oder „Out on First!", als die Männer sich von Granaten und Sprengstoff ausruhten und zwischen den Bases Baseball-Kurven und Hotliner spielten, was dort in Flandern sehr heimelig war. Welcher der Spieler Amerikaner war, konnte man weder an der Stimme noch am Aussehen erkennen, denn das Klima entlang der Grenze verleiht der zweiten Generation einen Teint und sogar Gesichtszüge, die sich leicht vom englischen Typ unterscheiden.

„Aus welchem Teil Kanadas kommen Sie?", fragte ein Offizier einen einfachen Soldaten.

„Nach Westen, Sir!"

"Welcher Teil des Westens?"

„Weit nach Westen, Sir!"

„Ein Beamter fragt Sie. Seien Sie bestimmt."

„Nun, der Staat Washington, Sir."

Es gab eine gute Anzahl Amerikaner in der Schlacht, darunter auch Offiziere; aber auf dem Baseballfeld und dem Schlachtfeld waren sie Teil des Ganzen und erfüllten ihre Aufgabe auf eine Weise, die keinen Zweifel an ihrer Qualität ließ. Ob Abenteuerlust oder das Prinzip, um das es ging, ihre Bataillone nach Flandern geführt hatten, Kanada hatte bewiesen, dass es hartnäckig sein konnte. Es sollte die Chance bekommen, zu beweisen, dass es schnell sein konnte.

Kapitel 26

Die Panzer kommen

Die neuen Iren in der Armee – Irischer Witz – Und irischer Mut – Eingebildeter preußischer Gardeoffizier – Die britische Garde und ihre Eigenschaften – Wer hat den Panzer erfunden? – Das große Geheimnis – Eine Kombination aus Gürteltier, Raupe, Diplodocus, Auto und Wanderzirkus – Etwas wirklich Neues an der Front – Gasangriffe – Ein Panzer auf der Straße – Ein beweglicher „Stützpunkt" – Eine Armee zum Lachen bringen – Spannung für die Insassen der unerprobten Panzer.

Die Situation auf dem Höhenrücken war die gleiche wie in einem früheren Kapitel, wobei er bis auf wenige Teile vollständig besetzt war und an allen Punkten als Ausgangspunkt für den Vorstoß ins Tal nach Bapaume ausreichte . In dem düsteren Vorspiel um stückweise Feldgewinne, die eine Operation auf einer Front von zehn Kilometern am 15. September ermöglichen sollten, dem ersten allgemeinen Angriff seit dem 14. Juli, verdient die Rolle der irischen Bataillone Beachtung, wobei die Aktionen der bewährten und robusten englischen Regimenter an ihren Flanken möglicherweise nicht erwähnt werden müssen, da sie charakteristisch für die Arbeit waren, die sie seit Monaten geleistet hatten.

Sie waren die New Army Irish, alles Freiwillige, Männer, die sich gemeldet hatten, um gegen Deutschland zu kämpfen, als ihre Landsleute weitgehend unzufrieden waren, was mehr Initiative erfordert, als sich den Fahnen anzuschließen, wenn es die allgemeine Leidenschaft der Gemeinschaft ist. Es wurden viele Geschichten über diese irische Division erzählt. Wenn unter hundert Soldaten zehn Iren sind, handeln die Geschichten oft von den zehn Iren.

Mir gefällt die Geschichte von dem Mann aus Connaught, der an seinem ersten Tag in den Schützengräben die Erde ausgraben sollte, die durch eine Granatenexplosion in einen Schützengraben gespült worden war. Bevor er mit seiner Aufgabe halb fertig war, traf eine weitere Granate ein; die Explosion einer Sekunde warf ihn um und verdoppelte die Menge Erde vor ihm. Als er sich wieder aufrappelte, ging er zum Kapitän, warf seine Schaufel hin und sagte:

„Captain, ich kann diesen Job nicht ohne Hilfe beenden. Sie holen auf!"

Manche Leute dachten, dass die Sinn-Fein-Bewegung, die kürzlich in den Dubliner Unruhen ausgebrochen war, die neuen irischen Bataillone bei jeder Aktion lauwarm machen würde. Sie würden eingreifen, aber ohne Kampfgeist. Andere Skeptiker bezweifelten, ob das irische Temperament, das für rasante Angriffe gut geeignet war, sich den sachlichen Erfordernissen der Kämpfe an der Somme anpassen würde. Ihr Kommandant hatte jedoch keine Zweifel; und die Armee hatte keine, als der Test durchgeführt wurde.

Durch Guillemont , dieses gefährliche Maschinengewehr-Ort, das nach der Abwehr britischer Angriffe ebenso schwer unter Artilleriefeuer litt wie jedes andere Dorf an der Somme, zogen die Iren in guter Ordnung vor, räumten Unterstände aus und machten unterwegs mit dem Geschick von Veteranen und voller Freude an der Erfahrung Gefangene . Dann zogen sie als gut verbundener Teil einer erfolgreichen Kampflinie weiter bis zu der Hohlstraße, die ihr zweites Ziel war.

„Ich dachte, wir sollten ein Dorf einnehmen, Captain", sagte einer der Männer, nachdem sie sich auf der Hohlstraße niedergelassen hatten. „Warum halten wir hier?"

„Wir haben es eingenommen. Sie sind hindurchgegangen – durch diesen schmutzigen Fleck dort drüben" – das waren die Straßen und Häuser von Guillemont, die 450 Meter weiter hinten in Trümmern lagen.

„Sind Sie sicher, Captain?"

"Ganz!"

„Na, dann möchte ich nicht der Betrunkene sein, der in dieser Stadt versucht hat, sein Schlüsselloch zu finden!"

Es war vielleicht schade, dass die Iren, die bei der Einnahme von Ginchy geholfen hatten , wodurch die für die Briten notwendige Beherrschung des Höhenzugs abgeschlossen wurde, nicht an dem anschließenden Vorstoß teilnehmen konnten. Wir hatten uns auf diesen Vorstoß gefreut, als Belohnung für den Abstieg nach der geduldigen Arbeit, die wir uns den Berg hinaufgekämpft hatten. Sogar die Deutschen, die bei dem Versuch, den Höhenzug zu halten, entsetzliche Verluste erlitten hatten, müssen erleichtert gewesen sein, nicht mehr gegen das Unvermeidliche kämpfen zu müssen.

Wieder versammelten sich die Clans, und wieder herrschte in der Armee die Erwartung, die von der Vorbereitung auf einen großen Schlag herrührte. Die Kanadier tauchten in Quartieren hinter der Front auf. Wenn auch nicht anders, so hätte ich ihre Anwesenheit doch daran erkannt, dass sie sich auf den Straßen und Feldern bewegten, um sich mit ihrer Umgebung vertraut zu machen und herauszufinden, ob die Äpfel reif waren. Für andere Teile des Landes war es ein wenig unfair, dass diese großzügigen und gut bezahlten Geldausgeber den Platz der wohlhabenden Australier in Dörfern einnahmen, in denen kleine Jungen bereits Unmengen von Pennys besaßen und Ladenbesitzer sich beeilten, ihre Vorräte aufzufüllen, um ihren Möglichkeiten gerecht zu werden.

Schließlich kamen auch die Gardesoldaten an die Reihe, allerdings nicht, um gegen die preußische Garde anzutreten, wie es sich diejenigen mit einem Sinn für theatralische Fitness gewünscht hätten. Als ein Offizier der preußischen Garde in Contalmaison gefangen genommen worden war , hatte er gesagt: „Die preußische Garde hat das Gefühl, dass sie sich einem Feind ergibt, der ihres Stahls würdig ist, wenn sie der zahlenmäßig überlegenen englischen Garde nachgibt!" oder ähnliches, wie es Berichte berichteten, woraufhin er die Antwort erhielt, dass seine Entführer englische Fabrikarbeiter und dergleichen der Neuen Armee gewesen seien, deren Offiziere sich unter den gegebenen Umständen so höflich wie möglich entschuldigten, um ihre Identität offenzulegen.

Ob Grenadiere, Coldstreams , Schotten oder Iren, die Guards waren die Guards, Englands Eliteregimenter, deren Offiziere ihre Buttons auf unverwechselbare Art trugen und die hochgewachsenen Soldaten mit dem typischen Guardsgruß salutierten. In der Guards lebte der alte Geist der Fröhlichkeit angesichts der Gefahr weiter. Ihre Offiziere draußen in den Granattrichtern unter Feuervorhängen scherzten mit aristokratischer, freundlicher Kaltblütigkeit miteinander; der schlanke Mann mit einem neun Zoll großen Granattrichter prahlte mit seinem Glück gegenüber dem untersetzten Mann, der versuchte, sich mit einem fünf Zoll großen zu arrangieren, während ein Oberst beim Angriff, den die Guards in traditionswürdiger Weise durchführten, in sein Jagdhorn blies.

Obwohl die Engländer gern mit Bajonetten, Bomben oder einem Handgemenge gegen die preußische Garde vorgegangen wären, signalisieren die Armeekommandeure heutzutage dem Feind nicht: „Lasst uns einen Kampf zwischen eurer und unserer Garde austragen!", sondern sie stellen Eliteregimenter und Linienregimenter in Schlachtordnung für eine gemeinsame Aufgabe auf, bei der der Erfolg das einzige Kriterium ist.

Die Anwesenheit der Garde weckte jedoch das Interesse eines anderen Neuankömmlings an der Somme-Front. Als einem bedeutenden General im Kriegsministerium der Plan für einen Panzerwagentyp vorgelegt wurde, der Granattrichter und Schützengräben überqueren konnte, hätte sein Schreiben, mit dem er den Plan von weiteren Überlegungen abwies, noch blasphemischer ausfallen können, wenn er sich die Zeit genommen hätte, sich nicht satirisch kurz zu fassen. Solche Konservativen haben wahrscheinlich viele Verbesserungen verhindert und die Welt wahrscheinlich auch vor vielen sinnlosen Erfindungen bewahrt, die nur Zeit- und Materialverschwendung gewesen wären.

Zum Glück für Genies und Narren, die alle, so hoffen wir, auf lange Sicht erhalten, was ihnen gebührt, kann man in einem freien Land keine Idee abschütteln, wo man durch ständiges Klopfen an Türen und Warten in

Fluren schließlich eine Prüfung erhält. Wenn die Idee dann erfolgreich ist, muss derjenige, der dachte, die Idee stamme von ihm, feststellen, dass seine Ansprüche von allen Seiten bestritten werden. Wenn sie scheitert, landet das arme Ding in einem vaterlosen Grab.

Ich möchte sagen, dass ich der Erfinder des Panzers bin – einer der Erfinder. In großzügiger Stimmung bin ich bereit, die Ehre mit meinen Rivalen zu teilen, die zu zahlreich sind, um sie alle zu nennen. Habe ich nicht auch über das Niemandsland auf die feindlichen Wehranlagen geblickt? Wer das getan hat, muss über eine Maschine spekuliert haben, die Frontpositionen mit weniger Verlusten als üblich einnehmen und das Problem lösen würde, die durchgezogene Linie der Westfront zu durchbrechen. Diese Möglichkeit hat jeden General, jeden Soldaten verfolgt.

Eine Art Gürteltier oder Raupe, die Kugelfeuer standhält, war der naheliegendste Vorschlag, aber als es um die praktische Konstruktion ging, wurde der Träumer aus dem Himmel, wo das Flugzeug zu Hause ist, in die Schmiede und Drehbank gebracht, wo schmutzige Maschinisten die Piloten einer sachlichen Welt sind. Es ging um die Anwendung. Ich war darin so schlecht, dass ich meinen Plan nicht einmal an die Mitarbeiter weitergab, die bereits einige tausend Pläne geprüft hatten. Ericsson, der ein Gewehr in einem Drehturm konzipierte, war kein so großer Mann wie Ericsson, der den Monitor zu einem praktikablen Kriegsgerät machte.

Oberstleutnant Swinton von den Ingenieuren wurde die Aufgabe übertragen, Blaupausen in die Tat umzusetzen. Es gab keine Gewissheit, dass er Erfolg haben würde, aber das Kriegsministerium, das jede Gießerei und jeden geschickten Finger im Land brauchte, war unternehmungslustig genug, ihm eine Chance zu geben. Er und Tausende von Arbeitern verbrachten Monate mit diesem höchst geheimen Geschäft. Wenn ein deutscher Spion Zugang zu einem Arbeiter hatte, dann wussten die Deutschen vielleicht, was kommen würde. Niemand seit Ericsson hatte mehr zu tun als Swinton, ohne irgendjemandem zu erzählen, was er tat. Die Flüsterer wussten, dass eine teuflische Überraschung im Gange war, und sie flüsterten darüber. Keine Zensurvorschriften können sie erreichen. Manchmal wurden dem Stamm im Geheimen falsche Informationen gegeben, damit er zu beschäftigt war, um die Wahrheit weiterzugeben.

Das neue Monster wurde Panzer genannt, weil es nicht wie ein Panzer aussah; dennoch kam es mir genauso sehr wie ein Panzer vor wie wie alles andere. Da ein Panzer ein Behälter für eine Flüssigkeit ist, war dies ein Name, der einen neuen Typ gepanzerter Fahrzeuge so gut wie jeder andere Name verbergen sollte. Blumentopf wäre zu weit hergeholt gewesen. Ein Panzer konnte eine neue Art von Gas oder eine brennende Flüssigkeit transportieren, um den Gegner zu kochen oder zu verbrennen.

Angesichts der Größe des Tieres schien es ungefähr so schwierig, es zu verbergen, wie es einem Vorstadtbewohner schwer fiel, seinem Nachbarn zu verheimlichen, dass er einen Elefanten auf seinem Grundstück hielt. Die britische Armee hat sich jedoch so sehr daran gewöhnt, bei Gefahr durch U-Boote Schiffe über den Kanal zu schicken, dass niemand mehr überrascht ist, wenn etwas unangekündigt an der Front auftaucht.

Eines Tages hob sich der Vorhang und das Endprodukt aller Experimente und Tests erschien an der britischen Front. Hunderttausende Soldaten waren nun in das Geheimnis eingeweiht. „Haben Sie die Panzer gesehen?", war die Frage von allen Seiten. Alle Redakteure erfanden ihren eigenen Panzertyp. Obwohl ich einem Panzer auf vertraute Weise auf die Schulter geklopft habe, so wie ich die Hauskatze streicheln würde, hat er mich weder getreten noch gebissen. Obwohl ich in einem Panzer war, sollte ich zum Zeitpunkt dieses Schreibens nichts über seine Konstruktion wissen. Zweifellos ähnelt der Panzer einem Gürteltier, einer Raupe, einem Diplodocus, einem Auto und einem Wanderzirkus. Er hat mehr Füße als eine Raupe und diese haben Stahlnägel, mit denen er sich über den Boden bewegen kann; seine Haut ist widerstandsfähiger als die eines Gürteltiers und seine Schönheit der Form würde den Diplodocus neidisch machen. Kein Pianist war jemals temperamentvoller, keine Schildkröte jemals phlegmatischer.

In der Sommerhitze, wenn dicke Staubwolken hinter den Granatwolken der Felder auf den Straßen hingen und die unaufhörlichen Kämpfe schon seit zweieinhalb Monaten andauerten, wurde das Interesse der Soldaten durch eine mechanische Neuheit kurz vor einem Generalangriff geweckt. Zwei Jahre Krieg hatten sie für Nervenkitzel unempfindlich gemacht. Neue Batterien, die in Stellung gingen, waren nur so viele zusätzliche Geschütze. Frische Bataillone, die an die Front marschierten, waren nur mehr Infanterie, alle nach demselben Muster, auf dieselbe Weise ausgerüstet und mit demselben festen Schritt vorrückend. Maschinengewehrrasseln war so alltäglich geworden wie das Geräusch knarrender Geschützräder. Gasgranaten, Tränengasgranaten und *Flammenwerfer* waren so altmodisch wie Sprengstoff und Granatsplitter. Bombenangriffe in Feldlagern boten keine Abwechslung. Die Ruinen des heute eingenommenen Dorfes ließen sich von denen des gestrigen nicht unterscheiden, außer an ihrer Lage auf der Karte. Selbst die Flugzeuge hatten in letzter Zeit keine sensationellen Abweichungen von ihrer Gewohnheit entwickelt. Man schenkte ihnen kaum mehr Aufmerksamkeit als ein Gondoliere den Tauben auf dem Markusplatz. Die Feuervorhänge sahen alle gleich aus. Es gab keine neue Art, getötet zu werden – nichts, was die grausige Monotonie von Angriffen und Gegenangriffen unterbrechen konnte.

Alle Köpfe Europas waren zwei Jahre lang damit beschäftigt, neue Formen der Zerstörung zu erfinden, doch kein Genie hatte ein gewundenes Wesen gefunden, das mit einem Stachel, für den es kein Gegenmittel gab, in Unterstände kriechen konnte. Alle waren mit dem Töten beschäftigt, doch niemand war in der Lage, „zu seiner Zufriedenheit zu töten", wie der Oberst aus Kentucky sagte. Die zuverlässigen Methoden waren dieselben wie in alten Zeiten und wie ich an anderer Stelle erwähnt habe: Projektile, die durch Pulver angetrieben wurden, ob aus langhalsigen Schiffsgeschützen auf 20.000 Meter Entfernung oder aus kurzhalsigen Haubitzen auf 5.000 Meter Entfernung oder aus Gewehren und Maschinengewehren auf 2.500 Meter Entfernung oder aus Grabenmörsern, die Sprengstoffkugeln auf 1.000 Meter Entfernung ausspuckten.

Gewiss, der Gasangriff bei Ypern war eine Innovation gewesen. Er war keine Erfindung, sondern lediglich eine Anwendung von Grausamkeit, die als zu grauenhaft für den Einsatz erachtet wurde. Überraschenderweise war er erfolgreich – einmal. Die Verteidigung antwortete mit Gasmasken, was es noch wichtiger machte, dass die Soldaten nicht geistesabwesend waren und ihre Ausrüstung außer Reichweite ließen. Die gleiche Energiemenge in den Geschossen hätte mehr Opfer gefordert. Unterdessen konnte kein Stab einer Armee, der seine ausgeklügelten Pläne unter Einsatz bewährter Waffen ausarbeitete, sicher sein, dass der Feind in diesem Zeitalter der Erfindungen, das uns das Funkgerät beschert hat, nicht gerade eine neue Waffe im Einsatz hatte, die unwiderstehlich wäre.

War der Panzer dieses revolutionäre Wunder? Seine Auftraggeber hatten keine solche Hoffnung. England baute weiterhin Geschütze und produzierte Granaten, Patronen und Bomben. Bestenfalls waren die Panzer eine weitere Anwendung einer alten, etablierten Tötungsmethode, die sowohl bei Daniel Boone als auch bei Napoleons Armeen beliebt war: Kugeln.

Als ich zum ersten Mal einen Panzer sah, hatte die Art und Weise, wie das Monster eine mit Fahrzeugen vollgestopfte Straße blockierte, etwas von der Lächerlichkeit eines pliozänen Monsters von 50 Tonnen, das sich bei höchstem Verkehrsaufkommen lässig am Piccadilly Circus niedergelegt hatte. Nur die Lastwagenfahrer und Bataillone, die in einiger Entfernung angehalten hatten, störten sich an der Verzögerung. Die in der Nähe befindlichen Personen waren durch das Schauspiel, das sie aufhielt, ausreichend unterhalten. Sie versammelten sich um den Panzer, gafften und grinsten.

Der Fahrer des Panzers war ein braunhäutiger, dunkelhaariger Engländer mit einem Gesicht orientalischer Sturheit. Er wurde mit Fragen bombardiert, aber er wollte nicht einmal sagen, ob sein Tier ohne Anhalten stehen würde oder nicht; ob es sich von Heu, Talkumpuder oder dem Stoff ernährte, aus dem Bomben gemacht sind; oder wie sein Inneres beschaffen war, oder was der Kopf und was der Schwanz war, oder ob es, wenn es rückwärts zu gehen schien, in Wirklichkeit vorwärts ging.

Laut einer weißen Beschriftung auf dem Rumpf war es offiziell eines der Landschiffe Seiner Majestät. Es kam niemandem in den Sinn, ihm zu empfehlen, weiterzufahren und die Straße freizumachen, genauso wenig wie mit einem Bulldog zu streiten, der einem auf dem Weg entgegenläuft. Ich stellte mir vor, dass die Gefühle des jungen Offiziers, der das Schiff steuerte, denen eines Mannes ähnelten, der als sein eigener Chauffeur fungierte und an einem Feiertag in einem Stadtteil, der in den frühen Tagen des Automobils ebenso dicht wie merkwürdig besiedelt war, eine Panne hatte. Monatelang hatte er ein abgeschiedenes Leben geführt, damit seine Freunde nichts von dem er erfuhren, was er tat, während er daran arbeitete, die Exzentrizitäten seines unerprobten Rosses zu beherrschen, wobei sein Leben und das seiner Mannschaft von dieser Beherrschung abhingen. Nun war er aus dem Vorhang der militärischen Geheimhaltung in das volle Feuer der starrenden, fragenden Öffentlichkeit getreten.

Der Panzer hatte das Aussehen eines Reptils. Sein Rumpf lag dicht am Boden, um dem feindlichen Feuer so wenig Oberfläche wie möglich preiszugeben; er war mit Farbflecken wie eine Kröte gesprenkelt, um seine schlechte Sichtbarkeit noch zu verstärken, und er hatte nicht mehr Schwung als das Gila-Monster.

Der Grund für seine Existenz war offensichtlich. Da seine Haut gegen die Kugeln von Maschinengewehren und Gewehren resistent war, war er ein beweglicher „Stützpunkt", der mit seinen eigenen Maschinengewehren die festen Stützpunkte des Feindes angreifen konnte, wo Maschinengewehre aufgestellt waren, um Infanterieangriffe niederzumähen. Nur dass er jetzt keinerlei Anzeichen von Bewegung zeigte. Als mechanisches Produkt war er nicht bemerkenswerter als ein Dampfbagger. Das Wunderbare war die Rolle, die er spielen sollte. Ein Dampfbagger ist ein arbeitssparendes und ein Soldaten sparendes Gerät.

Im Moment schien es ein riesiges totes Gewicht im Weg des Verkehrs zu sein. Wenn es sich nicht von selbst bewegen konnte, konnte der Verkehr nur passieren, wenn man eine Straße darum herum baute. Dann war in seinem Körper ein rumpelndes Geräusch zu hören, das wie ein unnatürlicher Benzinmotor klang, und es spannte sich mit der Schwerfälligkeit eines Kanalboots, das in ein Dock gelenkt wird, herum und setzte seine Reise fort , um seinen zugewiesenen Platz in der Schlachtlinie einzunehmen.

Wussten die Deutschen, dass die Panzer gebaut wurden? Ich glaube, sie hatten schon einige Wochen vor dem Auftauchen der Panzer eine Ahnung, dass etwas in dieser Art im Bau war. Es gab auch einen Bericht über einen deutschen Panzer, der nicht rechtzeitig fertig war, um den Briten entgegenzutreten. Einige deutsche Gefangene sagten, sie hätten diese neue Plage zum ersten Mal bemerkt, als die Panzer aus dem Morgennebel auftauchten und auf die Schützengräben zusteuerten; andere sagten, deutsche Beobachtungsballons hätten etwas gesehen, das riesigen Schildkröten ähnelte und über die Felder bis zu den britischen Linien flog, und hätten die Infanterie gewarnt, auf der Hut zu sein.

Damit war etwas Neues in den Krieg gekommen, das die Neugierde noch steigerte und die Spannung vor einem Angriff steigerte. Die Welt, deren Appetit auf Neues durch die Presse genährt wurde, wollte alles über die Panzer wissen; doch statt der erwarteten mechanischen Details erlaubte die Zensur nur vage Hinweise auf die Gewohnheiten und die Psychologie der Panzer, und die Panzer waren wirklich stark in Sachen Psychologie – subjektiv und objektiv. Es war das objektive psychologische Ergebnis, das zählte: die Wirkung auf die kämpfenden Männer. Die menschliche Vorstellungskraft charakterisierte sie sofort als Lebewesen; als monströse Kameraden der angreifenden Infanterie.

Gesegnet sei der Mann, die Maschine oder der Vorfall, der jede Armee nach über zwei Monaten Kampf zum Lachen bringt. Einzelne lachten immer über Vorfälle, aber hier sollten Hunderttausende von Männern einem neuen Tiertyp bei der Vorführung elefantenhafter Kunststücke zusehen. Der Eintrittspreis für das Theater war das Risiko eines Angriffs auf ihre Kompanie, und diese Aussicht verlieh den Bataillonen, die ihre Aufstellung für die Aktion am nächsten Tag einnahmen, noch mehr Schwung. Was würde mit den Panzern geschehen? Was würden sie den Deutschen antun?

Der Stab, der ihre Einsatzmöglichkeiten und Grenzen sorgfältig berechnet hatte, hatte nicht damit gerechnet, dass die Panzer nach Berlin kommen würden. Sie waren einfach eine neue Hilfstruppe. Wahrscheinlich war der durchschnittliche Soldat skeptisch, was ihre Effizienz anging; aber seine Skepsis bremste seine Neugier nicht. Er wollte das Biest in Aktion sehen.

Als Christoph Kolumbus unbekannte Meere überquerte, unternahm er keine gewagtere Reise als die Panzerkapitäne. Der Kavallerist, der spontan die Kanonen des Feindes angreift, kennt nur wenige Minuten der Spannung. Ein Torpedozerstörer, der angesichts der Salven eines Kreuzers in Torpedoreichweite kommen will, der Flieger, der sich einem feindlichen Flugzeug nähert – sie alle erleben den durch Geschwindigkeit ausgelösten Eifer der Zielstrebigkeit. Panzer jedoch sind nicht schnell. Sie sind schwerfällig und verhältnismäßig langsam. Kolumbus war bereits mit Schiffen zur See gefahren. Der Flieger und der Kommandant eines Zerstörers kennen ihre Rosse und können sich an Vorbildern orientieren, die Panzerkapitäne hingegen nicht. Sie fuhren mit einem neuen Schiffstyp auf einem neuen Meer, dessen Wellen Granatkrater und dessen Stürme plötzliche Konzentrationen von Granatfeuer waren.

Die Deutschen wussten vielleicht genau, wie die Schiffe beschaffen waren, und erwarteten ihr Erscheinen mit dem jeweiligen Zweck angemessenen Zerstörungsmethoden. Aber alles war Spekulation und Ungewissheit. Offiziere und Mannschaft waren in einer Stahlkiste eingeschlossen, ein Spielball des Schicksals. Monatelang hatten sie sich auf diesen Tag vorbereitet, dieses krönende Experiment und diese Bewährungsprobe, und alle schienen von einem Typ zu sein, der sorgfältig für ihre Rolle ausgewählt worden war: Soldaten, die zu Landmatrosen geworden waren, kühl und phlegmatisch wie die Ungeheuer, die sie dirigierten. Da sich jeder von ihnen seinem Schicksal ergeben hatte, war der Rest ein Kinderspiel in diesen Tagen der Kriegsübertreibung, die Menschen vollkommen normal erscheinen lässt, wenn der Tod naht. Keiner von ihnen hätte mit einem Infanteristen getauscht. Sie besaßen bereits *Korpsgeist* . Sie gehörten zu einer exklusiven Gruppe von Kriegern.

Schwerfällig tauchten sie in und aus den Granattrichtern auf, die die Panzer manchmal wie Schiffe in einer rauen See zur Hälfte verbargen, und tauchten rumpelnd und schwankend aus dem Morgennebel vor den Deutschen auf, die ihre Köpfe hoben und anfingen, ihre Maschinengewehre zu bedienen, nachdem sich der übliche Feuervorhang der Artillerie gelichtet hatte.

XXVII

DIE PANZER IM EINSATZ

Wie die Panzer angriffen – Ein Panzer fährt die Hauptstraße eines Dorfes entlang – Auswirkungen auf die Deutschen – Ein preußischer Oberst ergibt sich einem Panzer – Panzer gegen Bäume – Der Panzer im Hochwald – Die berühmte Crème de Menthe – Zerstörung einer Zuckerfabrik – Die Deutschen nehmen die Panzer ernst – Meinungsverschiedenheiten über Panzer – Wandernde Panzer – Deutscher Angriff auf einen gestrandeten Panzer – Prähistorische Schildkröten – Rettung von 25.000 Opfern.

Die Gegenneigung des Höhenrückens verbarg ihre Annäherung an die Kampflinie, die Panzer hockten in gleichmäßigen Abständen zwischen den Männern auf einer zehn Kilometer langen Front und warteten auf das Startsignal für den Angriff im Morgengrauen, und der Nebel hielt sich noch, um sowohl Panzer als auch Männer zu schützen. Die große Somme-Bühne war des Debüts der neuen Monster würdig.

ein taktisches System koordinierter Aktionen ausgearbeitet worden, das nur erfahrene Soldaten erfolgreich anwenden konnten. Je nach Art der Stellungen vorn wurden den Panzern bestimmte Ziele vorgegeben oder sie mussten sich ihre Ziele selbst suchen. Sie konnten auf bestimmte Maschinengewehrstellungen vorrücken oder einem eiligen Hilferuf der Infanterie folgen. Vor ihnen lag ein Streifen offenes Feldes zwischen ihnen und den Dörfern, deren Eroberung die Krönung der Tagesarbeit sein sollte. Während die Beobachter ihre Augen anstrengten, um den Vormarsch der Panzer zu verfolgen und nur wenig sahen, warteten die Korpshauptquartiere gespannt auf Neuigkeiten über das malerischste Experiment des Krieges, das sich als lächerlich erweisen, ein großartiger Erfolg werden oder einfach die Erwartungen erfüllen konnte.

Niemals hat ein Flugzeug eine aufregendere Nachricht gebracht als die, dass ein Panzer die Hauptstraße von Flers entlang „marschierte", umgeben von jubelnden britischen Soldaten, die das Dorf besetzt hielten. „Marschierte" war das offizielle Wort, und der Panzer muss dem Piloten in seinem schnellen Flug tatsächlich sehr marschiert vorgekommen sein. Ein Adler blickte auf eine Schildkröte herab, die einen Schlangenstachel hatte. Dieser Panzer, der unterwegs seine Arbeit erledigt hatte, flog durch Flers und trug ein Schild: „Extra Special! Großer Sieg der Hunnen!" Jenseits von Flers befand er sich neben einer Batterie deutscher Feldgeschütze und feuerte Kugeln auf die verblüfften und hilflosen Kanonenschützen ab.

Der Feind hatte vielleicht schon von Panzern gehört, aber ihnen zu begegnen war eine ganz andere Sache. Nachdem er gegen Granaten, Kugeln, Bomben,

Granaten, Mörser, Bajonette und Gas gekämpft hatte, war der Panzer für viele Deutsche der Tropfen, der das Fass zum Überlaufen brachte. Ein stählernes Gürteltier, das seine Masse quer über einen Schützengraben legte und ihn auf beiden Seiten mit Maschinengewehren bewarf, rief die bekannte Klage hervor, dass dies kein Kampf nach Regeln in einem Krieg sei, der nach der Bombardierung der Zivilbevölkerung, dem Untergang der *Lusitania* und dem Gasangriff bei Ypern keine Regeln mehr hatte. Es kommt darauf an, wessen Ochse aufgespießt wird. Es ist ein großer Unterschied, ob man mit ansehen muss, wie der Feind von einem neuen Gerät abgeschlachtet wird, oder ob man selbst von einem abgeschlachtet wird. Kein Wunder, dass deutsche Gefangene, die lebend aus einem mit Toten gefüllten Schützengraben entkommen waren, beim Anblick eines Panzers auf der Straße, als sie nach hinten kamen, die Hände hochrissen und kehlig sagten: „Mein Gott ! Da ist noch einer! Da kann man nicht kämpfen! Das ist kein Krieg, das ist Gemetzel!" Ja, es war ein Gemetzel – und Gemetzel ist heutzutage Krieg. War das nicht schon immer so? Und wie ein britischer Offizier gegenüber den Protestanten bemerkte:

„Der Panzer entspricht voll und ganz den Haager Regeln, da er nur aus Panzerung, Maschinen und Maschinengewehren besteht."

Die Deutschen ergaben sich reihenweise einem Panzer, nachdem sie erkannten, wie hoffnungslos es war, ihr eigenes Maschinengewehr- und Gewehrfeuer auf diese Stahlhaut zu richten. Warum nicht? Nichts nimmt einem mehr die Kampfeslust, als wenn man feststellt, dass seine Schläge in die Luft gehen und die des anderen nach Hause gehen. Es schien ein seltsamer Verlust an Würde, als ein preußischer Oberst sich einem Panzer ergab, der ihn an Bord nahm und ihn schließlich einem Infanteriewächter übergab; aber der Kapitän des Panzers freute sich darüber, wenn der Oberst es nicht tat.

Überraschend war, wie wenige Verluste es unter den Panzerbesatzungen gab. Sie gingen mit der Bereitschaft los, zu sterben, und fanden sich nach dem Kampf des Tages sicher in ihren Panzern wieder, egal ob ihre Schiffe durch eine Reihe deutscher Schützengräben gefahren waren, einen Motorschaden hatten oder vorübergehend in Granattrichtern versanken. Kugeln hatten lediglich stahlhelle Flecken auf dem Lack der Panzer hinterlassen, und Granatsplitter hatten die Panzerung ebenfalls nicht durchdrungen.

Zu den imaginären Tributen, die den Fähigkeiten des Panzers gezollt werden, gehört, dass er Bäume „frisst" – das heißt, dass er sich seinen Weg durch einen Wald bahnen kann – und dass er eine Steinmauer niederreißen kann. Da er keine Zähne hat, kann er kein Holz zerkauen. Alles, was er erreichen kann, muss er durch Rammen oder durch Anheben seines Gewichts tun, um ein Hindernis zu zermalmen. Ein kleiner Baum oder eine schwache Mauer gibt vor seiner Masse nach.

Als Förster hatten die Panzer in High Wood eine schwierige Aufgabe, denn die Deutschen hatten mit ihren Maschinengewehrstellungen die obere Ecke gehalten, die durch den vorläufigen Beschuss durch britische Artillerie nicht zum Schweigen gebracht worden waren, und begannen ihr mörderisches Lied, sobald der britische Angriff begann. Sie beherrschten die Front und die Flanken, falls die Männer weiter vorrückten, und konnten daher die gesamte Bewegung unterbrechen, was genau das Ziel des verzweifelten Widerstands war, der diesen Stützpunkt zwei Monate lang um jeden Preis gegen die Angriffe britischer Bomber, Grabenmörser und Artilleriegranaten verteidigt hatte.

Von Soldaten wird nicht erwartet, dass sie das Unmögliche wagen . Kein vernünftiger Mensch wird mit einer Tasse Wasser in einen Ofen springen, um das Feuer zu löschen. Nur ein dummer Bataillonskommandeur wird sich angesichts konzentrierten Maschinengewehrfeuers weigern, den Angriff abzubrechen.

„Überlassen Sie es mir!" war die unausgesprochene Botschaft, die der Infanterie durch den Anblick dieses schlingernden, sinkenden, kletternden Stahlkörpers übermittelt wurde, als er auf die Miniaturfestung zurollte. Und als die Infanterie die feuernden Maschinengewehre des Panzers sah, überließ sie ihn dem Panzer und arbeitete sich nach rechts vor, blieb in Kontakt mit der allgemeinen Angriffslinie, zuversichtlich, dass kein Feind zurückbleiben würde, der ihnen in den Rücken schießen könnte. So wurde eine Handvoll Männer, die mit ihren Kugelsalven in der Lage waren, tausend Männer aufzuhalten, von einer anderen Handvoll, die einen Panzer bemannte, in Bedrängnis gebracht. Sie waren einfach „fertig", wie der Panzeroffizier es ausdrückte. Sicher hinter seiner Panzerung hatte er sie nicht weniger seiner Gnade ausgeliefert als ein U-Boot einem Handelsschiff. Selbst wenn er unbewaffnet war, konnte ein Panzer eine isolierte Maschinengewehrstellung in den Griff bekommen, indem er sie bewachte.

Einer der berühmtesten Panzer war Crème de Menthe. Sie hatte einen guten Presseagenten und machte auch gute Geschäfte. Sie schien Zucker zu mögen. Zumindest war ihre glorreiche Heldentat in einer Zuckerfabrik, einem riesigen Backsteingebäude mit einem hohen Backsteinkamin, der durch Granatfeuer zerstört worden war. Unter dem Ganzen befanden sich riesige, noch intakte Unterstände, in denen sich deutsche Maschinengewehrschützen wie üblich in Deckung hielten, während die Granaten der Artillerievorbereitung einschlugen, und herauskamen, um den Kugelhagel zu aktivieren, als sich die britische Infanterie näherte. Die Briten tun dasselbe gegen deutsche Angriffe; nur in der Schlacht an der Somme hatten die Briten immer angegriffen und immer Maschinengewehrstellungen eingenommen.

Crème de Menthe, ein auserwählter Kamerad der Kanadier auf ihrem Weg zur Einnahme von Courcelette , fühlte sich auch unter Trümmern zu Hause . Das bemerkten die Kanadier, als sie mit der Freude eines Seelöwen auf einen Fischschwarm darauf zusteuerte. Sie wich nicht vorsichtig aus, spähte auch nicht um Ecken, um den Feind zu erspähen, bevor sie selbst gesehen wurde. Was auch immer ein Panzer sonst ist, ein schlauer Pfadfinder ist er nicht. Er geht unverschämt und lässig in der Öffentlichkeit vor, wie eine Dampfwalze, die ohne Rücksicht auf die Straßenverkehrsregeln die Straße entlang zu einer Parade fährt. Äußerlich ist er nicht launisch. Er macht sich nicht die Mühe, der Einfahrt zu folgen oder beachtet das „Betreten des Rasens verboten"-Schild, wenn er sich dem Eingang eines Unterstands nähert.

Und Crème de Menthe eroberte die Zuckerfabrik und machte viele Gefangene. „Warum nicht?", fragte einer der Kanadier. „Wer würde sich nicht ergeben, wenn ein solches Biest vor der Tür steht? Das reichte aus, um einen Mann, der nur helles Münchner Bier getrunken hatte, fragen zu lassen, ob er sie ,erwischt' hatte ! "

Gefangene waren für die Panzer eine große Belastung. Vielleicht werden zukünftige Panzer mit Taschen für den Transport von Gefangenen ausgestattet. Aber die Zukunft der Panzer ist derzeit in Geheimnisse gehüllt.

Das heißt, man nimmt sie nicht ernst, werden Sie vielleicht sagen. In diesem Fall spiegele ich nur die Gefühle der Armee wider. Selbst wenn die Panzer Bapaume eingenommen oder das Hauptquartier des Kaisers erreicht hätten, hätte die Armee sie ausgelacht. Es waren die Deutschen, die die Panzer ernst nahmen; und je ernster die Deutschen die Panzer nahmen, desto mehr lachten die Briten.

"Von all den doppelt gefärbten, lächerlichen Dingen war die Art und Weise, wie dieser Crème de Menthe-Typ die Zuckerfabrik übernahm!", sagte ein Kanadier, der bei der Erinnerung an die Mätzchen des Monsters in Brüllen ausbrach. "Gutes altes Mädchen, Crème de Menthe! Man sollte sie für immer in den Ruhestand schicken und sie in einem Café auf ihren Fersen sitzen lassen und ihr Lieblingsgetränk aus einem Fass mit einem Gartenschlauch als Strohhalm schlürfen lassen - was ungefähr ihrer Größe entspräche."

Unter den Soldaten gab es jedoch unterschiedliche Meinungen über Panzer, die auf persönlicher Erfahrung beruhten, wenn es um Leben und Tod geht, und auf der Art und Weise, wie Panzer ihren Teil der Front unterstützt hatten. Ein Panzer, der Maschinengewehrstellungen eroberte und Schützengräben belagerte, war ein heldenhafter Kamerad, um den sich eine

Saga glorreicher Anekdoten rankte. Ein Panzer, der ins Stocken geriet und bei seinem Vorhaben scheiterte, verlangte nach satirischen Kommentaren, die auf alle zutrafen.

Wir verkörperten keine Maschinengewehre oder diese monströsen, düsteren, großen Haubitzen mit ihren klaffenden Mäulern oder andere Waffen; aber jeder Mann in der Armee verkörperte die Panzer. Zwei oder drei Panzer, hätte ich anmerken sollen, machten sich tatsächlich auf den Weg nach Berlin, ohne auf die Infanterie zu warten. Die Versuchung war groß. Sie mussten nur weitermachen. Als die Kapitäne nur noch in Deckung flüchtende Deutsche sahen, wurde ihnen klar, dass sie sich in der falschen Stellung befanden oder, um es streng militärisch auszudrücken, dass sie ihr „taktisches Ziel" überschritten hatten.

Diese Wanderer ließen den Großteil ihrer Munition dort zurück, wo sie dachten, dass sie in den deutschen Linien am meisten nützen würde, und zogen sich zurück zu ihren eigenen Leuten. Denn ein Panzer ist eine Hilfstruppe, keine Armee, kein Armeestab und kein Feuervorhang. Er muss mit der Infanterie zusammenarbeiten , sonst muss er in den feindlichen Linien bleiben. Es gab einen Panzer, der kein Benzin mehr hatte und von Deutschen umzingelt war. Er konnte sich in keine Richtung bewegen, aber seine Kanonen waren noch in Betrieb. An einer feindlichen Küste gestrandet, musste er weichen, wenn der Besatzung die Lebensmittel ausgingen.

Die Deutschen griffen das Biest an, kamen unter seine Kanonen, hämmerten auf die Tür, versuchten, sie mit Bajonetten aufzusprengen und aufzubrechen, und krochen mit der Wut von Hornissen über die Oberseite, um nach Dellen in der Panzerung zu suchen, aber vergebens. Sie konnten der Besatzung im Inneren nichts anhaben, und die Besatzung konnte ihnen nichts anhaben.

„Eine laute Truppe!", sagte der Kapitän des Panzers.

Taktisches Ziel: Britische Soldaten eilten ihrem Panzer zu Hilfe. In ihrer sicheren Hülle warteten Kommandant und Besatzung auf das Ergebnis des Kampfes. Nachdem die Deutschen vertrieben waren, holte jemand einen Kanister Benzin, der dem Biest wieder Leben einhauchte und es in seine „richtige taktische Position" zurückkehren ließ.

Selbst wenn er damals nicht geborgen worden wäre, hätten die Briten ihn bei ihrem nächsten Vorstoß wieder in Besitz genommen, denn die Deutschen hatten keine Möglichkeit, einen Panzer ins Hinterland zu bringen. Es gibt keine Traktoren, die stark genug sind, um einen Panzer über die Granattrichter zu ziehen. Er kann nur durch seine eigene Kraft bewegt werden, und wenn sein Motor kaputt ist, wird er zu einem unauslöschlichen Merkmal der Landschaft. Gestrandete Panzer wirken wie eine gigantische Hilflosigkeit. Sie sind ein geeignetes Ziel für Rache durch konzentriertes deutsches Artilleriefeuer; doch wenn sie halb verborgen in einem riesigen Granattrichter liegen, den sie nicht umschiffen können, sind sie ein kleines Ziel und, da ihre Farbe in die Erde schmilzt, schwer zu orten.

schiefergrauen Rücken der Panzer wie prähistorische Schildkröten, deren natürlicher Lebensraum die von Panzern zerfetzte Erde ist. Sie waren das letzte Wort im Geschäft des modernen Krieges, symbolisierten seine Satire und den alten Streit zwischen Geschossen und Panzern, Angriff und Verteidigung. Wenn sich zwei Panzer in einem Duell gegenüberstünden, würden sie versuchen, sich gegenseitig zu rammen, nachdem sie sich vergeblich mit ihren Maschinengewehren getroffen hatten?

"Ich hoffe, es weiß, wohin es geht!", rief ein Brigadegeneral, als er beobachtete, wie sich eines dieser Fahrzeuge seinem Unterstand über einen verlassenen Schützengraben näherte und sich dabei ein wenig vorbeugte, als es in den Rand eines Granattrichters von etwa fünf Metern Durchmesser eintauchte. An einem regnerischen Tag, an dem ein Fußgänger bei jedem Schritt ausrutschte, hatte es einen sicheren Stand.

Es gab keinerlei Anzeichen dafür, dass es von menschlicher Intelligenz geleitet wurde, geschweige denn von einer menschlichen Hand; und soweit man das beurteilen konnte, könnte es die unterirdischen Quartiere des Generals mit einem Lagerhaus verwechselt haben, wo es seinen Benzindurst stillen konnte, oder mit einer Schmiede, wo es eine verbogene Stahlklaue richten lassen konnte. Als es schließlich vor seiner Schwelle anhielt, drückte der General seine Erleichterung darüber aus, dass es nicht versucht hatte, die Stufen herunterzukommen. Eine Tür wie die eines Schlachtschiffturms öffnete sich, und aus dem engen Innenraum, in dem der Platz für Mannschaft und Maschinerie so genau berechnet ist, trat der Kapitän, der salutierte und meldete, dass sein Schiff auf Befehle für die nächste Fahrt wartete.

Bald gehörte der Anblick von Panzern zum Alltag, und das Interesse beim Beobachten eines Vormarsches konzentrierte sich auf die Infanterie, die sie bei einem Angriff unterstützte; denn nur an ihrem Vorgehen konnte man erkennen, ob sich Maschinengewehrfeuer entwickelt hatte oder nicht, und später, ob die Panzer es zum Schweigen brachten oder nicht. Der menschliche Faktor war noch immer das Maß aller Dinge, seine Bewegungen und seine Verluste an Menschenleben waren das Kriterium für Erfolg und Misserfolg, mit einem ewigen Nervenkitzel, den keine Maschine hervorrufen kann. Selbst wenn die Panzer nicht mehr erreicht hätten als bei den beiden großen Septemberangriffen, hätten sie sich durchaus gelohnt . Ich glaube, sie haben 25.000 Opfer erspart, was die zusätzlichen Kosten für die Rückgewinnung des durch Infanterieaktionen ohne Unterstützung gewonnenen Geländes gewesen wären. Wenn Maschinen, die von wenigen Männern besetzt sind, auf diese Weise viele Bataillone ersetzen können, veranschaulichen sie das grundlegende Prinzip, dem Feind maximalen Schaden zuzufügen und den eigenen Kräften so wenig wie möglich zuzufügen.

XXVIII

KANADA IST SCHNELL

Kanadas erste Offensive – Das „Überraschungskommando" – Über schwieriges Terrain – Kanadas Stunde – Die Deutschen sind verblüfft – Die Kanadier müssen „dorthin gelangen" – Zwei schwierige Dörfer – Die Kanadier stellen neue Regeln auf – Kanadas unerfahrene Soldaten vollbringen eine unerhörte Leistung – Sie greifen mit Nervenstärke an – Die letzte Salve – Weniger Kanadier als Deutsche, aber – „Aufräumarbeiten" – Einfangen der Gefangenen – Ein aristokratischer Deutscher und ein demokratischer Kanadier – Französisch-Kanadier – Dreizehn Gegenangriffe abgewehrt – Schnelligkeit und Anpassungsfähigkeit – Kanadas Soldaten schlagen sich gut.

Nachdem die Panzer die theatralische Aufmerksamkeit erhalten haben, die ihnen gebührt, kommen wir zu weiteren Ergebnissen des 14. Septembers, als der Widerstand auf der rechten Seite stark war und Kanada das Glück hatte, am glänzenden Erfolg auf der linken Seite teilzuhaben.

Es war die erste Offensive der Kanadier. Sie wussten, dass die Augen der Armee auf sie gerichtet waren. Nicht nur für sich selbst, nachdem sie während ihrer gesamten Erfahrung an der Front Schläge abgewehrt hatten, sondern auch im Namen anderer Bataillone, die die unbarmherzige Qual des Ypern-Frontbogens ertragen hatten, sollten sie nun Vergeltungsschläge ausführen. Die Antwort auf die Frage, wie sie vorgehen würden, stand in den Gesichtern geschrieben, die durch dasselbe Klima, das ihnen ihre nervöse Wachsamkeit verlieh, klar gezeichnet waren.

Auf diesem hässlichen Teil des Gebirgskamms, wo unter dem rachsüchtigen deutschen Artilleriefeuer kein stabiler Graben gegraben werden konnte und kleine Gruppen geschickt in Granattrichtern und so kleinen Gräben wie möglich verteilt waren, schlichen sie sich einige Tage vor dem Angriff in der Dunkelheit hinaus, um die Australier zu „übernehmen" und sich mit diesem sturmzerstörten Ackerland vertraut zu machen, das noch immer unter Granatentornados schwankte. Die Männer vom fernen Inselkontinent hatten den Absprungplatz bereitgestellt und die Männer von dieser Seite des Pazifiks und des Äquators sollten die Absprünge durchführen, was eine Art Überseemonopol auf den Pozières- Kamm bedeutete.

Den Deutschen war die Vorstellung, den ganzen Kamm aufzugeben, der auf sie herabblickte und den Abhang verbarg, der einst ihnen gehört hatte, immer noch zuwider. Sie versuchten erneut, einen Teil davon zurückzuerobern, wählten dafür aber einen Zeitpunkt, der Beweis genug war, dass sie nicht wussten, dass ein Generalangriff bevorstand. Kurz vor Tagesanbruch, bei null Grad im Morgengrauen, als die Kanadier sich auf dem Gegenhang für ihren Angriff formierten, machten die mit Bomben beladenen Deutschen ihren Weg und sicherten sich in der dünnen Frontlinie zwischen den Granattrichtern Halt und kämpften, düstere Schatten in der Nacht, erhellt von Bomben- und Granateneinschlägen, wie sie es bei vielen ähnlichen Gelegenheiten getan hatten.

Dann kam die „Überraschungsparty". Nicht weit entfernt wartete der kanadische Angriff auf den Moment, in dem die zehn Kilometer lange Infanterie- und Panzerlinie losgelassen werden sollte.

„Wir waren ganz schön aufgeregt", sagte einer der Männer. „Jetzt lag es an uns."

Während sie sich in ihrer Warteschleife auf das Band klammerten, war die trockene Luft Nordamerikas mit ihrem Champagner-Hochgefühl in ihren Lungen und peitschte ihre roten Blutkörperchen. Sie hatten nur einen Gedanken, und der war, „dort hinzukommen". Kein glattes Übungsgelände für diesen Angriff, sondern eine Erde voller Granattrichter, so dick wie Löcher in einer Pfefferbüchse! Ein Mann könnte in einen hineinstolpern, aber er muss aufstehen und weitermachen. Ein Kerl, der sich den Knöchel verstaucht hatte, stellte fest, dass er nach dem Angriff völlig verformt angeschwollen war. Wenn er ihm zu Hause so eine Verletzung zugefügt hätte, hätte er nicht versucht, sich zu bewegen, sondern ein Taxi oder Hilfe gerufen. Unter dem Einfluss der Aktion wusste er nicht einmal, dass er verletzt war.

Es war Kanadas Stunde; all die Monate des Drills zu Hause, all die Träume an Bord des Transports von bevorstehenden Angriffen, all die stumpfe Monotonie der Quartiere, all die schleimige Wachsamkeit in den Schützengräben, all die Mühe der Vorbereitungen erreichten für jeden Einzelnen ihren Höhepunkt. So groß war der Impuls der Flutwelle, die über den Kamm über die verblüfften Deutschen hereinbrach, die in den Schützengräben Fuß gefasst hatten, und sie in einer so dramatischen Episode verschluckte, wie sie sich an der Somme-Front noch nie ereignet hatte.

„Geben Sie sich auf, und zwar schnell! Wir haben woanders zu tun!", sagten die Beamten.

Ja, sie hatten es mit dem deutschen Schützengraben vor der Front zu tun, als sich der Artillerievorhang hob, wo nur wenige Deutsche zu finden waren, da die meisten von ihnen an der Offensive beteiligt waren. Die Überlebenden hoben hier ihre Hände, bevor sie aus dem Unterschlupf ihre Köpfe hoben und machten sich bald in Begleitung der anderen auf den Weg zurück nach hinten.

"Ich schätze, wir hatten die ersten Gefangenen, die am Morgen des 14. einen Block erreichten ", sagte ein Kanadier. "Wir hatten einen Anfang damit, dass einige in unsere eigene Frontlinie kamen, um gefangen genommen zu werden."

Auf der linken Seite konnte die Mouquet Farm, die mit ihren unübertroffenen Unterständen und von isolierten Maschinengewehrstellungen umgebenen Bauten frühere Angriffe abgewehrt hatte, dem entschlossenen Ansturm nicht widerstehen, der, wenn die Geschichte geschrieben wird, den Ruhm mit dem Sturm auf Courcelette teilen wird . Abwärts neben der Bapaume Road fegte die rechte Seite und die Mitte, mit Granattrichtern, die immer noch dicht waren, aber weniger wurden, als die Welle auf offene Felder vor den Ruinen der Zuckerfabrik kam, mit dem Panzer Crème de Menthe, der bereit war, seinen Teil zu tun. Er kümmerte sich nicht um alle Maschinengewehre; die Infanterie kümmerte sich um mindestens eines, das weiß ich. Die deutsche Artillerie richtete Feuervorhänge, aber in einem Fall waren die Kanadier nicht da, als der Vorhang errichtet wurde, um ihnen den Weg zu versperren . Sie waren zu schnell für die Deutschen gewesen. Egal, welches Hindernis die Deutschen ihnen in den Weg legten, die Aufgabe der Kanadier bestand darin, „dorthin zu gelangen" – und sie „gelangten dorthin". Ihr Ziel war die Linie, die auf ihrer Karte von der Bapaume Road östlich der Zuckerfabrik als ihr Ziel markiert war. Vor ihnen lag das Dorf Courcelette und vor der britischen Linie, die sich rechts von ihnen anschloss, lag Martinpuich .

Jetzt Spaten! Graben Sie so hart wie Sie es getan haben, um die neu gewonnene Position zu halten, wobei „dort" zu „hier" wird und Sie den Bergrücken im Rücken haben! Das Londoner Lied „The Byng Boys are Here", das den Kanadiern den Namen der Byng Boys gab, nachdem General Byng das Kommando über ihr Korps übernommen hatte, hatte eine sehr realistische Anwendung.

Während von der rechten Seite der sechs Meilen langen Front Nachrichten über einen anhaltenden erbitterten Kampf kamen, klangen die Nachrichten von der linken Seite eindeutig nach Erfolg. War General Byng mit seinen Byng Boys zufrieden? War sein Vorgesetzter, der Armeekommandeur, mit den Kanadiern zufrieden? Sie hatten es geschafft, und das ist es, was bei solchen Gelegenheiten zählt; aber wenn man Schützengräben und Felder einnimmt, fehlt ihnen, egal wie groß der Bodengewinn ist, das konkrete Symbol des Sieges, das ein Dorf besitzt.

Und weiter vorn lagen Courcelette und Martinpuich , beide nur teilweise durch Artilleriefeuer zerstört und keineswegs den üblichen Voraussetzungen für eine Kapitulation entsprechend aufgeweicht, und ihre Keller waren zweifellos stark als Unterstände verstärkt. Offiziere, die die Dörfer durch ihre

Ferngläser studierten, glaubten, dass sie eingenommen werden könnten. Warum es nicht versuchen? Ein Versuch erforderte Mut, da es jeder taktischen Erfahrung widersprach, über eine so breite Front in Richtung eines neuen Ziels zu stürmen, ohne sich Zeit für aufwendige Artillerievorbereitungen zu nehmen. General Byng, der an seine Männer glaubte und ihre Initiative, ihre Durchhaltefähigkeit verstand, war bereit vorzurücken, und das Gleiche galt für den Korpskommandeur der Briten vor Martinpuich . Sir Douglas Haig gab seine Zustimmung.

"Auf und ran an sie!", dann mit frischen Bataillonen, die so schnell heraneilten, dass sie kaum Zeit hatten, sich zu verteilen, aber sie antworteten auf den Befehl zum Einsatz mit dem Geist von Männern, die in Schützengräben festsaßen und die neue Erfahrung, sich die Beine zu vertreten, mochten. Mit dem Geschmack des Sieges konnte nichts diese überspannten Reserven aufhalten, außer den Dingen, die töten und verwunden. Der erste Angriff war erfolgreich und der zweite musste erfolgreich sein.

Die deutschen Kanonen hatten das Übliche getan, indem sie hinter der neuen Linie Sperrfeuer über das Feld legten und den Kamm des Hügelkamms beschossen, um den Vormarsch von Unterstützungskräften zu verhindern. Es war ganz korrekt, dass der deutsche Kommandant die Zeremonie des Tages als beendet betrachtete. Der Feind hatte sein Ziel erreicht. Natürlich würde er nicht sofort ein anderes versuchen. In der Zwischenzeit musste ihm die Besetzung der neuen Linie so teuer wie möglich gemacht werden. Aber dieses Mal handelte der Feind nicht nach Regeln. Er stellte neue Regeln auf.

Die Reservebataillone, die den Sturm auf das Dorf übernehmen sollten, waren unter den Sperrfeuern hindurchgegangen und hatten das erste Ziel erreicht. Als sie die neue Linie durchquert hatten, die von den Männern besetzt war, die den ersten Angriff ausgeführt hatten, konnten sie ihren eigenen Angriff beginnen. Da Sperrfeuer unterbrochen sind, ließ ein Kommandant seine Männer sich hinter einem davon hinlegen, bis es aufgehört hatte. Nachdem er eine Weile auf ein weiteres gewartet hatte, kam er zu dem Schluss, dass er mit seinem Einsatz in Courcelette zu spät dran sein könnte, und gab den Befehl, durchzumarschieren, was, wie ein Soldat sagte, „wir in einem Hundert-Meter-Lauf im Laufschritt taten – aus gutem Grund!" Als die neue Welle die Jungs in der neuen Linie passierte, riefen die Gewinner des ersten Ziels: „Los!" „Ihr werdet es schaffen!" „Hurra für Kanada!" und fügten Anklänge des charakteristischen trockenen Humors hinzu, der durch Granatfeuer noch etwas trockener wird, wie etwa die Bitte, Sitzplätze für das Theater in Courcelette an diesem Abend zu reservieren.

die Courcelette einnehmen sollten, etwa drei Kilometer unter Artilleriefeuer marschieren mussten, teilweise über schwammigen Boden, der von

Granattrichtern zerfurcht war, bevor sie ihren Angriff beginnen konnten, und dass sie eine Neuerung in der Taktik vornahmen, dann hat man nur eine halbe Vorstellung von ihrer Aufgabe. Ihre Offiziere waren Männer aus dem Zivilleben in allen möglichen Berufen, die den Krieg in der Pattsituation am Ypernbogen kennengelernt hatten, und nun stand ihnen die schwerste Prüfung bevor, die es gab, wenn sie ihre Einheiten bei einem Vormarsch lenkten.

Es war keine Zeit geblieben, bei diesem zweiten Ansturm anhand von Kartendetails Musterpläne für den Kurs jeder Kompanie zu erstellen, was bei modernen Verteidigungsanlagen so wichtig ist. Die Offiziere wussten nicht, wo Maschinengewehre versteckt waren; sie waren sich über die Stärke des Feindes nicht im Klaren, der den ganzen Tag Zeit gehabt hatte, sich auf den Angriff auf seine Bastionen im Dorf vorzubereiten. Es waren offene Schlachten gegen feste Verteidigungsanlagen. Unter Feuervorhängen, mit starker Konzentration an einer Stelle und schwacher an einer anderen, mit Maschinengewehr- oder Scharfschützenfeuer in einigen Bereichen, mit Rauch und Lärm, mit Schützengräben, die überquert werden mussten, war die Aufgabe, eine Welle von Männern über eine lange Distanz in Angriffslinie zu halten – was bei einem Manöver schon schwierig genug war – nur möglich, wenn die Soldaten selbst die Initiative und ein Verständnis für die Notwendigkeiten der Situation besaßen. Wenn ein Teil der Linie nicht stand, wenn ein Abschnitt von Granatsalven getroffen wurde, mussten die Offiziere der Notlage begegnen; und Offiziere wie Männer fielen, und die Kompanien hatten nur noch einen einzigen Offizier oder nur einen Unteroffizier als Befehlshaber. Sofern ein Mann nicht am Boden lag, wusste er, dass seine Aufgabe darin bestand, „dorthin zu gelangen", und seine Richtung war geradeaus, in einer Linie mit den Männern zu seiner Rechten und Linken.

Auf dem Feld hinter dem Feld lagen verstreut Tote und Verwundete. Alle, die noch auf den Beinen stehen konnten, erreichten rechtzeitig den Dorfrand und legten sich hin, um abzuwarten, bis ihre eigenen Geschütze das Feuer eröffneten, bevor der letzte Ansturm losging. Auch Offiziere und Soldaten, die von Granaten niedergestreckt und verschüttet worden waren und Wunden an Armen, Köpfen und sogar Beinen hatten, die sie humpeln ließen.

Nachdem sie eine solche Distanz zurückgelegt und den Tribut an Opfern erlitten hatten, genossen sie eine Atempause, ein paar Minuten, in denen sie ihre Gedanken für das große Ereignis sammeln konnten, bevor sie sich „auf die Jagd" machten und mit der letzten Granate aus ihren Gewehren ins Gefecht stürzten. Sie wussten, was zu tun war. Es war ihnen eingebläut worden; sie hatten in den Quartieren darüber gesprochen und davon geträumt, als die Routine zur Eintönigkeit wurde, diese Männer mit praktischem Verstand, die das Wesentliche ihrer Aufgabe verstanden.

Zu diesem Zeitpunkt stürmten weniger Kanadier durch die Straßen als Deutsche im Dorf waren. Die Kanadier wussten es nicht, aber selbst wenn sie es gewusst hätten, hätte es keinen Unterschied gemacht, so stark war ihre Einstellung. In ihren Unterständen sicher vor Bombardierungen, erfuhren die Deutschen in ihrer systematischen Zuversicht, dass der Feind an diesem Tag kein zweites Ziel angreifen würde, erst von der Anwesenheit der Kanadier, als die Angreifer vor der Tür standen und ein scharfer Schlag des St. Lawrence River die Insassen aufforderte, herauszukommen, da sie Gefangene waren – was den Vorteil der Schnelligkeit beweist. Die zweite Welle musste „aufräumen", während die erste Welle durch das Dorf zog, um die Beute durch das Ausheben neuer Schützengräben festzunageln. So hatten sie ihr zweites Ziel erreicht, obwohl auf der linken Seite der Linie, wo die Kämpfe gegen einen Teil des alten Schützengrabensystems der ersten Linie stattgefunden hatten, der Fortschritt langsam und die Kämpfe erbittert waren.

Die Kanadier, die „aufräumen" mussten, hatten die „Zeit ihres Lebens" und einige heikle Momente. Was für ein Anblick! Deutsche in sauberen Uniformen, die aus ihren Unterständen kamen und überrascht über ihr Verderben blinzelten und voller Abscheu, Groll und unterdrückter Wut waren! Kanadier, staubbedeckt von Granateneinschlägen, mit blitzenden Augen, lachend, eilends umher, während zwischen den Ruinen Gratulationsrufe und Anweisungen an die Gefangenen erschallen, und der deutsche Kommandant war so wütend über den Verlust des Dorfes, dass er begann, gleichzeitig Granaten auf Deutsche und Kanadier abzufeuern! Unter den Gefangenen befanden sich zwei Oberste, ein Regiments- und ein Bataillonskommandeur. Der Ältere war ein Baron – man kann ihn in keiner Erzählung außer Acht lassen – und neigte dazu, sich mit patrizischer Verachtung gegenüber der kanadischen Demokratie zu verhalten, was für Barone in seiner Lage ein Fehler ist, da jeder Kanadier an diesem Tag mehr oder weniger ein König war. Als er versuchte, seine Männer zum Aufstand zu bewegen, reagierten seine Gastgeber sofort, was dazu führte, dass der Aufstand im Keim erstickt wurde und der Baron durch das Bein geschossen wurde, was ihn noch immer „widerborstig und herablassend" zurückließ. Dann sagte der kleine Oberst der Französisch-Kanadier: „Ich denke, ich kann Ihnen genauso gut in eine lebenswichtigere Körperstelle schießen und damit wäre die Sache erledigt!" oder etwas ähnlich Treffendes, und plötzlich wurde der Baron selbst ganz demokratisch.

Eines der Bataillone, die Courcelette einnahmen , war französisch-kanadisch. Kein anderes kanadisches Bataillon wird ihnen den Ruhm streitig machen, den sie an diesem Tag errangen, und es muss für den deutschen Baron ärgerlich gewesen sein, zahlenmäßig überlegene Soldaten an den untersetzten Typ abzugeben, den wir in Fabrikstädten Neuenglands und auf ihren Farmen in Quebec sehen, denn sie bildeten nun das Bataillon, die Grenzbewohner, den „ *courrier de bois*" , nachdem die meisten im Frontvorsprung gefallen waren. Soll ich diesen kleinen Soldaten vergessen, der mindestens vierzig Jahre alt war, mit einem Granatsplitterloch in seinem Stahlhelm und dem Stück purpur-weißen Ordensband, das er stolz auf seiner Brust trug, und der, als ich ihn fragte, wie er sich fühlte, nachdem er von einem Granatsplitter getroffen worden war, gelassen bemerkte, er sei niedergeschlagen worden und habe Kopfschmerzen bekommen!

„Sie haben das Militärkreuz!", sagte ich.

"Ja , Sir. Ich werde das Victoria-Kreuz gewinnen!", antwortete er salutierend. Sprechen Sie über "den Geist, der belebt !"

Oder soll ich den französisch-kanadischen Oberst vergessen, der erzählt, wie er und das Bataillon auf seiner linken Seite in ähnlicher Lage mit seinen verstreuten Männern die Linie hinter Courcelette gegen dreizehn Gegenangriffe in dieser Nacht hielten; wie er von Punkt zu Punkt gehen musste, um im Dunkeln seine Posten zu errichten, und wie er immer wieder „Meine Güte!" rief, voller Verwunderung darüber, wie er es geschafft hatte, durchzuhalten, mit einem Beiklang naiver Unkenntnis der Komik, von einer Granate niedergeschlagen zu werden und dann „Meine Güte!" festzustellen, dass er nicht verletzt war! Sie hatten sich nicht freiwillig gemeldet, die Französisch-Kanadier, sondern diejenigen, die bewiesen hatten, dass sie nicht zu kurz gekommen wären, wenn die Kriegsgefühle sie genauso erfasst hätten wie den Rest Kanadas.

"Meine Güte!" Sie mussten kämpfen, weil nur wenige übrig waren, die für das alte Frankreich und die Kriegsehre Quebecs kämpften. Und sie hielten alles, was sie nahmen, so tapfer wie das andere kanadische Bataillon vor dem Dorf, als die Deutschen aufwachten, um den Verlust von Courcelette zu rächen .

Von Anfang bis Ende dieses großen Tages war Schnelligkeit das Entscheidende; schnelles Erkennen von Gelegenheiten; Wachsamkeit beim individuellen Handeln beim „Aufräumen" nach der Einnahme des Dorfes; schnelle Anpassungsfähigkeit an Situationen, die die Gabe der Männer eines neuen Landes ist; und jenes individuelle Selbstvertrauen des Kanadiers, sobald er nicht an einen Schützengraben gebunden war und seiner Initiative freien Lauf lassen konnte, Mann gegen Mann, was keine Sache von Drill oder Training ist, sondern von Vererbung und Umgebung. Auf der rechten Seite wurde Martinpuich von den Briten eingenommen und auch gehalten.

Es war nach der Schlacht, als die Toten noch auf dem Schlachtfeld lagen, bei Regen und Nebel, als ich über den Höhenrücken und den Weg der kanadischen Angriffe entlangging und mich fragte, wie sie durch die

Feuervorhänge gekommen waren, als ich Granatsplitterhülsen sah, die so dicht waren, dass man von einer zur anderen hätte steigen können; ich fragte mich, wie Männer in den Granattrichtern und den armseligen, zerfallenen Schützengräben in der weichen, von Granaten zerdrückten Erde überleben konnten; ich wunderte mich über die ganze Sache, dass sie hier in Frankreich waren, eine Veteranenarmee zwei Jahre nach Kriegsbeginn. Ich sah sie triefend vom Regen, schlammbespritzt, aber voller Freude, es gut gemacht zu haben, als sie an die Reihe kamen, und zwar auf eine Art, die in jeder Hinsicht den kanadischen Charakter widerspiegelte. „Sehr gut!", hätte dieser große Sioux-Indianer, der in seiner Unerschütterlichkeit in einem Schützengraben so natürlich wirkte, als säße er vor seinem Tipi, vermutlich gesagt. Er sah etwas Seltsames, doch er nahm es emotionslos hin, dass die Erde von Sprengsätzen erschüttert wurde, Flugzeuge über ihm flogen und Maschinengewehre im Krieg der Bleichen Gesichter ratterten.

Mit der zweiten Schlacht von Ypern, mit St. Eloi, Hooge , Mount Sorrell und Observatory Ridge, hatte Courcelette den Kreislauf der Soldatenerfahrungen für diejenigen abgeschlossen, die in Frankreich das Ahornblatt der *Fleur-de-lis trugen* . Offiziere und Soldaten aus allen Gesellschaftsschichten wurden zu einem neuen Beruf gerufen, eine Demokratie aus dem Westen, die sich der Disziplin unterwarf, war an ein neues Leben voller Risiko, Kameradschaft und Opferbereitschaft für eine Sache gewöhnt und ausgebildet worden. Es wird seltsam erscheinen, keine Khakikleidung mehr zu tragen und ins Büro oder in den Laden zu gehen oder im Morgengrauen aufzustehen, um die Kühe zu melken; „aber", wie ein Mann sagte, „wir werden es schaffen, uns daran anzupassen, ohne Nächte in einem Schlammloch zu verbringen oder die Nachbarn zu bitten, Bomben über den Zaun zu werfen, damit die Veränderung allmählich erfolgt."

XXIX

DIE ERNTE DER DÖRFER

Hohe und niedrige Sichtverhältnisse – Niedrige Sicht, ein pro-deutscher Soldat – Hohe Sicht und sein Erntelächeln – Dreißig Dörfer von den Briten eingenommen – Der 25. September – Die Straße der Entente – Zwölf Meilen Artilleriefeuer – Zwei Dörfer eingenommen – Combles – Briten und Franzosen treffen in einem eingenommenen Dorf aufeinander – Englische Sturheit – Unterstände mit tausend Mann – Einnahme von Thiepval .

Wir sprachen immer von den beiden Sichtweiten, hoch und niedrig. Ich dachte an sie als Brüder mit demselben meteorologischen Vater, der eine ein gutes und der andere ein böses Genie. Jeden Morgen schauten wir nach draußen, um zu sehen, wer die Bühne hatte. So konnten wir wissen, ob der für heute angesetzte „Nullpunkt" eines Angriffs verschoben werden würde oder nicht, wie es normalerweise der Fall war, wenn die Sonne keine Anzeichen von Erscheinen zeigte, obwohl dies nicht immer der Fall war; manchmal überraschte das Personal diejenigen, die zu erraten versuchten, was in ihr vorging.

Low Visibility, ein prodeutscher Mann, der sich mitten im Winter im Ypern-Frontbogen in seinem Element befand, erfreute sich an Regen, Dunst, Nebel und dichtem Sommerdunst – an allem, was Beobachter daran hinderte, die Explosion der Granaten zu sehen, Granattrichter in kleine Seen und Felder in Morast verwandelte, bis hin zu untergehenden Ladungen, oder Geschütze zum Stocken brachte.

High Visibility war so fröhlich wie sein böser Bruder mürrisch war. Er ließ morgens das Sonnenlicht in Ihr Zimmer strömen, befreite die Luft von Partikeln, sodass Beobachter Granatenexplosionen auf große Entfernung sehen konnten, und befürwortete erfolgreiche Angriffe unter präzisen Feuervorhängen – der Schutzpatron aller modernen Artilleriearbeit, der sich in Arizona am wohlsten fühlen würde, wo Sie das ganze Jahr über eine Offensive durchführen könnten.

Im September war sein Lächeln ein fröhliches Erntedankfest, das Figuren auf den Kreideflecken in einer Meile Entfernung so deutlich sichtbar machte, als wären sie nur einen Steinwurf entfernt, und die Baumstämme zerstörter Dörfer in scharfen Umrissen nachzeichnete. Er war jetzt Ihr Begleiter, wenn Sie den Bergrücken hinaufgingen und zwischen Granattrichtern standen, die noch wie ein gefrorenes Meer aussahen, wo gerade noch ein Inferno gewütet hatte, und über die Felder auf neue Granatfeuerlinien und neu eroberte Dörfer in tieferen Lagen blickten. Er trug dazu bei, dass der Monat September, als er am meisten gebraucht wurde, der erfolgreichste Monat der

Offensive wurde, wobei der zweite große Angriff am 25. die Verlusttabelle völlig zu Ungunsten der Deutschen drehte und viele Gäste in die Gefangenenlager brachte .

Es waren Tage voller Ergebnisse, Tage der Ernte, in denen die unaufhörlichen Kämpfe auf dem Höhenrücken und die eiserne Entschlossenheit eines Kommandanten belohnt wurden; als die Vorstöße sich in Dörfern sammelten, bis die Briten dreißig eingenommen hatten, und als die Franzosen, nachdem sie selbst starke Punkte zerstört hatten, mit neuen Anstrengungen ebenfalls über Ausgangspunkte für längere Vorstöße verfügten, als sie in Kombination mit den britischen Angriffen mit ihrer rechten Seite an der Somme einbogen.

Die beiden Armeen rückten am 25. geschlossen vor. Die Szene erinnerte an die Pracht des Sturms auf Contalmaison , der, wenn nicht wegen seiner Verwüstung und seines Grauens, Männer dazu bringen könnte, für den Ruhm des Panoramas in den Krieg zu ziehen – herrlich für den Beobachter in diesem Fall, wenn er nur an das Spektakel dachte, in einem Moment der Vergessenheit der harten Arbeit der Vorbereitung und der grausamen Arbeit der Ausführung. Unser Weg zu einem Beobachtungspunkt für den Angriff, der mittags stattfand, führte uns entlang der Straße der Entente, wie ich sie nannte, wo französische Bataillone mit britischen Bataillonen marschierten, stattliche britische Lastwagen sich mit den leichteren französischen Fahrzeugen mischten und Gallier auf der einen Seite der Straße ruhten und Briten auf der anderen, während deutsche Gefangene vorbeizogen, und es gab eine Mischung aus Blau und Khaki, die beide in der Landschaft kaum zu erkennen sind, aber so unterschiedlich sind wie die Charaktere der beiden Rassen, jede mit ihrer eigenen Art zu kämpfen, die ihrer Rassenneigung treu bleibt und dennoch ihr Ziel erreicht.

Direkt unter dem Hang, an dem wir saßen, bildeten die britischen Kanonen ein Bündnis mit den französischen. Im Norden waren die Briten gleich hinter Ginchy und Guillemont bis nach Flers zu sehen und die Franzosen bis zur Somme. Wir befanden uns fast auf halber Strecke eines zwölf Meilen langen Abschnitts, der von Reihe zu Reihe aus Mündungsfeuer vieler Kaliber bestand. Die Franzosen waren am Fuße eines Hangs deutlicher zu erkennen, furchtlos im Freien wie die Briten, ein langer Maschinengewehr-Webstuhl mit einigen Monstern weit hinten, die große schwarze Rauchwolken vom Mont Saint-Quentin aufwirbelten, der uns die Sicht auf Péronne versperrte .

Jetzt hieß es für die Geschütze im ersten Wirbelsturm alles zusammen, mit *den Soixante-quinzes* vorn, die wie die Blitze einer automatischen Leuchtreklame auf und ab blitzten und im Tal einen lauten, dröhnenden Klang erzeugten, und auch die 120er in der Nähe taten mit ihren bösen Krachen ihr Bestes, während die Bergrücken dahinter ein wogendes

Baldachin aus drohendem, kräuselnden Rauch waren. Die Einheiten der beiden Armeen waren wie an eine einzige Schalttafel angeschlossen, deren Herzschläge unter blauen und khakifarbenen Jacken im letzten Ausdruck von „ *entente cordiale* " zu „*entente furieuse* " *aufeinander abgestimmt waren* .

Das Sonnenlicht hatte die goldene Güte des Septembers und der gute Bruder High Visibility schien es heute zu einer persönlichen Angelegenheit gegen den Kaiser zu machen. Deutlich waren die sich bewegenden Gestalten der Kanonenschützen zu erkennen und hell war der Glanz der leeren Granaten, die aus der Bresche der *Soixante-quinze fielen* , als das Rohr zurückschwang und die geladenen Granaten ins Ziel flogen; deutlich waren Pfade und Schützengräben und alle Einzelheiten der müden, abgenutzten Landschaft zu erkennen, mit den alten Schützengräben, in die wir saßen und deren Seiten von wildem Gras und Unkraut gesäumt waren, was die kleine Stimme der Natur in der Angelegenheit war und eine Warnung, dass sie und der Bauer in ein paar Jahren nach dem Krieg die Wahrzeichen des Krieges ausgelöscht haben werden.

Das Ende des Sperrfeuers beim Vorrücken der Infanterie war für das Auge erkennbar, wenn die Granatenrauchschicht mangels neuer Salven dünner und hauchzart wurde und sich dahinter eine neue bildete, als hätte die Meisterhand solcher Dinge eine lange Wolkenspur von einer Wolkenkuppe zur nächsten gezogen; nur geht die Natur nie mit solch mathematischer Präzision vor. Um ihren Zeitplan einzuhalten, begann die deutsche Artillerie gemäß ihrem Verteilungssystem zu antworten, wobei sie zwar über reichlich Geschütze und Munition verfügte, aber der französischen in Unterzahl war. Der 450 Meter lange Abschnitt hinter einem Abhang, wo ihrer Meinung nach die problematischsten Batterien lagen, gefiel ihnen nicht, und die Rauchwolken der Granatsplitter wurden dichter und trübten die Blitze der explodierenden Granaten, bis dort eine Nebelwand hing. Ein Schwall hochexplosiver Fünfkomma-Neun-Geschütze riss hinter den anderen Geschützstellungen neue Krater in die Luft, und zwischen den Rauchsäulen sahen wir die französischen Kanonenschützen, die unbekümmert weitermachten, weil sie die Landschaft nicht beunruhigte.

Weit entfernt auf der Ebene, wo ein britischer Munitionszug zu sehen war, ließen die Deutschen noch mehr Feuersbrunst los und peitschten die Felder zu Geysiren; doch die Artilleriewagen bewegten sich weiter, als wäre dies ein Signal, alle an Bord zur nächsten Station zu bringen, ohne dass die Deutschen bemerkten, dass ihr Ziel verschwunden war. Eine britische Batterie, die an einem anderen Punkt vorrückte, war für die Deutschen offensichtlich nicht in Sichtweite von 2000 Metern, obwohl unser guter Bruder High Visibility unseren Ferngläsern die Umrisse der Pferde in 5000 Metern Entfernung zeigte.

So beobachtete man, worauf die Deutschen schossen, mal mit Spannung, mal mit Freude des Beobachters, der sieht, wie derjenige, der „es" ist, in Blindekuh seine Beute verfehlt. Ein paar Granatsplitter durchsuchten eine Straße vorn und ein Schrei über uns deuteten auf eine Ladung Sprengstoff für ein Dorf weiter hinten hin. In Morval, wo noch Häuser standen, deren weiße Wände durch die Glasscheiben sichtbar waren, gab es eine Art Blitz, der nicht von einer Granate herrührte, sondern lang anhielt, wie eine in der Sonne brennende Fensterscheibe, was, wie wir wussten, bedeutete, dass das Dorf eingenommen war, ebenso wie Gueudecourt , wie wir später erfuhren.

Die Reservesoldaten marschierten zwischen den Reihen der Geschütze entlang einer Straße, mit Helmen auf dem Hinterkopf, wie es die Franzosen bei Nichtbeschuss taten, und marschierten mit dem leichten Schritt der Franzosen, und beim Vorrücken verschwanden und tauchten Gestalten am Hang wieder auf. Verwundete kamen auf dem gewundenen grauen Streifen der Autobahn in der Nähe unseres Sitzplatzes vorbei, und ein Konvoi von Gefangenen kam vorbei, angeführt von einem französischen Wachmann, dessen Haltung ausdrückte: „Seht, wer hier ist, und seht, was ich habe!" Nicht weit entfernt stand ein französischer Soldat an einem Telefon.

„Es läuft gut!", sagte er. „ Rancourt ist eingenommen und wir rücken auf Frégicourt vor . Combles ist eine reife Frucht."

Die ganze Zeit über war Combles eine Oase im Artilleriefeuer, der einzige Ort, der Immunität genoss, obwohl es in der Vorstellung der Franzosen fast so viel Bedeutung hatte wie Thiepval in der der Engländer. Sie sahen seiner Erstürmung als einem dramatischen Ereignis entgegen und seinem Fall als einem der Wendepunkte des Feldzugs. Oft wurde eine Position, die unserer Auffassung nach taktisch von geringer Bedeutung war, zum Mittelpunkt großer Erwartungen für die Außenwelt, während die Eroberung eines Stützpunkts mit seinen Maschinengewehrnestern keine entsprechende Erregung hervorrief.

Combles war ein Dorf, ein großes Dorf. Seine Größe erklärte vielleicht die Bedeutung, die ihm zugeschrieben wurde, obwohl es in militärischer Hinsicht fast keine hatte. Doch die Korrespondenten wussten, dass die Leser am Frühstückstisch hungrig nach Einzelheiten über Combles sein würden , wo die Einnahme des Schwaben Redoubt oder des Regina Trench, die erbittert verteidigt wurden, keine Bedeutung hatte. Die Häuser waren sehr markant, einige waren nur leicht beschädigt und an einigen Schatten spendenden Bäumen hingen noch ihre Äste. Diese in einer Mulde gelegene Stadt war den Einsatz von viel Munition nicht wert, wenn die Deutschen die umliegenden Hügel halten und die anglo-französischen Truppen sie gewinnen wollten. Rancourt lag auf der anderen Seite von Combles , was den Pflaumenvergleich erklärt.

Combles und die französischen auf der anderen Seite arbeiteten ; und am nächsten Morgen, nachdem die Briten einige fliehende Deutsche, die sich verirrt zu haben schienen, eingefangen hatten, trafen sich die Blauen und die Khakis auf der Hauptstraße, ohne sich in formelle Zeremonien zu verwickeln, und tauschten ein „Guten Morgen!" und „ *Bon jour!* " und „Hier sind wir! Voyla ! Quee" aus. pawnsays-vous !" und " Ça va bien ! Oh, ja , das glaube ich !" und fand große Haufen von Granaten und anderer Munition, die die Deutschen nicht wegschaffen konnten, und Keller mit vielen Verwundeten, die aus den Bergen hergebracht worden waren - und das war alles, was es dazu zu sagen gab: Einmarschieren und sich umsehen, wenn die Sieger zumindest des Ruhms wegen Glückwunschreden hätten halten sollen. Aber müde Soldaten tun so etwas nicht. Ich werde nicht sagen, dass sie Bilder für den Salon verderben, denn es gibt genug Vorfälle, um Maler tausend Jahre lang zu beschäftigen; was ein Grund sein sollte, für die nächsten tausend Jahre keinen Krieg zu führen!

Was Thiepval betrifft , so hat uns der britische Stab, der diesmal keine Rücksicht auf die Korrespondenten nahm – sie führten den Krieg nicht wirklich für uns –, nicht über den Angriff informiert, da er in diesen Tagen damit beschäftigt war, Dörfer und Schützengräben auszuheben, nachdem sie über den Bergkamm waren, während die Hohe Sichtbarkeit die Niedrige Sichtbarkeit im Wachhaus eingesperrt hatte. Außerdem waren die Briten infolge ihrer beharrlichen Vorstöße so nahe an Thiepval , dass dessen Einnahme nur ein weiterer Schritt nach vorn war, allerdings ein Schritt erbitterter Kämpfe, in der gleichen Art von Operationen, die ich im Kapitel „Beobachtung eines Angriffs" beschrieben habe. Die zu Staub zermahlenen Trümmer waren so verstreut, dass man nicht sagen konnte, wo das Dorf begann oder endete, aber der Fleck war für die Armee ebenso ein Symbol wie für die britische Öffentlichkeit – ein Symbol für die gerühmte Uneinnehmbarkeit der deutschen Befestigungen in vorderster Linie, die dem Angriff vom 1. Juli widerstanden hatten – und seine Einnahme eine Belohnung für die englische Sturheit, die die Rasse ansprach, die sich der Eigenschaft, die ihre Sprache und Herrschaft über die Welt getragen hat, durchaus bewusst ist.

Ein weiterer Schwerpunkt waren die enormen Unterstände, die alle bisherigen Exponate in den Schatten stellten und in denen eine Garnison von tausend Mann Platz hatte, sowie ein Lazarett, das während der monatelangen britischen Bombardierungen unter der Erde sicher vor den Explosionen gewaltiger Granaten lag . Das Lazarett war mit hervorragenden medizinischen Geräten sowie in Deutschland hergestellten Narkosemitteln ausgestattet , an denen die Briten etwas knapp waren. Das deutsche Bataillon, das den Ort hielt, war an den Vorbereitungen für die Verteidigung beteiligt gewesen und wurde, soweit man wissen konnte, praktisch vollständig gefangen genommen oder getötet. Sie hatten geschworen, dass sie Thiepval niemals verlieren würden ; doch je tiefer die Unterstände waren, desto weiter müssen die Männer darin nach oben steigen, um vor dem Feind an die Tür zu gelangen, der an der Schwelle eintrifft, als das Sperrfeuer nachlässt.

Wie ich bereits sagte, befand sich Thiepval nicht auf dem Kamm des Höhenzuges, und auf dem Gipfel waren dieselben aufwändigen Befestigungen errichtet worden, um diese Anhöhe zu halten. Wir beobachteten weitere Angriffe unter Feuervorhängen, während die Briten weiter vorrückten. Manchmal konnten wir sehen, wie die Deutschen aus ihren Unterständen am Fuße des Hügels in St. Pierre Division ins Freie vorrückten und in Deckung getrieben wurden, als die britischen Kanonen mit Granatsplittern auf sie schossen. Widerstandslos marschierte die britische Infanterie unter ihrem Sperrfeuer weiter, bis der Kamm und alle Unterstände und Galerien erobert waren. So brachen sie die alten Befestigungen der ersten Linie Schritt für Schritt zurück und zwangen die Deutschen ins Freie, wo sie unter gleichen Bedingungen erneut graben mussten.

Die Einnahme von Thiepval bedeutete nicht, dass die Ruinen keine Ruhe vor Granaten hatten, denn die deutschen Kanonen waren an der Reihe. Sie schienen gern Fontänen aus einem kleinen Teich im Vordergrund zu schießen, die jedoch keinen anderen Effekt hatten, als vorbeikommende Soldaten mit schmutzigem Wasser zu überschütten. So sehr der Teich auch beschädigt wurde, er war immer noch da; und ich war erstaunt darüber, dass dies ein kostspieliges und erfolgloses Entwässerungssystem für ein so effizientes Volk wie die Deutschen war.

XXX

FÜNF GENERÄLE UND VERDUN

Mit 100 km/h auf General Joffre zu. – Joffre ähnelt ein wenig Grant. – Zwei Persönlichkeiten, die Frankreich für alle Zeiten in Erinnerung behalten wird. – Joffre und Castelnau . – Zwei sehr alte Freunde. – In Verdun. – Was Napoleon und Wellington gedacht hätten. – Ein Stab, dessen Füße und Geist nie träge waren. – Der Held von Douaumont , General Nivelle. – Einfachheit. – Männer, die daran glauben, Schläge auszuteilen. – Ein wahrer Soldat. – Ein wertvolles Foto von Joffre. – Das Drama von Douaumont. – General Mangin , Korpskommandeur in Verdun. – Ein Auge, das „Angriff!" sagte. – Ein Korps um fünf Uhr morgens. – Die alte Festungsstadt Verdun. – Die Anstrengung von Colossus. – Deutschlands Höhepunkt. – Die Franzosen, sparsame Kämpfer. – Deutschland gut genug, um gegen Rumänien zu gewinnen, aber nicht in Verdun.

Dieser temperamentvolle Freund, Leutnant T., der sich in einer englischen oder französischen Messe zu Hause fühlte oder Arm in Arm mit dem *Poilus* seines alten Bataillons ging, musste schnell treten, um mit ihm Schritt zu halten, wenn wir nicht in seinem Teufelsauto saßen, das mich auf eine Blitztour zu den französischen Linien brachte, bevor ich mich auf die Heimreise machte, und das mich auch dann nicht im Stich ließ, als wir sechzig Meilen pro Stunde fahren mussten, um die Verabredung mit General Joffre einzuhalten – was wir auf die Minute genau taten.

Viele Leute haben erzählt, wie sie in seinem Privatbüro dem Sieger der Marne gegenübersaßen; und wenn er sich setzte und zu sprechen begann, erkannte man die Macht des Mannes mit seinem großen Kopf und der Masse an weißem Haar und den ruhigen, grob geformten Gesichtszügen, der seine Befehle geben konnte, als das Schicksal Frankreichs auf dem Spiel stand, und sich dann zur Nachtruhe zurückziehen konnte, wohl wissend, dass seine Aufgabe für den Tag erledigt war und der Rest bei der Armee lag. Wie alle Männer, deren Talente durch Erfahrung und Verantwortung gereift sind, konnte er, obwohl ihm wie Grant die Gabe der formellen Rede fehlte, gut sprechen, in klaren Sätzen, deren Form durch präzises Denken geprägt war, was die Beredsamkeit mit sich brachte, die ihre Aussagekraft unterstreicht. In diesem Fall war es mehr als die Persönlichkeit, die Anziehungskraft ausübte. Er war die Personifizierung einer großen nationalen Ära.

Angesichts der bevorstehenden Veränderungen ist mir ein weiterer kurzer Blick auf ihn, den ich in der französischen Hauptquartierstadt hatte, der nicht auf Ernennung beruhte, besonders einprägsam. Als ich spazieren ging, sah ich auf der anderen Straßenseite zwei Gestalten, die ganz Frankreich kannte und für alle Zeiten kennen wird. Welche Wechselfälle der Politik auch immer auftreten, welche Feldzüge auch immer stattfinden, welche Veränderungen sich nach dem Krieg in der Welt ergeben, Joffres Sieg an der Marne und Castelnaus Sieg in Lothringen, der ihn in meisterhafter Taktik ergänzte, sichern ihre Nischen im nationalen Pantheon.

Die beiden alten Freunde, Kameraden aus der Armee, lange bevor sie eines Sommermonats berühmt wurden, Oberbefehlshaber und Stabschef, machten ihren üblichen Nachmittagsspaziergang – Joffre in seinem vertrauten kurzen schwarzen Mantel, der seine Figur stämmiger machte, sein Gang beeinträchtigt durch das Rheuma in seinen Beinen, obwohl er ganz sicher kein Rheuma im Kopf hatte, und Castelnau, aufrecht und schlank, seine Schlankheit wurde durch seinen langen blauen Mantel noch betont – plauderten, während sie langsam gingen, und hinter ihnen folgte ein kräftiger Wachmann in Zivil in einigen Schritten Entfernung, der zwei Kissen trug. Joffre blieb stehen und drehte sich mit einer „Das-sagt-man-nicht"-Geste um und warf den Kopf über etwas, das Castelnau ihm erzählt hatte.

Höchstwahrscheinlich sprachen sie nicht über den Krieg; höchstwahrscheinlich ging es sogar um Freunde aus ihrer Militärwelt, denn beide haben einen guten Verstand und ein scharfes und liebenswürdiges Verständnis für die menschliche Natur. Auf jeden Fall hatten sie ihren Spaß. Also gingen sie weiter in den Wald, gefolgt von dem Wachmann, der ihre Kissen auf ihren Lieblingssitz legte, und die beiden, die zusammen Leutnants, Hauptleute und Oberste gewesen waren, setzten ihre Unterhaltung und ihr Gespräch fort, bis sie sich wieder der Aufgabe widmeten, ihre Millionen Männer zu befehligen.

Es regnete in diesem dunklen französischen Dorf in der Nähe von Verdun, und ein vorbeiziehendes Bataillon tropfte tropfend vorbei, Autos spritzten schlammiges Wasser von ihren Reifen, und drüben in den überfüllten Lagern standen die deutschen Gefangenen aus Douaumont im Schlamm und warteten darauf, in den Zug gebracht zu werden. Gelegentlich kam ein Soldat oder ein Offizier aus einer Tür, die einen Lichtstrahl ausstrahlte, und oben im Rathaus, wo wir hingingen, um dem General, der die Armee kommandierte, die den Sieg errungen hatte, der Frankreich wie keinen seit der Marne begeistert hatte, unseren Respekt zu erweisen, stellten wir fest, dass es die reguläre Zeit für seinen Stab war, sich zu melden. Sie meldeten sich stehend zwischen Tischen und Karten und empfingen stehend ihre Befehle. Wenn ich in Zukunft den großen Raum mit seinem Mahagonitisch und den dicken Sesseln sehe, die für Vorstandssitzungen reserviert waren, werde ich mich an ebenso wichtige Konferenzen in den Angelegenheiten einer Nation erinnern, die unter einfacheren Vorzeichen abgehalten wurden.

Diese Konferenz schien mit der Atmosphäre des Ortes übereinzustimmen: niemand war in Eile und niemand verschwendete Zeit. Einer nach dem anderen erstatteten die Offiziere Bericht; und wie alt sie auch waren (manche wären noch vor zwei Jahren zu jung für diese große Verantwortung gewesen), es waren Männer, die ihre Arbeit aufmerksam und selbstsicher erledigten und den Charakter ihres Anführers widerspiegelten, wie es bei Stäben immer der Fall ist, Männer, deren Füße und Gedanken nie träge waren. Wenn sie mit irgendjemandem sprachen, war Höflichkeit das Schmiermittel für einen prompten Gedankenaustausch, ein geräuschloser Stab mit acht Zylindern und hundert PS. Wenn der kleine Korse hätte zuschauen können, wenn er die Einnahme von Douaumont hätte miterleben können oder wenn Wellington die Einnahme von The Ridge hätte miterleben können, ich denke, sie wären sehr zufrieden gewesen – und ein wenig eifersüchtig, dass militärisches Talent so weit verbreitet war.

Der Mann, der aus dem Stabszimmer kam, hätte zu Napoleons Zeiten vermutlich den Marschallstab gewonnen, obwohl er nicht in diese prunkvollen Zeiten passte. Ich wusste damals noch nicht, dass er Oberbefehlshaber werden würde; nur, dass ganz Frankreich von seinem Namen begeistert war, der für immer mit Douaumont verbunden sein wird . Man spürte sofort die Dynamik in seinem angenehmen Auftreten und wusste, dass General Nivelle die Dinge schnell und ruhig erledigte, ohne verschwenderisch Reservekräfte zu verschwenden, die er bei Bedarf abrufen konnte, indem er den Strom einschaltete.

Ein Fremder war zu Besuch; es war eine regnerische Nacht; wir sollten besser nicht zum Hotel in Bar-le- Duc zurückfahren , schlug er vor, sondern uns in der Stadt ein Quartier suchen, was eine nicht zu aufdringliche Gastfreundschaft war, wenn man sah, wie begrenzt die Unterkünfte in diesem kleinen Dorf waren. Ich schätze, eines Tages wird man an der Tür dieses kleinen Hauses mit seinem schmalen Flur, der einfachen Hutablage und dem zum Esszimmer umgebauten Wohnzimmer eine Gedenktafel anbringen, auf der steht, dass General (vielleicht wird es Marschall) Nivelle während der Schlacht von Verdun hier gelebt hat. Einfachheit ist eine schöne Gabe. Manchen großen Männern oder solchen, die groß genannt werden, fehlt sie; aber nichts ist an einem Mann so anziehend. Kein Wachposten an der Tür, kein Diener, der ihr öffnet. Man ging einfach hinein, hängte seine Mütze auf und zog den Regenmantel aus.

Hunderte von Mitarbeitern saßen zu einem ähnlichen Abendessen mit einer Auswahl an Rot- oder Weißwein und das Menü war das eines durchschnittlichen französischen Haushalts. Ich erinnere mich an dieses und andere Mitarbeiteressen, im Gegensatz zu teurem Geschirr und üppigem Essen in einem Haus, in dem ein goldener Krösus mit Diamantaugen und Halskette als Hausgott auf dem Kaminsims hätte stehen sollen, mit dem

Gedanken, dass sogar Krieg eine gute Sache ist, wenn er den Ehrgeiz auf andere Ziele als den persönlichen Gewinn richtet. Ohne es zu wissen, waren Joffre, Castelnau , Foch, Pétain , Nivelle und andere die reichsten Männer Frankreichs.

Nivelle war Oberst, als der Krieg begann. Bei der Auswahl der richtigen Führer durch Pater Joffre nach dem Kriterium des Erfolgs war er zum Oberbefehlshaber einer Armee aufgestiegen. Wo immer er das Kommando hatte, gewann er die Oberhand über den Feind. Alles, was er und seine Offiziere sagten, spiegelte einen Geist wider – den der Offensive. Sie waren Männer, die an das Schlagen glaubten. Eine Nation, die nach einem Mann suchte, der Siege erringen konnte, sagte: „Hier ist er!", als ihre Leute eines Morgens das *Kommuniqué* über Douaumont lasen . Er war seinen Weg gegangen, hatte die anstehenden Aufgaben nach seiner eigenen Methode erledigt, und auf einer der Stationen fand er den Ruhm. Soldaten haben ihre Philosophie, und wenn sie heutzutage Ruhm einschließt, kommt der Ruhm wahrscheinlich nie. Diesmal traf es einen Soldaten ohne die auffälligen Eigenschaften, die der Ruhm früher bevorzugte, einen, der, würde ich sagen, aufgrund eines größeren Interesses an seiner Arbeit völlig unberührt davon war; einen Mann ohne starken Einfluss, der seine Beförderung vorangetrieben hätte. Wenn Sie ihn vor dem Krieg kennengelernt hätten, hätten Sie seine freundlichen Gesichtszüge, seinen wohlgeformten Kopf und seine Vitalität beeindruckt , und wenn Sie Soldaten kennen, hätten Sie gewusst, dass er in seinem Beruf bestens ausgebildet war. Sein Stab war eine Familie, aber eine Familie, in der jedes Mitglied eine telepathische Verbindung zu ihrem Oberhaupt hat. Ich konnte mir nicht vorstellen, dass sich ein Offizier, der das nicht hatte, in dem kleinen Speisezimmer wohlfühlen würde. Er war in der Lage, schnell zu denken und intelligent zu gehorchen.

Drüben in seinem Büro im Rathaus, wo wir nach dem Abendessen hingingen, nahm der General etwas in Seidenpapier eingewickeltes aus einer Schublade, und an seinem Verhalten hätte ich – wäre er ein Sammler gewesen – erkennen müssen, dass es sich um einen seltenen Schatz handelte. Als er das Papier abzog, sah ich ein Foto von General Joffre, das mit einem für diesen Anlass verfassten Gruß signiert war.

„Er hat es mir für Douaumont gegeben !", sagte General Nivelle mit einem Anflug von Stolz in der Stimme – das einzige Anzeichen von Stolz, das mir auffiel.

Da sprach der Soldat, für den das Lob seines Vorgesetzten das schönste Lob war und mehr wert war als jedes andere Loblied.

Als ich von Douaumont sprach , zog er die Karte hervor und zeigte mir seinen Tagesbefehl, der eine soldatische Kürze hatte, die Worte zu scharfen

Werkzeugen machte. Die angreifenden Truppen stürmten über Nacht heran und erschienen wie eine geregelte Flutwelle von Männern, ihr Tempo im Schutz von Feuervorhängen, die sie eng umschlungen hielten, dann über die deutschen Schützengräben und weiter ins Fort. Sechstausend Gefangene und 4500 französische Opfer! Es war dieser dramatische, dieser vollständige und eindeutige Erfolg, der die Fantasie Frankreichs beflügelt hatte, aber er war nicht dramatisch, als er davon erzählte. Er machte daraus eine militärische Entwicklung auf einem Stück Papier; doch als er seinen Bleistift auf Douaumont ablegte und ihn einen Moment dort festhielt und sagte: „Und das ist alles für den Moment!", schien sich der Bleistift in Stahl zu verwandeln.

Alles für die Gegenwart! Und die Zukunft? Die der französischen Armee lag in seinen Händen. Er hatte die höchste Aufgabe. Er würde sie angehen, wie er alle anderen Aufgaben angegangen war.

Mangin ansehen, der das Korps vor Verdun befehligte, um zu wissen, dass der Angriff für ihn nicht nur ein System, sondern ein Evangelium war. Fünf Streifen auf seinem Arm als Zeichen von Wunden, alle in der Kolonialzeit erlitten, sonnengebräunt, dunkelbraun, mit einem starken, steilen Kinn, das eine passende Spitze für Nivelles Bleistift gewesen wäre, einem Auge, das „Angriff!" sagte und mit der Weisheit vieler Feldzüge funkeln konnte!

„General Joffre saß zwei Stunden vor dem Vormarsch in diesem Stuhl", sagte er mit der gleichen respektvollen Ehrfurcht, die andere Generäle dem Oberbefehlshaber gegenüber gezeigt hatten.

Für den alten, müde gewordenen Führer war die Zeit gekommen, zu gehen; für die jüngeren Männer der Schule, die der Krieg mit seinen Feuervorhängen und Angriffswellen hervorgebracht hatte, war es an der Zeit, seinen Platz einzunehmen. Aber die Jüngeren konnten im Vertrauen auf ihr System auf den alten Führer blicken, während er als große, unbezwingbare Gestalt in den kritischen Phasen des Krieges lebte.

Mangin war ein Mann aus Eisen , mit einer Brust, die seinem Kinn entsprach, und er konnte die Belastungen des Kommandos ertragen, die viele Generäle aufgrund reiner körperlicher Unfähigkeit zu Fall gebracht hatten. Monat für Monat hatte sich dieses Kinn gegen deutsche Angriffe behauptet, und dabei immer in seinem natürlichen Element der Offensive sein wollen. Seine entschlossene, direkte Lösung von Problemen durch menschliche Verhältnisse würde ihn in jedes Zeitalter und jedes Klima passen lassen. Er war zu Hause, wenn er eine Strafexpedition anführte, oder in den komplizierten Angelegenheiten von Verdun. Ob er nun ein Breitschwert oder einen Feuervorhang benutzte, er wollte seinen Feind früh und hart treffen und immer weiter zuschlagen. Im Laufe des Gesprächs mit ihm sprach ich über die Behauptung, dass Männer in modernen Kriegen in manchen Fällen zu mutig sein könnten.

„Selten!", antwortete er mit einem einzigen Wort, das sowohl durch seinen Kiefer als auch durch seinen scharfen, durchdringenden Blick betont wurde.

„Wann ist die beste Zeit, an die Front zu gehen?", fragte ich den General.

"Fünf Uhr morgens!"

Der Offizier, der mich begleitete, dachte sich nichts dabei, zu dieser Stunde aufzustehen. Mangins Korps ist ein Fünf-Uhr-Morgens-Korps.

Soll ich die Stadt am Ufer der Maas beschreiben, die schon oft beschrieben wurde? Oder die von Vauban erbaute Zitadelle mit Dynamos und elektrischem Licht in ihren unterirdischen Kammern und Gängen, ihren Krankenhäusern, Läden, Lagern und Kasernen, die unter ihren Mauern und ihrem Dach aus Mauerwerk so sicher war, dass die Deutschen ihre Granaten vorausschauend nicht darauf verschwendeten, sondern sie mit besonderer Wucht auf die malerischen alten Häuser am Flussufer richteten und die Kasernen absichtlich vernachlässigten, da sie den Eroberern von Nutzen waren, als Mekka ihnen gehörte. Für einen Franzosen muss die Zitadelle, die das Leben sicherte, und die Ruinen, die ihren Teil der Schläge auf diese alte Festungsstadt im Schoß der Hügel ertrugen, die auf die Hügel blickten, die die eigentliche Verteidigung bildeten, etwas Heiliges haben.

Das Interesse wuchs auf dem Weg zur Front von Verdun, als man zu den mit abgerissenen und umgestürzten Bäumen bedeckten Hängen kam, wo die Deutschen ihre weitreichenden Feuervorhänge ausbreiteten, um die französischen Reserven zu erwischen, die sich an jenen Februar- und Märztagen durch Schlamm und Granattrichter zur Entlastung der Frontlinie kämpften. Nur wenn man das Leben einer Armee im Winter in einem solchen Klima erlebt hat, kann man den Willen verstehen, der die Männer zum Angriff trieb, und den Willen der Verteidiger gegen zahlenmäßig unterlegene Geschütze, die Punkt für Punkt mit kluger Sparsamkeit kleinen Gruppen von Männern an exponierten Stellen nachgeben mussten, die verzweifelten Widerstand gegen Granathagel leisteten.

Verdun war ein Beispiel für deutsche Tapferkeit und deutsche Artillerie auf höchstem Niveau: die Anstrengung von Colossus, einen Ring aus Stahl zu umschließen, um eine Entscheidung zu erzwingen; und der Höhepunkt deutscher Beharrlichkeit war dort, wo man am Rand des Gebiets aus Hügeln und Kratern stand, die die Granaten durch das konzentrierte Feuer auf Fort Souville aufgehäuft und hinterlassen hatten . Einige Deutsche des Angriffs gelangten bis hierher, aber keiner kehrte zurück. Die Überlebenden zogen in Verdun ein, wie die Franzosen einem achselzuckend erzählen werden. Der

Blick wandert den kahlen Hang mit seinem abgestorbenen, von Kratern übersäten Gras hinunter und dann einen anderen Hang hinauf zu einem Kamm, den man als Haufen von Granaten aufgewühlter Erde unter gelegentlichen Granateneinschlägen sieht. Das ist Douaumont , dessen Einnahme die Deutschen so lange und blutige Anstrengungen kostete und den Kaiser zu überschwänglichem Lobgesang auf seine Brandenburger veranlasste , die mit der Einnahme, wie Deutschland damals glaubte, Frankreich in Todesnot gebracht hatten.

Auf diesem Hügel erreichten deutsches Ansehen und System ihren Höhepunkt; und die Antwort acht Monate später war der französische *Elan* , der die Deutschen innerhalb von zwei Stunden mit der Schnelligkeit und instinktiven Geschlossenheit einer gedrillten und erprobten Demokratie, die keinen Alleinherrscher nach Sporen verlangte, vom Gipfel fegte. Anhand anderer Angriffe konnte ich mir die präzisen und temperamentvollen Bewegungen dieser blauen Gestalten unter Granatfeuerwellen bei einem Angriff vorstellen, der das triumphale Beispiel für den neuesten Angriffsstil gegen Frontstellungen war. Es war kein Kaiser da, der in Rhetorik ausbrach, um General Nivelle zu danken , der seine Belohnung in Form eines signierten Fotos von Pater Joffre erhielt; und die Männer dieses Angriffs erhielten ihre Dankbarkeit in Form der Dankbarkeit eines ganzen Volkes.

Fort Vaux, auf einem weiteren Hügel rechts, war noch in deutscher Hand, aber auch das sollte beim nächsten Angriff zurückerobert werden. Ja, es war gut, nach der Rückeroberung von Douaumont in Verdun zu sein und dort zu stehen, wo man eine Woche zuvor in Reichweite eines deutschen Scharfschützen gewesen wäre. Wenn man sich umdrehte, konnte man durch das Fernglas alle Stellungen erkennen, deren Namen sich in das Gedächtnis der Franzosen eingebrannt haben. Diese umlaufenden Hügel waren nicht hoch, der Schlussstein eines militärischen Bogens, aber zusammengenommen war klar, dass sie in diesem wie in anderen Kriegen die Bastion der Natur am Rand der Ebene waren, die in der Ferne als neblige Linie lag.

Entweder vor oder hinter Souville in Richtung Verdun war das Überraschende, wie wenige Soldaten man sah und wie wenig Transportmittel sich in Reichweite deutscher Kanonen befanden. Das beeindruckte einen von der Elastizität der Franzosen, die da sind und nicht da sind. Wenn sich ein Angriff der Deutschen entwickelt, springen Soldaten aus der Erde und die Täler hallen vom Donnern der Kanonen wider. Die Franzosen sind ein sparsames Volk.

Als ich jene Hügel betrachtete, die nach meiner Zeit an der Somme die größte deutsche Offensive erlebt hatten, dachte ich an alles, was der Sommer an der Westfront bedeutet hatte, angefangen mit dem Verlust von Douaumont und endend mit der Wiedereroberung von Douaumont und der Überquerung des eroberten Höhenrückens. Und ich dachte an einen anderen General, Sir Douglas Haig, der seine Legionen ausbilden musste, mit Ziegeln und Mörtel beginnen musste, um unter Granatfeuer ein Haus zu bauen, und der Tag für Tag, mit seinem Vertrauen in „den lebendig machenden Geist " als größtem Vorteil, mit geduldigem, weitsichtigem Geschick eine Streitmacht schuf, die nie aufhörte, deutsche Divisionen anzugreifen und heranzuziehen, um die Linie zu halten, die diese deutschen Divisionen durchbrechen sollten.

Von Falkenhayn war nicht mehr an der Macht; der kriegshungrige Kronprinz hatte genug davon und sagte, Krieg sei „Idiotie". Es war die Stimmung in den deutschen Schützengräben, die von Falkenhayn aus dem Amt drängte; die stillen Stimmen der empfindlichsten aller öffentlichen Meinungen, die ihre Stimmen mit dem Grad ihrer Bereitschaft abgaben, sich dem Feuer auszusetzen, den kein Offizier durch bloße Befehle kontrollieren kann.

Nach dem Ende der Offensive um Verdun hatten die deutschen Soldaten, die auf dem Höhenrücken kämpften, eine Offenbarung, die sich in einem Gefühl äußerte, das die Zensur nicht unterdrücken konnte, nämlich dass der Feldzug zur Vernichtung Frankreichs gescheitert war. Sie riefen nach dem Mann, der Siege errungen hatte, und der Kaiser gab ihnen von Hindenburg, dem das Glück hold war, als er von seiner Führung inspirierte Armeen im Vertrauen erfahrener Veteranen gegen Amateursoldaten schickte, während das Wetter die Offensive der Alliierten im Westen zum Erliegen brachte.

Man stelle sich vor, wie Lees Männer bei ihrer Rückkehr aus Gettysburg auf unerfahrene Milizen aus der Heimat stoßen und diese rufen: „Die Amis haben uns das Leben schwer gemacht, aber geht uns aus dem Weg!" So war die Stimmung in der deutschen Armee, als sie nach Süden vorrückte. Sie war zwar nicht die Armee, die sie war, aber immerhin gut genug, um mit dem System, das in Verdun versagt hatte, gegen Rumänien zu gewinnen.

XXXI

Auf Wiedersehen , Somme!

Sir Douglas Haig – Atmosphäre im Hauptquartier, ein bisschen wie in Oxford und Schottland – Sir Henry Rawlinson – „Entschleimung" der Ineffizienten – Wieder zurück auf dem Bergrücken – Die letzte Granate explodiert – Auf Wiedersehen, Chaos – Die Kollegen, die Kriegskorrespondenten – *Gute Reise* .

Der fünfte der großen Angriffe, dessen Ziel darin bestand, weitere der alten vordersten Befestigungsanlagen zu durchbrechen und Beaumont-Hamel und andere Dörfer einzunehmen, wurde von Bruder Low Visibility verzögert, der seine Pflichten im verregneten Oktober und frühen November erfüllt hatte, als für mich die Zeit gekommen war, mich zu verabschieden und die Heimreise anzutreten.

Sir Douglas Haig war wie ein unsichtbarer, allgegenwärtiger Kommandant, der mit seiner Gewaltherrschaft riesige Streitkräfte beherrschte. Seine Abneigung gegen Paraden und Schaustellungen entsprach seinem Wesen und seiner Vorstellung von seiner Aufgabe. Die Armee konnte ihn flüchtig in seinem Auto ein- und ausfahren sehen, und Beobachter sahen ihn, wie er ein Armee- oder Korpshauptquartier betrat oder verließ, wobei seine starken, ruhigen Gesichtszüge Selbstvertrauen und Entschlossenheit ausdrückten.

Es gab viele Beispiele für sein feines Feingefühl, seine schnellen Entscheidungen, seine schottischen Redewendungen, mit denen er eine Situation auf das Unwesentliche reduzieren konnte. Es war gut, dass ein Mann mit seiner Kultur und seinem Charme die Qualitäten eines großen Kommandanten haben konnte. In dem Schloss, das sein Hauptquartier an der Somme war, wo die letzten Pläne geschmiedet wurden und das letzte Wort gesprochen wurde, das jede Frage auf den Prüfstand stellte, hatte die Atmosphäre etwas von Oxford und Schottland und der britischen regulären Armee, und alles schien nach einer Routine zu geschehen, die so reibungslos ablief, dass der Anschein von Routine verborgen blieb.

Hier hatte er mir zu Beginn der Offensive gesagt, dass er mir die Freiheit der Beobachtung und Kritik lassen wolle , wie ich wolle, und dass er mir vertraue, dass ich dem Feind keine militärischen Informationen gebe. Als ich mich verabschiedete und ihm für seine Höflichkeit dankte, hatte die Armee, die er ausgebildet hatte, die Ausbildung im Kampf erhalten und den Sieg gekostet. Wie groß seine Aufgabe gewesen war, konnte nur ein Soldat ermessen, und nur die Geschichte kann dem Mut gerecht werden, der den Ridge eroberte, oder der Rolle, die er im Krieg spielte.

Oben in einem kleinen Raum eines anderen Schlosses hatten der Oberbefehlshaber und der Befehlshaber der Vierten Armeegruppe unter Sir Douglas – die in Indien als Subalternoffiziere zusammen Polo gespielt hatten, wobei Sir Henry Rawlinson noch genauso sehr Gardist war wie Sir Douglas Schotte – viele Besprechungen abgehalten. Sir Henry konnte mit gesundem Soldatenverstand über die erzielten Ergebnisse sprechen und freute sich, wie die ganze Armee, auf den nächsten Sommer, wenn das Maximum an Geschick und Macht erreicht sein sollte. Wie Nivelle waren beide Anführer, die sich ihren Weg im Kampf erkämpft hatten, was bedeutete, das Effiziente zu fördern und das Ineffiziente beiseite zu legen oder, wie es in der Armee heißt, „zu entschleimen". Jede Woche, jeden Tag, könnte ich sagen, wurde die neue Armeeorganisation gestrafft.

Mit Stahlhelm auf dem Kopf und Gasmaske über der Schulter zum letzten Mal machte ich einen letzten Spaziergang zum Ridge, vorbei an den Kanonen und der Mouquet Farm, bahnte mir meinen Weg zwischen Granattrichtern und anderen grausigen Erinnerungen an die Qualen, die die Kämpfer ertragen hatten, bis zu einem Punkt, von dem aus ich über die Felder in Richtung Bapaume blicken konnte . Acht bis zehn Meilen lang war der Weg durch aufeinanderfolgende Angriffe vom Feind freigefegt worden. Fünfhundert Meter weiter vorne verrieten „ Krumps ", die auf die weiche Erde spritzten, wo die Frontlinie verlief, und um mich herum war die Wüste, die durch das Bombardement entstanden war. In der unmittelbaren Umgebung war niemand außer einigen Artillerieoffizieren, die sich an eine Senke hielten und kurz vor Bapaume die Granaten aus ihren Kanonen fallen sahen und die Ergebnisse per Telefon durchriefen, über einen der Stränge des Spinnennetzes an Informationen, das sie bei ihrer Ankunft von einer Spule abgerollt hatten. Ich begleitete sie für ein paar Minuten in ihrem Rückzugsort unterhalb des Horizonts und hörte mir ihre Bemerkungen über Bruder Low Visibility an, der bald die Welt bei Winternebel, Regen und Schnee für sich allein haben würde und durch seine Perversität die Einsatzmöglichkeiten der Armee bis zum Frühlingsbeginn einschränken würde.

Und so ging es zurück, wie die Tagebuchschreiber sagen, über die graslose und verfluchte Straße, über die ich gekommen war. Als ich im Auto saß, hörte ich einen der bösen Schreie mit seiner unangenehmen Vorahnung, der endete, indem er eine Kugel aus wütendem schwarzen Rauch ausspuckte, kurz vor einer nahen Haubitze, was die letzte Granatenexplosion war, die ich sah.

Auf Wiedersehen auch an meine englischen Kameraden in einer Gruppe an der Tür: an Robinson mit seiner Haltung, seiner Gelassenheit, seiner Weisheit, seinen wohlausgewogenen Sätzen, der die Welt um sich herum gesehen hatte, von den Bergarbeiterlagern im Westen bis zu den serbischen

Flüchtlingslagern; an „unseren Gibbs", immer gut gelaunt, der sich jeden Abend die Seele aus dem Leib schrieb, voll menschlichem Staunen über alles, was er sah, in brennenden Sätzen, die sich zu seiner Bleistiftspitze drängten, die so lange raste, bis er erschöpft war, obwohl er beim Abendessen immer wieder zu sich kam, um sich jeder Kontroverse für eine bessere Zukunft der gesamten Menschheit zu stellen; an den heiteren Thomas, der nie erwachsen werden wird, der Worte zu einer Melodie tanzen lässt, Horaz zitiert, um die Granaten zu vergessen, ganz er selbst, ohne Mantel und mit einer Bauernsense in der Hand; an den weltgewandten Philips, der nicht viel sagte, aber zum Wesentlichen kam, unseren Kundschafter und Kartografen, der alle Orte auf der Karte zwischen der Somme und dem Rhein kannte und den Ruf Pittsburghs hörte; an Russell, diesen pragmatischen, aufrechten Experten für Geschwader und Sperrfeuer, der uns allen als Reportern das Gesicht rettete, indem er Neuigkeiten erkannte, wenn er sie sah, Schiedsrichter bei Unterhaltungen in der Messe, dessen beißender Witz eine bewegliche Null hatte – Glück für sie alle! Möge Robinson ein stattliches Herrenhaus an der Themse haben, wo er in aller Ruhe die Natur studieren kann; Gibbs mangelt es nie an etwas, worüber er schreiben kann; Thomas muss sechs Heuernten pro Jahr mähen und hat einen Garten, in dem in jedem Baum eine andere Vogelart nistet; Philips jeden Tag eine neue Pfeife und eine Privatjacht, die auf einem Ozean aus Karten segelt; Russell ein Haus am Meer, wo er die Schiffe ankommen sehen kann – wenn der Krieg vorbei ist.

eine gute Reise wünschten, leicht die Oberhand über seinen düsteren Bruder hatte . Mein letzter Blick auf die Kathedrale zeigte sie klar vor dem Himmel; und vor mir lagen noch viele Meilen der üppigen, vertrauten Landschaft der Picardie und des Artois, bevor ich den Kanaldampfer nahm. Ich wusste, dass ich die epische Berührung großer Ereignisse gespürt hatte.

DAS ENDE